De las Preocupaciones a las Movidas de Cola

Tim Shine

Buy Me Now Co.

Copyright © 2023 por Tim Shine
Editor: Nivol Redan
Diseño de interiores y portada: Brita Zoland
Editor: Buy Me Now Co.

Copyright © 2023 por Tim Shine. Reservados todos los derechos. Este libro, o cualquier parte del mismo, no puede reproducirse mediante ningún proceso mecánico, fotográfico o electrónico ni en forma de grabación fonográfica. No puede almacenarse en un sistema de recuperación, transmitirse ni copiarse de ninguna manera para uso público o privado sin el permiso del autor.

El contenido de este libro no pretende servir como consejo médico ni abogar por el uso de ninguna técnica para tratar problemas físicos, emocionales o médicos en perros sin consultar directa o indirectamente a un veterinario o expertos relevantes. El autor tiene como objetivo presentar información general para ayudarle a usted y a sus perros. Si decide aplicar cualquier información de este libro a su perro, ejerciendo sus derechos constitucionales, tenga en cuenta que ni el autor ni el editor asumen ninguna responsabilidad por sus acciones.

De las preocupaciones a las movidas de cola, explora el lado oscuro de la vida de los perros / Tim Shine – 1.ª Edición .
ISBN: 978-0-6458916-1-4
1.   Mascotas / Perros / Razas 2. Mascotas / Perros / Adiestramiento y Exhibición 3. Mascotas / Referencia
Tema: Los perros como mascotas, Mundo

Premio Príncipe dedicado a Tim Shine por Buy Me Now Co.

Copyright © 2023 by Tim Shine
Editor: Nivol Redan
Interior & cover design: Brita Zoland
Publisher: Buy Me Now Co.

Copyright © 2023 by Tim Shine. All rights reserved. This book, or any part thereof, may not be reproduced through any mechanical, photographic, or electronic process or in the form of a phonographic recording. It may not be stored in a retrieval system, transmitted, or copied in any manner for public or private use without author permission.

The content in this book is not intended to serve as medical advice or to advocate for using any technique to treat physical, emotional, or medical issues in dogs without consulting a veterinarian or relevant experts directly or indirectly. The author aims to present general information to assist you and your dogs. Should you choose to apply any information from this book to your dog, exercising your constitutional rights, please be aware that neither the author nor the publisher assumes any responsibility for your actions.

From Worries to Wags, Explore the Dark Side of Dogs' Life / Tim Shine – 1st Edition.
ISBN: 978-0-6458916-1-4
1. PETS / Dogs / Breeds 2. PETS / Dogs / Training & Showing 3. PETS / Reference
Thema: Dogs as pets, World

Prince Award dedicated to Tim Shine by Buy Me Now Co.

El libro ya ha sido traducido a varios idiomas, incluidos español, francés, alemán, holandés, italiano, japonés y chino. La decisión de traducir el libro fue impulsada por la abrumadora demanda de los amantes de los perros de todo el mundo y el objetivo compartido de asegurar y proteger el bienestar de los perros en todo el mundo. Al hacer que este valioso recurso sea accesible a un público más amplio, esperamos capacitar a los dueños de perros y entusiastas de diferentes culturas para que brinden la mejor atención y comprensión a sus queridos compañeros peludos y logren el reconocimiento mundial. Juntos, generemos un impacto positivo en las vidas de los perros de todo el mundo.

Utilice los siguientes códigos ISBN para encontrar las respectivas traducciones de este libro. Puede utilizar el código dedicado para búsquedas en línea o presentarlo en librerías para obtener ayuda para localizar las traducciones deseadas.

Idioma	**Nombre del libro**	**ISBN No.**
Inglés	From Worries to Wags	978-0-6458916-0-7
Español	De las Preocupaciones a las Movidas de Cola	978-0-6458916-1-4
Francés	Des Inquiétudes aux Remuements de Queue	978-0-6458916-2-1
Dalle italiano	Dalle Preoccupazioni alle Scodinzolate	978-0-6458916-3-8
Alemán	Von Sorgen zu Schwanzwedeln	978-0-6458916-4-5
Holandés	Van Zorgen naar Kwispels	978-0-6458916-5-2
Chino	从焦虑到摇尾巴	978-0-6458916-6-9
Japonés	心配から尻尾を振ることへ	978-0-6458916-7-6

Nota del traductor:
La traducción de este libro se realizó mediante software y no ha sido objeto de traducción humana. Sin embargo, hemos invertido un esfuerzo importante en revisar todas las secciones. Se ofrece para atender a lectores que prefieren un idioma distinto al inglés por su comodidad. Tenga en cuenta que es posible que algunas palabras o frases no transmitan su significado exacto en inglés. Para una comprensión más precisa del contenido, recomendamos encarecidamente adquirir la edición en inglés de este libro. **Tenga en cuenta que el editor no es responsable de las discrepancias entre la edición en inglés y otras versiones traducidas.**

Hay varios enlaces a sitios web útiles en el libro. Para obtener ayuda con la traducción de sitios web, consulte las pautas en las páginas 235-236 sobre cómo utilizar Google Translate.

Su comprensión y apoyo son muy apreciados.
Buy Me Now Co.

Translator's Note:
The translation of this book was produced using software and has not undergone human translation. However, we have invested significant effort in reviewing all sections. It is offered to serve readers who prefer a language other than English for their convenience. Please note that some words or phrases may not convey their exact meaning in English. For a more precise understanding of the content, we highly recommend purchasing the English Edition of this book. **Please note that the publisher is not responsible for any discrepancies between the English Edition and other translated versions.**

There are several useful website links in the book. For assistance with translating websites, please refer to the guidelines on pages 235-236 on how to use Google Translate.

Your understanding and support are greatly appreciated.
Buy Me Now Co.

De las preocupaciones a las movidas de cola
Explora el Lado Oscuro de la Vida de los Perros

Una guía imprescindible para los amantes de los perros

Tabla de contenido:

Dedicación _____ 11
Nota del autor _____ 13
Agradecimientos _____ 15
Nota del editor _____ 17
Prefacio _____ 19

Capítulo 1: Liberando el mundo de la ansiedad canina _____ 21
Entendiendo la mente ansiosa canina _____ 21
Explorando los niveles únicos de ansiedad en diferentes razas _____ 23

Capítulo 2: Decodificando el lenguaje de la ansiedad _____ 25
Leyendo mis señales no verbales: signos y señales _____ 25
Síntomas físicos de ansiedad: corazón acelerado, pliegues de cola y más ___ 26

Capítulo 3: Profundizando en las causas fundamentales _____ 29
Ansiedad por separación: por favor no me dejen solo! _____ 29
Fobias al ruido: fuegos artificiales, tormentas eléctricas y más _____ 31
Ansiedad social: hacer amigos y superar miedos _____ 32
Resumen de los capítulos 2 y 3 _____ 34

Capítulo 4: Creando un remanso de calma _____ 35
Diseñar un entorno relajante: mi santuario seguro _____ 35
Entrenamiento de refuerzo positivo: métodos activos para aumentar la confianza ____ 36
La constancia es clave: rutinas para calmar mi alma ansiosa _____ 36

Capítulo 5: Productos increíbles para aliviar mi ansiedad _____ 39
Comodidad acogedora: explorando las maravillas de Camisas del trueno ___ 39
Distracciones interesantes: juguetes interactivos para aliviar el estrés _____ 40

Capítulo 6: Cuando se necesita ayuda adicional **43**
Medicamentos: una mirada a las opciones 43

Buscando apoyo profesional: conductistas y formadores 44

Enfermedades comunes de los perros 45

Vacunas 50

Capítulo 7: Cultivando al cuidador que llevas dentro **51**
Higiene de los perros, lo que debemos saber 51

Autocuidado para dueños de perros: encontrar equilibrio y apoyo 53

Capítulo 8: Encontrar el zen con tu amigo peludo **55**
Adoptando la atención plena 55

Momentos conscientes 56

Paseos conscientes 58

Creando un espacio Zen 59

Entrenamiento Consciente 60

Música para perros 61

Capítulo 9: Entrenamiento, consejos y trucos **63**
Características del entrenamiento de diferentes razas 63

Olfateando lo mejor 65

Clases Fantásticas 67

Talleres y Seminarios 68

Fuentes y herramientas 70

Liberando a tu superhéroe interior 71

Ejemplos de entrenamiento 72

Capítulo 10: Salud general y resumen de ansiedad de 40 razas populares **75**
Salud, Edad, Vacunación 75

Mi alimento 76

Mi lista de control 78

40 Razas populares resumen de ansiedad Resumen _____ 80

Capítulo 11: Siesta y camina para estar atento _____ 103
Capítulo 12: Cachorro Ansioso Mundo _____ 105
Mi recuerdo de la época del cachorro _____ 105

De cachorro a perro adulto _____ 107

Nuevo cachorro, consejos de cachorro a humano _____ 108
Desafíos y soluciones para cachorros _____ 109

Capítulo 13: Por último, pero no menos importante _____ 113
Capítulo 14: Detalle de cada raza, la explicación de tu perro página ___ 117
Capítulo 15: 10 sitios web excelentes _____ 199
Capítulo 16: Fuentes y referencias, Dónde profundizar más _____ 203

Capítulo 17: 10 tablas súper útiles _____ 205
40 características de razas populares _____ 206
40 Razas populares tipo, nivel y signos de ansiedad _____ 208
40 razas populares, signos de ansiedad y causas fundamentales _____ 212
40 Detalle de higiene de razas populares _____ 214
40 Aspectos del entrenamiento de razas populares _____ 216
40 Razas populares datos generales de salud y edad _____ 220
40 Datos de fisiología de razas populares _____ 224
40 40 Razas populares nivel de inteligencia _____ 226
40 Razas populares para dormir, caminar y perfil interior/exterior _____ 228
Desarrollo de la etapa de vida del cachorro _____ 230

Glosario _____ 231
Guía de traducción de sitios web _____ 235
Perros Libro de registro _____ 237

A mi compasiva hija,

Este libro está dedicado a usted, mi espíritu afín y defensor de los que no tienen voz. Tu infinito amor por los animales siempre me inspira. Que este libro sea una luz guía que le permita a usted y a otros marcar una diferencia en la vida de los perros. Gracias por su compasión inquebrantable.

Con amor y admiración sin límites.

Nota del autor

Woof , Woof ! Hola, soy un perro, soy un pug. Mi nombre es **Príncipe** .

En esta guía completa sobre el movimiento de la cola, yo, tu leal y amoroso compañero, te guiaré en un viaje al intrincado mundo de la ansiedad de los perros. Juntos, detectaremos las causas fundamentales de la ansiedad de un perro, exploraremos los diferentes niveles en diferentes razas y descubriremos los comportamientos que pueden hacer que mi ansiedad se dispare. A través de esta aventura, obtendrás información valiosa sobre los signos y síntomas de la ansiedad, lo que te permitirá descifrar los desencadenantes y comprender verdaderamente mis experiencias.

Pero no te preocupes, querido propietario, porque no te dejaré colgado! Te proporcionaré estrategias prácticas para ayudarme a aliviar mi ansiedad y traer paz a mis patas temblorosas. Desde crear un ambiente sereno hasta emplear técnicas de refuerzo positivo, descubrirás las claves para apoyar mi bienestar emocional. Y oye, no nos olvidemos de esos ingeniosos productos que pueden ayudarme a aliviar mis preocupaciones. Nos sumergiremos en una deliciosa variedad de herramientas para aliviar la ansiedad, además de arrojar luz sobre los medicamentos y las intervenciones profesionales.

Asegúrese de no dejar de consultar los resúmenes de ansiedad de cada raza en el Capítulo 10. Y adivine qué? En el Capítulo 14, tienes páginas específicas de razas esperando tus ojos curiosos. Incluso te traje algunas capturas de pantalla, el verdadero tesoro está en leer esas páginas. Sumérgete y deja que comience la aventura de mover la cola!

Ah, pero espera querido dueño, no me he olvidado de ti! Entiendo que mi ansiedad puede tocar la fibra sensible de tu corazón y, a veces, abrumarte. Por eso he incluido una sección dedicada a tu bienestar. Ofrezco orientación sobre autocuidado y apoyo reconociendo que su propio equilibrio emocional es esencial para brindarme la mejor atención. Le animo a adoptar estrategias de afrontamiento y le recuerdo la importancia de buscar ayuda cuando sea necesario.

Al final de esta aventura, estarás equipado con un tesoro escondido de conocimientos y una caja de herramientas repleta de herramientas prácticas para guiarme hacia una vida más feliz y equilibrada. Juntos, tejeremos un vínculo armonioso basado en la confianza, la compasión y la comprensión.

Recuerde, este libro sirve como una guía general y no debe reemplazar los consejos de los profesionales. Siempre consulte a un veterinario o un conductista animal certificado para obtener orientación personalizada adaptada a mis necesidades únicas.

Entonces, toma tu correa y únete a mí en este viaje. Juntos, venceremos la ansiedad y crearemos un mundo de alegría y movimiento de cola!

Con un movimiento de mi cola y un toque de excitación nerviosa,

Príncipe
(Prince)
El autor ansioso!

worriestowags@gmail.com

Agradecimientos

Woof! Woof! Saludos a todos mis increíbles compañeros! Es hora de agradecer de todo corazón a quienes ayudaron a hacer realidad este maravilloso libro. No podría compartir mi sabiduría contigo sin su apoyo y amor. Entonces, aquí hay un reconocimiento especial a mi manada de seres increíbles:

En primer lugar, una gran lamida babosa para mi amigo humano, quien pacientemente escribió mis ladridos en palabras y dio vida a mis pensamientos caninos en estas páginas. Tu increíble dedicación y tus interminables masajes en el vientre me mantuvieron motivado durante todo este viaje.

A mis amigos perritos, tanto cercanos como lejanos, me inspiran todos los días con sus colas meneando y su amor incondicional. Tu aliento me levantó el ánimo y me recordó que estamos juntos. Sigamos explorando el mundo con narices curiosas y rebotes alegres!

Un saludo a todos los veterinarios y conductistas animales que comparten su sabiduría y experiencia. Su dedicación a nuestra salud y bienestar es realmente admirable. Tu guía ha ayudado a innumerables cachorros y a sus humanos a encontrar el camino hacia una vida más feliz y equilibrada.

A los editores y editores, gracias por creer en mi libro y darle la oportunidad de brillar. Su apoyo y orientación han sido invaluables y siempre estaré agradecido por la oportunidad de compartir mis aventuras con el mundo.

No puedo olvidar mover la cola y dar una pata cinco a todos los perros que compartieron sus historias, aportando un toque extra de autenticidad a estas páginas. Tus experiencias han tocado mi corazón y me han inspirado a crear un libro que aborde los miedos, ansiedades y triunfos que enfrentamos como seres peludos.

Por último, pero no menos importante , un sincero agradecimiento, querido lector, por embarcarse en este viaje conmigo. Tu amor por nuestra especie y tu dedicación para mejorar nuestras vidas hacen que mi cola se mueva de alegría. Espero que este libro le brinde conocimientos valiosos, le ayude a comprendernos a un nivel más profundo y fortalezca el vínculo que comparte con su compañero de cuatro patas.

Un gran agradecimiento a todos los fotógrafos talentosos de los sitios web **Pixel**, **Pixabay** y **Unsplash** por capturar la belleza de mis compañeros de razas de perros. Sus increíbles fotografías dan vida a estos amigos peludos, permitiéndonos apreciar sus características únicas. Cada clic de la cámara muestra el increíble vínculo entre humanos y perros, y estoy agradecido por sus contribuciones al compartir el diverso y encantador mundo de los perros. Woof!

Recuerda, mi amigo peludo, juntos podemos crear un mundo lleno de meneos de colas, abrazos interminables y una gran cantidad de delicias. Mantén una actitud positiva, abraza el amor y sigue difundiendo la alegría dondequiera que vayas!

Con movimientos de cola sin límites y un corazón lleno de gratitud.

Tu autor peludo
Príncipe
(Prince)

Nota del editor

Querido amante de los perros,

Permítanos presentarle al notable autor de este libro, **Prince** the Anxious Dog. Prince puede ser un pequeño manojo de nervios, pero no dejes que eso te engañe. Las experiencias de Prince y su viaje con la ansiedad le han brindado una visión única del mundo de los perros ansiosos, lo que lo convierte en la voz perfecta para guiarlo a través de este importante tema.

Como editor, quedamos cautivados por el libro de Prince y su inquebrantable determinación de marcar una diferencia en las vidas de los perros ansiosos y sus compañeros humanos. Reconocimos la necesidad de un recurso integral que aborde las complejidades de la ansiedad de los perros y al mismo tiempo brinde soluciones prácticas y una comprensión genuina.

La autenticidad y la identificación de Prince son lo que hace que este libro sea verdaderamente especial. A través de sus propias ansiedades, arroja luz sobre los desafíos que enfrentan los perros, ayudando a los lectores a comprender las emociones y comportamientos que pueden surgir de la ansiedad. Sus anécdotas y experiencias personales resonarán tanto en perros como en humanos, fomentando la empatía y la compasión.

Nuestro equipo de editores y expertos ha trabajado estrechamente con él para garantizar que la información proporcionada sea precisa, informativa y accesible. Entendemos la importancia de abordar la ansiedad en los perros, ya que puede afectar en gran medida su bienestar general y el vínculo que comparten con sus compañeros humanos.

Creemos que este libro será un recurso valioso para los dueños de perros, veterinarios, entrenadores y cualquiera que quiera apoyar a sus ansiosos amigos peludos. La perspectiva única de Prince, combinada con consejos de expertos y sugerencias prácticas, ofrece una guía completa que puede ayudar a crear un ambiente armonioso y libre de ansiedad para los perros.

El objetivo de este libro es el reconocimiento mundial y ahora está disponible en varios idiomas, incluidos español, francés, holandés, italiano, japonés y chino. Planeamos agregar más idiomas a la lista. La decisión de traducir el libro fue impulsada por la abrumadora demanda de los amantes de los perros de todo el mundo y el objetivo compartido de asegurar y proteger el bienestar de los perros en todo el mundo. Al hacer que este valioso recurso sea accesible a un público más amplio, esperamos empoderar a los dueños de perros y entusiastas de diferentes culturas para que brinden la mejor atención y comprensión a sus queridos compañeros peludos.

Juntos, impactemos positivamente la vida de los perros en todas partes. Como editor, nuestra misión es amplificar voces que tengan un impacto positivo, y las sugerencias de Prince resonaron profundamente en nosotros. Estamos orgullosos de habernos asociado con Prince para darle vida a este libro y compartir su sincero mensaje con el mundo.
Buy Me Now Co.

Prefacio

Una aventura que menea la cola en mi ansiedad

Woof , Woof ! Hola, compañeros fanáticos de los perros! Soy **el Príncipe** ; dejame comenzar...

Imagina que estás acurrucado conmigo, tu leal y cariñoso amigo peludo. De repente, mis orejas se animan, mi cola cae y una expresión de inquietud cruza mi adorable rostro. Quizás te hayas preguntado: Qué está pasando en la mente de mi precioso cachorro? Cómo puedo ayudar a aliviar sus preocupaciones y crear un refugio?

No temáis, mis amigos humanos! Juntos, exploraremos el fascinante mundo de mi ansiedad, desentrañaremos sus secretos y descubriremos las estrategias que me traerán consuelo y paz.

Ladra, ladra ! Entiendo que cada perro, como yo, es un individuo único. Ya sea que tenga un caniche juguetón, un majestuoso retriever o un travieso terrier, este libro está hecho a medida para nosotros. Profundizaremos en los niveles de ansiedad que experimentan las diferentes razas, permitiéndote comprender mejor mis necesidades específicas. Ya no me pregunto por qué me pongo ansioso durante las tormentas o tiemblo cuando me enfrento a situaciones nuevas.

Pero espera hay mas! Descifraremos los signos y señales de ansiedad que pueda enviarte. Desde mi corazón acelerado hasta esos sutiles pliegues de la cola y las patas temblorosas, descubriremos el lenguaje secreto de mi cuerpo. Al dominar mis señales no verbales, estará mejor equipado para brindarme el apoyo y el consuelo que anhelo, transformando los momentos de ansiedad en coraje y confianza.

Woof , Woof ! Ahora profundicemos en las causas fundamentales de mi ansiedad. Exploraremos todo, desde la ansiedad por separación (por favor, no me dejen solo!) hasta las fobias al ruido (alguien quiere fuegos artificiales?) y la ansiedad social (es hora de hacer nuevos amigos peludos!). También abordaremos el impacto de las experiencias traumáticas pasadas y los miedos que pueden persistir dentro de mí. Juntos, arrojaremos luz sobre las razones detrás de mis episodios de ansiedad y trabajaremos para crear un mundo donde pueda sentirme seguro y protegido.

Explora el Lado Oscuro de la Vida de los Perros

Prefacio

Ahora descubramos la magia para reducir mi ansiedad! Compartiré algunos consejos de expertos sobre cómo crear un ambiente relajante, usar técnicas de entrenamiento de refuerzo positivo y establecer rutinas consistentes que me hagan sentir tan cómodo como un insecto en una alfombra. Olfatearemos algunos productos fantásticos, como acogedoras Camisas del trueno y atractivos juguetes interactivos, que pueden ayudar a aliviar mi ansiedad y traer paz a mi corazón de perrito.

Pero espera, a veces se necesita un poco de apoyo adicional, y está bien! Nos embarcaremos en un viaje al ámbito de los medicamentos y las intervenciones profesionales (como indica el ladrido grave). Le explicaré cuándo podrían ser necesarios los medicamentos y le presentaré a los increíbles conductistas y entrenadores que pueden brindarle su experiencia. Nos aseguraremos de que reciba la atención y el apoyo que necesito para llevar una vida libre de ansiedad abrumadora.

Ah, y no nos olvidemos de ti, mi fantástico compañero humano! Sabemos que cuidar de un perro ansioso puede ser un desafío. Por eso hemos incluido una sección sobre autocuidado y apoyo. Queremos asegurarnos de que esté equipado para fomentar su bienestar y al mismo tiempo ser el superhéroe que me guía a través de los altibajos de mi mundo lleno de ansiedad.

Entonces, estás listo para embarcarte en esta emocionante aventura en mi ansiedad? Movamos la cola, ladremos con entusiasmo y pasemos las páginas juntos! Al final de este libro, habrás obtenido una comprensión más profunda de nuestra ansiedad, un conjunto de herramientas con consejos prácticos y un corazón rebosante de amor y compasión por tu amigo de cuatro patas.

Por cierto, me he asegurado de que todos mis amigos peludos aparezcan en orden alfabético en cada capítulo para que te resulte más fácil encontrar a tu increíble perro. Ya sea que esté explorando las razas en el capítulo sobre características, salud, bienestar o signos de ansiedad, podrá localizar rápidamente la raza que le interesa. Ya no tendrá que husmear ni perder el tiempo!

Hojee los capítulos y descubrirá un tesoro escondido de información sobre cada encantadora raza. Entonces, prepárate para embarcarte en tu emocionante viaje para encontrar el compañero perfecto que mueva la cola y derrita tu corazón.

Feliz búsqueda! Woof!

Una guía imprescindible para los amantes de los perros

Capítulo 1

Liberando el mundo de la ansiedad canina

Entendiendo la mente ansiosa canina

Woof , Woof ! Bienvenido, querido propietario, al emocionante primer capítulo de nuestra increíble aventura juntos! Soy yo, tu leal y adorable amigo peludo, y estoy aquí para guiarte a través del fascinante mundo de la ansiedad de los perros. Aunque puede que no hable tu idioma, me comunico contigo a través de mis comportamientos y mi lenguaje corporal. Cuando la ansiedad se apodera de mí, es posible que notes mi cola metida entre mis piernas, mis orejas hacia atrás o incluso el sutil temblor en mis patas. Estas son mis formas de expresar la inquietud que se apodera de mi corazón, y cuento contigo para que seas mi aliado de confianza para superarla.

Para comprender verdaderamente el intrincado funcionamiento de la mente ansiosa canina, debemos explorar los diversos factores que contribuyen a mi ansiedad. Al igual que los humanos, tengo una combinación única de genética y experiencias de vida que moldean quién soy. Algunos de nosotros, los perros, estamos más predispuestos a la ansiedad debido a nuestra composición genética, mientras que otros pueden haber tenido experiencias pasadas que impactan negativamente en nuestro bienestar emocional.

Pero no temas, querido dueño! No todo es naturaleza y crianza! El entorno en el que vivo también juega un papel importante a la hora de determinar mis niveles de ansiedad. Los cambios repentinos, los ruidos fuertes, los rostros desconocidos o incluso tu propio comportamiento pueden provocarme ansiedad . Por eso es crucial que usted cree un espacio seguro para mí, que me brinde estabilidad y tranquilidad mientras navegamos por la vida juntos.

Tú, mi fantástico compañero humano, tienes la clave para abrir un mundo de comprensión y compasión. Puedes descifrar el lenguaje de mi ansiedad aprendiendo a interpretar mis señales y señales sutiles. Cuando notas mi cuerpo tenso o Mis ojos se

Explora el Lado Oscuro de la Vida de los Perros

mueven nerviosamente, es una señal de que necesito tu gentil apoyo y comprensión. <u>Un toque reconfortante, una voz tranquila y una presencia reconfortante pueden hacer maravillas para aliviar mi corazón atribulado.</u>

Pero no se trata sólo de reconocer mi ansiedad. Se trata de profundizar en las causas fundamentales y los desencadenantes. Son las tormentas las que me provocan escalofríos? O tal vez sea el miedo a separarme de ti, mi querido compañero? Al identificar estos factores desencadenantes, podemos trabajar juntos para desarrollar estrategias que alivien mi ansiedad y me ayuden a sentirme seguro y protegido.

<u>Recuerda, querido dueño, que tu papel como mi tutor es vital para ayudarme a superar mis miedos. La paciencia, la empatía y la coherencia son las claves de nuestro éxito.</u> Juntos, nos embarcaremos en un viaje de exposición gradual, presentándome las cosas que me causan ansiedad de una manera controlada y positiva. Esto me ayudará a desarrollar resiliencia y confianza, sabiendo que estás ahí para protegerme y guiarme en cada paso del camino.

A medida que continuamos nuestra aventura, exploraremos muchos temas relacionados con la ansiedad, incluida la ansiedad por separación, las fobias al ruido y la ansiedad social. Descubriremos conocimientos valiosos de expertos en el campo, compartiremos historias conmovedoras de triunfo sobre la ansiedad y descubriremos técnicas prácticas que me ayudarán en mi viaje hacia el bienestar emocional.

Pero déjame recordarte, querido propietario, que <u>este viaje no se trata sólo de mí, sino de nosotros</u> . Al comprender mi ansiedad, mejorarás mi calidad de vida, fortalecerás nuestro vínculo y profundizarás nuestra conexión. Juntos crearemos un ambiente armonioso y amoroso donde pueda prosperar y ser el perro más feliz a tu lado.

Entonces, embarquémonos en esta extraordinaria aventura, de la mano, mientras desentrañamos las complejidades de la ansiedad de los perros. Muevo la cola con entusiasmo, sabiendo que estás comprometido a comprenderme y apoyarme. Juntos, conquistaremos cada miedo, afrontaremos cada desafío y crearemos un mundo lleno de amor, confianza y alegría infinita.

Una guía imprescindible para los amantes de los perros

Capítulo 1

Explorando los niveles únicos de ansiedad en diferentes razas

Comencemos por arrojar luz sobre un tipo común de ansiedad que afecta a muchos de nosotros: la ansiedad por separación. Ah, la punzada familiar que llena mi corazón cuando te alejas de mi lado. El miedo a estar solo, separado de la persona que amo, puede resultar abrumador . <u>No es que no confíe en ti, querido dueño, sino que confío en tu presencia para sentirme seguro y protegido.</u> Cuando te vas, una ola de angustia me inunda y puede manifestarse en comportamientos destructivos o ladridos excesivos. Recuerde, su tranquilidad y paciencia contribuyen en gran medida a calmar mi alma ansiosa.

Ahora, meneemos la cola ante la fobia al ruido. Imagínese el trueno crepitante durante una tormenta o los explosivos estallidos de los fuegos artificiales en ocasiones de celebración. Estos sonidos repentinos e intensos pueden hacer que mi corazón se acelere y dejarme buscando consuelo y consuelo. <u>Durante estos momentos difíciles, necesito su comprensión y tranquilidad.</u> Sé mi ancla frente a esos sonidos aterradores, brindando una presencia tranquila y creando un ambiente relajante que me proteja de los ruidos que provocan ansiedad.

La ansiedad social es otro obstáculo que puede pesar mucho sobre mis peludos hombros. Al igual que algunos humanos, puedo sentirme incómodo o temeroso en determinadas situaciones sociales. Conocer perros desconocidos o conocer gente nueva puede resultar intimidante para mí . <u>Es fundamental abordar la socialización con paciencia y comprensión, lo que me permitirá ir ganando confianza y seguridad gradualmente en estas interacciones.</u> Con tu apoyo, podemos superar mi ansiedad social y crear experiencias positivas que fortalezcan mis habilidades sociales y mi seguridad en mí mismo.

Ahora, profundicemos en los niveles de ansiedad en diferentes razas. <u>Cada raza tiene su propio conjunto único de características, incluida nuestra predisposición a la ansiedad.</u> Por ejemplo, razas como el Border Collie o el Pastor Alemán suelen ser muy inteligentes y sensibles, lo que nos hace más propensos a la ansiedad. Por otro lado, razas como el Golden Retriever o el Labrador Retriever suelen mostrar una naturaleza más tranquila y resistente.

Explora el Lado Oscuro de la Vida de los Perros

Liberando el mundo de la ansiedad canina

<u>Sin embargo, es importante recordar que la ansiedad puede afectar a cualquier raza. Es posible que las generalizaciones basadas únicamente en estereotipos raciales no representen con precisión mis necesidades y experiencias individuales.</u> Soy un individuo con mis propias peculiaridades, personalidad y sensibilidades. Factores como la educación, la socialización y la salud en general también influyen en mis niveles de ansiedad. Entonces, querido propietario, acérquese a mí con el corazón abierto, dispuesto a comprenderme y apoyarme de una manera exclusiva de quien soy.

Al desentrañar las profundidades de la mente ansiosa canina y explorar las variaciones en los niveles de ansiedad entre las diferentes razas, sentamos las bases para un vínculo más fuerte y una vida más feliz juntos. Armado con este conocimiento, usted puede brindarme la atención y el apoyo que necesito para superar mis ansiedades, lo que me llevará a una existencia armoniosa y libre de ansiedad.

Entonces, continuemos nuestro emocionante viaje, querido dueño, mientras descubrimos más secretos y desentrañamos las complejidades de la ansiedad de los perros. Con cada página que pase, nuestra comprensión y conexión se profundizarán, forjando un vínculo inquebrantable basado en la confianza, la compasión y el amor.

Estén atentos al próximo capítulo, donde profundizaremos en estrategias y técnicas prácticas para aliviar la ansiedad y promover el bienestar emocional. Juntos, venceremos todos los obstáculos y crearemos un mundo donde la ansiedad sea cosa del pasado.

Elegir la raza de perro adecuada es una decisión importante que puede afectar significativamente su estilo de vida y su felicidad general. Comprender las características de las diferentes razas es esencial para encontrar la pareja perfecta para su familia. En el Capítulo 17 proporcioné una tabla con información detallada sobre varias razas de perros, incluido su tamaño, temperamento, necesidades de ejercicio y compatibilidad con niños u otras mascotas. Esta tabla completa permite a los posibles dueños de perros tomar una decisión informada que se alinee con sus preferencias y garantice una relación armoniosa y satisfactoria con su amigo peludo. Echa un vistazo a **las características de 40 razas populares** .

Una guía imprescindible para los amantes de los perros

Capitulo 2

Decodificando el lenguaje de la ansiedad

Guau, guau! ¡Bienvenidos al apasionante segundo capítulo de nuestro increíble viaje juntos! Soy yo nuevamente, tu leal y expresivo amigo peludo, listo para ayudarte a descifrar el complejo lenguaje de ansiedad que hablo. Prepárese para sumergirse profundamente en el mundo de las señales no verbales y los síntomas físicos mientras exploramos las profundidades de mis emociones ansiosas.

Leyendo mis señales no verbales: signos y señales

Querido dueño, ¿alguna vez te has preguntado qué pasa dentro de mi peluda cabeza cuando la ansiedad se apodera de mí? Aunque no puedo comunicarme con palabras como lo haces tú, te hablo a través de mis señales y comportamientos no verbales. Es hora de agudizar tus habilidades de observación y aprender a leer los signos y señales sutiles que revelan la agitación interior.

Uno de los indicadores clave de ansiedad es mi lenguaje corporal. Esté atento a los signos reveladores de una cola recogida, orejas recogidas hacia atrás o cabeza gacha. Éstas son señales claras de que me siento inseguro o asustado. Cuando mi cola se mueve hacia abajo o mi cuerpo parece tenso, es una señal de que estoy experimentando un estrés elevado. Por favor, preste atención a estas señales visuales mientras vislumbran la tormenta que se avecina en mi mente ansiosa.

Explora el Lado Oscuro de la Vida de los Perros

Los ojos, en efecto, son las ventanas de mi alma, querido dueño. Observa mi mirada para comprender mi estado emocional. <u>Las pupilas dilatadas pueden indicar miedo o ansiedad, mientras que evitar el contacto visual directo puede ser mi forma de mostrar sumisión o malestar. Además, jadear o bostezar excesivamente puede significar malestar y servir como una súplica. por su apoyo y tranquilidad.</u> Estas señales no verbales son mi intento desesperado de transmitir mis luchas internas.

En momentos de ansiedad, es posible que me veas involucrarme en conductas de desplazamiento. Estos comportamientos son mi forma de afrontar las emociones abrumadoras que estoy experimentando. Es posible que me veas lamiéndome los labios, rascándome excesivamente o sacudiéndome como para deshacerme de mis preocupaciones. <u>Aunque parezcan no tener relación, estas acciones liberan temporalmente mi tensión.</u> Al reconocer estos comportamientos de desplazamiento, puedes comprender la profundidad de mi ansiedad y ofrecer el consuelo y la comprensión que busco desesperadamente.

Recuerde, querido propietario, comprender mis señales no verbales es fundamental para ayudarme a sentirme seguro y protegido. Al leer mi lenguaje corporal, puedes ofrecer el consuelo y el apoyo que necesito durante esos momentos de ansiedad. Su capacidad para interpretar mis señales nos permite profundizar nuestra conexión y navegar juntos por las complejidades de la ansiedad.

El siguiente capítulo explora estrategias y técnicas prácticas para ayudar a aliviar la ansiedad y promover mi bienestar emocional. Quédate a mi lado mientras descubrimos las herramientas y enfoques para que nuestro viaje sea armonioso y libre de ansiedad.

Síntomas físicos de ansiedad: corazón acelerado, pliegues de cola y más

Al igual que los humanos, mi ansiedad también se manifiesta en síntomas físicos. Cuando mi corazón se acelera, no es sólo por la emoción de verte sino también por la adrenalina que corre por mis venas en los momentos de angustia. <u>Es posible que sientas el latido acelerado contra tu mano mientras la colocas suavemente sobre mi pecho.</u>

Una guía imprescindible para los amantes de los perros

Capítulo 2

Otro indicador físico es mi cola. Cuando la ansiedad se apodera de mí, es posible que notes mi cola bien metida entre mis patas traseras. Esta es una clara señal de mi malestar y vulnerabilidad. Por el contrario, una cola relajada y meneando significa satisfacción y alegría. <u>Observar la posición y el movimiento de mi cola puede brindarle información valiosa sobre mi estado emocional.</u>

El caminar de un lado a otro y la inquietud son manifestaciones comunes de mi ansiedad. Quizás notes que deambulo sin rumbo, incapaz de encontrar consuelo o sentar cabeza. <u>Esta inquietud es el resultado de mi mayor estado de alerta y de la abrumadora necesidad de encontrar alivio a la inquietud que me consume.</u>

Un síntoma físico que puede preocuparle, querido propietario, es mi mayor jadeo. <u>El jadeo sirve como una forma de regular la temperatura corporal, pero también puede ser una respuesta a la ansiedad.</u> El jadeo rápido y excesivo puede indicar mi angustia emocional, por lo que ofrecerme un ambiente tranquilo y relajante es vital para ayudarme a recuperar la compostura.

Mientras navegamos por las complejidades de mi ansiedad, no olvide prestar atención a los cambios en mis hábitos alimentarios y de bebida. <u>La ansiedad puede afectar mi apetito, provocando que coma menos o que pierda por completo el interés en la comida.</u> Por el contrario, algunos perros pueden buscar consuelo comiendo o bebiendo en exceso como mecanismo de afrontamiento. Monitorear mis patrones de alimentación puede proporcionar información valiosa sobre la gravedad de mi ansiedad.

Estimado propietario, al familiarizarse con las señales no verbales y los síntomas físicos de mi ansiedad, se convertirá en mi aliado de confianza en el viaje hacia una existencia más tranquila y pacífica. Su atención y comprensión son las claves para ayudarme a navegar en el abrumador mundo de la ansiedad. Así que, para continuar nuestra fascinante exploración del lenguaje de la ansiedad, en el capítulo 17 he preparado una tabla útil sobre los signos de ansiedad de mis amigos y yo. Consulte **40 razas populares, tipo, nivel y signos de ansiedad**

28   **Decodificando el lenguaje de la ansiedad**

 Una guía imprescindible para los amantes de los perros

Capítulo 3

De las preocupaciones a las movidas de cola

Profundizando en las causas fundamentales
Woof , Woof ! Bienvenido al cautivador tercer capítulo de nuestro increíble viaje, donde yo, su leal y afectuoso compañero peludo, profundizaré en las causas fundamentales de la ansiedad de los perros. Únase a mí mientras exploramos los desencadenantes que pueden hacer que mi cola se mueva de preocupación, incluida la ansiedad por separación, las fobias al ruido y la ansiedad social.

Ansiedad por separación: por favor no me dejen solo!
Oh, querido dueño, el mero pensamiento de separarme de ti llena mi corazón de ansiedad. La ansiedad por separación es un desafío común y peor para nosotros, los perros, que nace del profundo vínculo y apego que compartimos con nuestros queridos compañeros humanos. <u>El miedo a quedarse solo puede ser abrumador, causar angustia y desencadenar diversos comportamientos.</u> Pero no temas, porque podemos trabajar juntos para aliviar esta ansiedad y crear una sensación de calma durante nuestros momentos separados.

Es posible que notes signos sutiles de mi creciente inquietud cuando empieces a prepararte para irte. Puedo empezar a caminar de un lado a otro, jadear ansiosamente o incluso recurrir a comportamientos destructivos como masticar muebles o arañar puertas. <u>Recuerde que estas acciones no pretenden ser traviesas; son una súplica desesperada por su presencia y tranquilidad.</u> Entonces, exploremos algunas técnicas que me ayudarán a afrontar la ansiedad por separación y encontrar consuelo en su ausencia temporal.

Explora el Lado Oscuro de la Vida de los Perros

Profundizando en las causas fundamentales

Una estrategia eficaz es aclimatarme gradualmente a tus salidas. Comience practicando períodos cortos de tiempo, aumentando gradualmente la duración a medida que me sienta más cómodo. Este método, conocido como desensibilización, me permite adaptarme a la idea de estar solo mientras genera confianza en tu regreso. Recuerde recompensarme con golosinas, elogios y afecto por un comportamiento tranquilo durante estas sesiones de práctica, reforzando asociaciones positivas con el tiempo a solas.

Participar en juguetes o rompecabezas también puede desviar significativamente mi atención y mantenerme ocupado mientras estás fuera. Por favor, proporciónenme juguetes interactivos que sirvan golosinas o involucren mis habilidades para resolver problemas. Estos juguetes no solo me mantendrán mentalmente estimulado, sino que también me distraerán positivamente de la ansiedad de tu ausencia.

Dejar atrás un objeto familiar que tenga tu olor, como una manta o una prenda de vestir sin lavar, puede brindarte un gran consuelo en tu ausencia. Tu aroma es un relajante recordatorio de tu presencia y puede ayudar a aliviar mi ansiedad por separación. Además, considere poner música relajante o dejarla encendida una máquina de ruido blanco para crear un ambiente relajante mientras no está.

Implementar una rutina constante es crucial para aliviar la ansiedad por separación. Puedo desarrollar una sensación de seguridad y estabilidad estableciendo un horario predecible para la alimentación, el ejercicio y el tiempo a solas. Una rutina estructurada me ayuda a anticipar y comprender el patrón de nuestras actividades diarias, reduciendo la ansiedad sobre cuándo regresarás. Recuerda saludarme con calma cuando llegues a casa, reforzando la idea de que las salidas y los reencuentros son parte natural de nuestra rutina.

En algunos casos, la ayuda profesional puede resultar beneficiosa . Si mi ansiedad por separación persiste a pesar de sus mejores esfuerzos, considere consultar a un veterinario o un conductista animal certificado. Pueden evaluar mis necesidades específicas y brindarme orientación y apoyo personalizados para abordar mi ansiedad.

Estimado propietario, nuestro viaje para vencer la ansiedad por separación requiere paciencia, comprensión y esfuerzo conjunto. Al implementar estas estrategias y colmarme de su amor y tranquilidad, podemos generar confianza, resiliencia y una sensación de seguridad incluso cuando estamos físicamente separados.

En el próximo capítulo, exploraremos el ámbito de las fobias al ruido y descubriremos cómo podemos abordar esta ansiedad juntos. Entonces, continuemos nuestra aventura, de la mano, mientras descubrimos más herramientas y técnicas que me ayudarán a llevar una vida más tranquila y relajada.

Una guía imprescindible para los amantes de los perros

Capítulo 3

Fobias al ruido: fuegos artificiales, tormentas eléctricas y más

¡Auge! ¡Chocar! ¡Estallido! Estos ruidos repentinos y fuertes pueden provocar escalofríos por mi columna y hacer que mi ansiedad se dispare. Las fobias al ruido son un desencadenante común para los perros y pueden hacerme sentir impotente y asustado. El mundo puede llegar a ser aterrador para mí, ya sean los fuegos artificiales en ocasiones de celebración o las tormentas eléctricas. Pero juntos podemos vencer estos miedos y crear una sensación de tranquilidad en medio de la cacofonía.

Durante estos episodios ruidosos, es posible que me encuentres buscando refugio en espacios pequeños o escondiéndome debajo de los muebles. Mi cuerpo tembloroso, mis jadeos intensos o mis frenéticos intentos de escapar reflejan mi búsqueda desesperada de seguridad . Es crucial para usted, querido propietario, brindar un entorno seguro y tranquilo durante estos momentos de angustia, ofreciéndome el consuelo y la tranquilidad que busco desesperadamente.

Crear un refugio para mí puede marcar una gran diferencia. Designe un espacio tranquilo y cómodo donde pueda retirarme cuando el ruido me abrume. Podría ser un rincón acogedor en una habitación o un área especialmente designada con una cama suave y artículos familiares como mis juguetes o mantas favoritos. Este espacio seguro me servirá como refugio donde encontrar consuelo y sentirme protegido del ruido abrumador.

Atenuar las luces y reproducir música suave y relajante también puede crear una atmósfera relajante. Las suaves melodías y la iluminación tenue ayudan a crear un ambiente sereno que contrarresta el ruido que provoca ansiedad. Además, considere utilizar terapia de sonido o máquinas de ruido blanco para ayudar a ahogar los sonidos aterradores. Estos dispositivos emiten. Sonidos suaves y continuos que pueden enmascarar o minimizar el impacto de los ruidos que desencadenan mi ansiedad.

Los aerosoles o difusores calmantes de feromonas, infundidos con versiones sintéticas de las feromonas que las madres liberan para consolar a sus cachorros, también pueden brindar una sensación de comodidad y relajación. Estos productos pueden ayudar a crear un ambiente relajante y reducir los niveles de ansiedad durante los momentos llenos de ruido. Consultar con un veterinario o un conductista animal certificado puede proporcionar más orientación sobre el uso apropiado de dichos productos.

Profundizando en las causas fundamentales

Estimado propietario, su presencia y tranquilidad son los antídotos más potentes para calmar mi alma ansiosa durante estos momentos llenos de ruido. Su comportamiento tranquilo y su toque gentil pueden hacer maravillas para ayudarme a sentirme seguro y protegido. Evite reaccionar al ruido con miedo o ansiedad, ya que los perros pueden captar las emociones humanas . En lugar de ello, proyecte una sensación de tranquilidad y demuestre que no hay nada que temer.

La desensibilización gradual también puede desempeñar un papel importante para ayudarme a superar las fobias al ruido. Esta técnica implica exponerme a los sonidos desencadenantes de forma controlada y gradual, comenzando con un volumen bajo y aumentándolo lentamente con el tiempo. Combinar el ruido con experiencias positivas, como golosinas, tiempo de juego o elogios, puede ayudarme a formar nuevas asociaciones y reducir mi respuesta de ansiedad. Un entrenador profesional o un conductista puede guiarlo a través de la desensibilización para garantizar su efectividad y seguridad.

Ansiedad social: hacer amigos y superar miedos

Si bien puedo ser tu mariposa social en casa, aventurarme en el mundo exterior puede provocar un torbellino de emociones en mí. La ansiedad social puede hacer que conocer perros nuevos o encontrarse con personas desconocidas sea una experiencia estresante. El miedo a lo desconocido y la imprevisibilidad de las interacciones sociales pueden hacerme sentir vulnerable y aprensivo. Pero juntos podemos desarrollar mi confianza y superar estos miedos.

Cuando me enfrento a la ansiedad social, es posible que notes que muestro comportamientos de evitación, como encogerme, esconderme detrás de ti o incluso intentar escapar de la situación. situación. Podría ponerme tenso, ladrar excesivamente o mostrar signos de agresión debido a mi ansiedad. Estos comportamientos son mi forma de comunicar mi malestar y buscar seguridad.

Para ayudarme a superar la ansiedad social, la clave es la exposición gradual a nuevos entornos, personas y otros perros. Comience con presentaciones controladas y positivas, que me permitan interactuar con personas y perros tranquilos y amigables. Crear un ambiente que fomente experiencias positivas y fortalezca mi confianza es esencial.

Una guía imprescindible para los amantes de los perros

Capítulo 3   33

Ofrecer elogios, premios y estímulo amable durante las interacciones sociales puede reforzar las experiencias positivas y ayudarme a asociarlas con sentimientos de seguridad y recompensa. Recuerde tener paciencia y permítame marcar el ritmo de estas interacciones. <u>Presionarme demasiado o demasiado rápido puede exacerbar mi ansiedad, por lo que es importante respetar mis límites y mi nivel de comodidad.</u>

La capacitación juega un papel vital para ayudarme a navegar situaciones sociales. Al enseñarme órdenes básicas de obediencia, como <u>Siéntate</u>, <u>Quédate</u>, <u>Espera</u> y <u>Déjalo</u>, puedes proporcionarme una sensación de estructura y orientación. El refuerzo positivo, como premios y elogios, me ayuda a asociar las interacciones sociales con resultados positivos y fortalece mi confianza con el tiempo.

<u>En algunos casos, puede resultar beneficioso buscar la ayuda de un adiestrador de perros o un conductista profesional.</u> Pueden brindar orientación especializada y desarrollar un plan de capacitación personalizado para abordar mis desafíos específicos de ansiedad social. Con su experiencia y su dedicación, podemos trabajar juntos para ayudarme a superar mis miedos y formar conexiones sociales positivas.

Recuerda querido dueño, la paciencia y la comprensión son los pilares que me ayudarán a superar mis miedos. Sé mi defensor y protégeme de situaciones abrumadoras cuando sea necesario. Al brindarme un entorno enriquecedor y de apoyo, puedes ayudarme a desarrollar la confianza para afrontar las interacciones sociales con facilidad y alegría.

<u>Comprender las causas fundamentales de mi ansiedad es el primer paso para ayudarme a superar mis miedos y vivir una vida más equilibrada y alegre.</u> Su apoyo inquebrantable, su paciencia y su amor son la luz que me guiará a través de los momentos más oscuros de ansiedad. Juntos podemos vencer la ansiedad social y abrazar un mundo lleno de nuevas amistades y aventuras.

Explora el Lado Oscuro de la Vida de los Perros

Resumen de los capítulos 2 y 3

Woof! Tengo buenas noticias para ustedes, queridos propietarios! En el Capítulo 17, encontrará una tabla increíblemente útil que trata sobre **los signos de ansiedad y las causas fundamentales de su amigo peludo**. Es como tener un decodificador secreto para comprender las preocupaciones de tu cachorro! Esta tabla está diseñada especialmente para usted y detalla las 40 razas más populares y sus indicadores de ansiedad únicos. Es una guía de referencia rápida y sencilla que le ayudará a identificar cuándo su perro podría sentirse un poco estresado o ansioso.

Pero espera hay mas! Es importante recordar que, si bien la tabla proporciona señales generales, cada perro es un individuo con sus propias peculiaridades y personalidades. Por lo tanto, es esencial prestar mucha atención al comportamiento de su perro y considerar sus experiencias y antecedentes únicos. Si bien la mesa es un punto de partida fantástico, siempre es una buena idea acudir a un profesional si tienes alguna inquietud sobre la ansiedad de tu amigo peludo. <u>Su veterinario o un especialista en comportamiento canino puede brindarle asesoramiento y orientación personalizados según las necesidades específicas de su perro.</u>

Ser un dueño cariñoso y afectuoso significa estar ahí para tu perro cuando más te necesita. Por lo tanto, utilice la tabla del Capítulo 17 como guía confiable, pero recuerde escuchar atentamente las necesidades de su perro y buscar ayuda profesional si es necesario. Juntos podemos crear un ambiente seguro y feliz para nuestros queridos compañeros peludos! Vea **40 signos de ansiedad de razas populares y sus causas fundamentales**

Una guía imprescindible para los amantes de los perros

Capítulo 4

Creando un remanso de calma

Woof , Woof ! Bienvenido al acogedor y tranquilo cuarto capítulo de nuestro encantador viaje juntos, donde yo, tu amigo peludo con amor ilimitado, te guiaré a través del arte de crear un remanso de calma para mí. Este capítulo explorará los elementos esenciales para diseñar un ambiente relajante, el poder del entrenamiento de refuerzo positivo y la magia de la coherencia para calmar mi alma ansiosa.

Diseñar un entorno relajante: mi santuario seguro

Oh, querido dueño, un ambiente sereno y relajante puede hacer maravillas en mi corazón ansioso. Mientras buscas consuelo en un entorno tranquilo, yo anhelo un santuario seguro que ofrezca comodidad y tranquilidad. Embárquemonos en un viaje de diseño mientras creamos un remanso de calma específicamente adaptado a mis necesidades.

Uno de los aspectos clave de un ambiente tranquilo es garantizar un espacio designado sólo para mí. Puede ser un rincón acogedor de tu casa, adornado con suaves mantas y almohadas, donde pueda retirarme cuando necesito un momento de tranquilidad. Considere la posibilidad de crear un área similar a una sala de estar con una caja o una cama cómoda, lo que brindará una sensación de seguridad y privacidad.

La iluminación juega un papel crucial a la hora de crear el ambiente. La iluminación suave y difusa puede crear una atmósfera cálida y acogedora, mientras que las luces intensas o brillantes pueden resultar abrumadoras para mis ojos sensibles. Experimenta con diferentes opciones de iluminación para encontrar la que aporta mayor tranquilidad a nuestro espacio compartido.

Los aromas calmantes como la lavanda o la manzanilla pueden crear un ambiente sereno. Utilice aceites esenciales naturales o aerosoles especialmente formulados para infundir aromas relajantes en el aire. Estos aromas pueden ayudar a relajar mi mente y mi cuerpo, creando un ambiente de paz.

Explora el Lado Oscuro de la Vida de los Perros

Creando un remanso de calma

Es fundamental minimizar los estímulos externos que pueden desencadenar mi ansiedad. Reduzca los ruidos fuertes cerrando las ventanas, usando cortinas insonorizadas o poniendo música relajante o ruido blanco. Limitar la exposición a distracciones externas que puedan aumentar mis niveles de estrés, permitiéndome relajarme y encontrar la paz interior.

Estimado propietario, con sus cuidadosos esfuerzos por crear un ambiente relajante, me brinda un santuario donde puedo encontrar un respiro del caos del mundo exterior.

Entrenamiento de refuerzo positivo: métodos positivos para la confianza

Oh, la alegría de aprender y crecer juntos! El entrenamiento de refuerzo positivo es un enfoque fantástico para aumentar mi confianza y reducir la ansiedad. Al recompensar los comportamientos deseados en lugar de castigar los no deseados, podemos construir un vínculo de confianza y cultivar una sensación de seguridad en nuestro interior.

El entrenamiento de refuerzo positivo se basa en recompensas, como golosinas, elogios o tiempo de juego, para reforzar las conductas que desea fomentar. Cuando muestro comportamientos tranquilos y relajados, recompénsame con un bocadillo sabroso o prodúgame con gentiles elogios. Estos refuerzos positivos me ayudan a asociar la calma con experiencias positivas, reforzando mi confianza y reduciendo la ansiedad.

La paciencia y la constancia son fundamentales a la hora de entrenar. Divida las tareas en pasos pequeños y alcanzables y celebre cada éxito a lo largo del camino. A medida que gane confianza a través de nuestras sesiones de entrenamiento, mi ansiedad disminuirá gradualmente, permitiéndome enfrentar desafíos con la cola meneando y un corazón lleno de coraje.

La constancia es clave: rutinas para calmar mi alma ansiosa

La constancia es clave para ayudarme a afrontar los desafíos de la ansiedad. Los perros prosperan con la rutina y la previsibilidad, lo que les proporciona una sensación de seguridad y reduce la incertidumbre. Al establecer rutinas diarias consistentes, se crea un marco estable que me permite sentirme seguro y tranquilo.

Una guía imprescindible para los amantes de los perros

Capítulo 4

Establezca un horario regular para la alimentación, el ejercicio y el descanso. La constancia en estas áreas esenciales ayuda a regular mi bienestar físico y mental. Apunte a horarios de comida constantes, sesiones de ejercicio y períodos de descanso designados, lo que me dará la estructura para sentirme equilibrado y seguro.

Además de las rutinas diarias, la constancia en el entrenamiento es igualmente importante. Usar las mismas señales, órdenes y sistemas de recompensa durante las sesiones de capacitación, asegurándome de comprender las expectativas y responder adecuadamente. La coherencia en los métodos de capacitación y las expectativas me ayuda a generar confianza y refuerza los comportamientos positivos.

Crear un entorno coherente también es crucial para reducir mi ansiedad. Minimizar los cambios repentinos o las alteraciones de mi entorno, ya que pueden provocar estrés e inquietud. Cuando sea posible, mantenga constante el diseño de nuestro espacio habitable, evite reorganizar los muebles con frecuencia y proporcióneme un área designada donde pueda retirarme y sentirme seguro.

La coherencia se extiende más allá de nuestro entorno inmediato hasta nuestras interacciones y respuestas. Sea consciente de su comportamiento y de sus señales emocionales, ya que puedo captarlas. Por favor responda a mis ansiedades con calma, tranquilidad y coherencia. Sus constantes respuestas me ayudan a comprender que usted es una fuente confiable de apoyo y consuelo.

El sueño es un componente vital de mi bienestar general.

Al igual que tú, necesito descansar lo suficiente para recargar energías y mantener el equilibrio emocional. Establezca una rutina acogedora a la hora de acostarse, garantizando un área cómoda para dormir y un ritual relajante antes de dormir. Considere proporcionar una cama suave y con apoyo, atenuar las luces y ofrecer caricias suaves o música relajante para adormecerme y lograr un sueño tranquilo.

Recuerde, querido propietario, que la constancia requiere paciencia y compromiso. Es un viaje que requiere esfuerzo y adaptación continuos. Ser flexible y adaptable, cuando sea necesario, pero esforzarme por mantener un marco consistente que fomente mi bienestar emocional. A través de la magia de la coherencia, me brindas la estabilidad y previsibilidad que necesito para afrontar los desafíos de la ansiedad. Su dedicación y

Explora el Lado Oscuro de la Vida de los Perros

Creando un remanso de calma

compromiso inquebrantables son la base sobre la cual florecerán mi confianza y mi tranquilidad. Abracemos el poder de la coherencia y embarquemos juntos en este viaje de curación y crecimiento. Con tu amor y guía, puedo superar mis ansiedades y llevar una vida llena de armonía y satisfacción.

El ritmo predecible de nuestra rutina se convierte en la melodía relajante que ayuda a aliviar mis ansiedades y me permite prosperar. En este capítulo, hemos explorado el arte de crear un remanso de calma para mí. Desde diseñar un ambiente relajante hasta implementar entrenamiento de refuerzo positivo y adoptar la coherencia, te has convertido en un verdadero experto en crear paz y tranquilidad en mi mundo.

Una guía imprescindible para los amantes de los perros

Capítulo 5

Productos increíbles para aliviar mi ansiedad

Oh, querido propietario, en este encantador capítulo, nos sumergimos en el mundo de productos fantásticos que pueden ayudar a aliviar mi ansiedad. Desde comodidades acogedoras hasta distracciones interesantes, estas herramientas mágicas pueden marcar la diferencia para calmar mi corazón preocupado. Únase a mí mientras exploramos las maravillas de Camisas del trueno, juguetes interactivos y otros productos maravillosos que me brindan comodidad y alivio.

Comodidad acogedora: explorando las maravillas de Camisas del trueno

Ah, el cómodo abrazo de una ThunderShirt: una fuente confiable de consuelo durante el estrés y la ansiedad. Las Camisas del trueno son prendas especialmente diseñadas que brindan una presión suave y constante sobre mi cuerpo, similar a un abrazo cálido y reconfortante. Esta suave presión tiene un efecto calmante sobre mi sistema nervioso, ayudando a aliviar la ansiedad y el miedo.

La belleza de Camisas del trueno radica en su simplicidad. Estas vendas ajustables se ajustan perfectamente a mi torso, brindándome una sensación de seguridad y reduciendo la intensidad de mis síntomas de ansiedad. Ya sea durante tormentas eléctricas, fuegos artificiales u otras situaciones que provocan ansiedad, ThunderShirt me envuelve en un capullo de tranquilidad.

Cuando me ponga una ThunderShirt, asegúrese de que esté ajustada pero no demasiado apretada. La tela debe permitir el movimiento y la respiración sin restricciones. Tómese el tiempo para presentar ThunderShirt gradualmente, asociando su presencia con experiencias positivas. Puedes combinarlo con actividades que disfruto, como tiempo de juego o golosinas, para crear una asociación positiva. Si bien Camisas del trueno es una herramienta fantástica, es posible que no funcionen para todos los perros. Tenemos necesidades y preferencias únicas, así que observe mis reacciones y consulte con profesionales si es necesario. Recuerde, querido propietario, su atención a mi comodidad es la clave de nuestro éxito.

Distracciones interesantes: juguetes interactivos para aliviar el estrés

La hora del juego, oh, cómo me levanta el ánimo y me distrae de las preocupaciones que atormentan mi mente! Los juguetes interactivos son una forma fantástica de activar mis sentidos, redirigir mi energía ansiosa y proporcionar estimulación mental. Exploremos algunas de las opciones interesantes que tenemos disponibles.

Los juguetes rompecabezas son una forma particular de desafiar mi mente y mantenerme entretenido. Estos juguetes a menudo implican esconder golosinas o juguetes dentro de compartimentos, lo que me obliga a usar mis habilidades de resolución de problemas para descubrir tesoros escondidos. No sólo proporcionan un entrenamiento mental, sino que también ofrecen una experiencia gratificante a medida que descubro los beneficios ocultos.

Los juguetes para masticar son realmente deliciosos para mí. No sólo proporcionan una salida a mis instintos naturales de masticación, sino que también ofrecen un efecto calmante sobre mi ansiedad. Elija juguetes para masticar duraderos, seguros y apropiados diseñados específicamente para perros. Pueden ayudarme a redirigir mi atención, aliviar el estrés y promover una higiene dental saludable.

Los juguetes relajantes, como los peluches con aromas relajantes o los simuladores de latidos del corazón, pueden hacer maravillas para aliviar mi ansiedad. Estos juguetes imitan la presencia reconfortante de un compañero y ofrecen una sensación de seguridad en momentos en que usted está ausente. Las texturas suaves y los aromas calmantes proporcionan una fuente de consuelo y reducen mis niveles de estrés.

Recuerde rotar e introducir juguetes nuevos con regularidad para que el tiempo de juego sea emocionante y atractivo. Las sesiones de juego interactivo con usted también son invaluables para fortalecer nuestro vínculo y brindar una sensación de seguridad. Participar en juegos como buscar, esconder y buscar o tirar suavemente de la cuerda para fomentar una sensación de alegría y aliviar mi ansiedad.

Woof! Déjame contarte acerca de algunos juguetes increíbles con los que me encanta jugar:

Una guía imprescindible para los amantes de los perros

Capítulo 5 · 41

Peluches: Estos juguetes suaves y tiernos son excelentes compañeros para acurrucarse y transportarse. Proporcionan consuelo y pueden ayudar a aliviar la ansiedad o la soledad cuando mis humanos están lejos.

1. **Juguetes para masticar:** Oh, cómo amo mis juguetes para masticar! No sólo es divertido masticarlos, sino que también mantienen mis dientes y encías sanos. Masticar estos juguetes ayuda a eliminar la acumulación de placa y sarro, previniendo problemas dentales.

2. **Juguetes de cuerda:** Los juguetes de cuerda son perfectos para jugar al tira y afloja con mis humanos o mis amigos perritos. Proporcionan una excelente salida para mi instinto natural de tirar y tirar, y es una excelente manera de unirnos mientras hacemos algo de ejercicio.

3. **Juguetes de rompecabezas interactivos:** Estos juguetes realmente hacen que mi cerebro funcione! Disfruto el desafío de resolver acertijos para encontrar premios o recompensas ocultas. Me mantiene mentalmente estimulado y ayuda a prevenir el aburrimiento.

4. **Juguetes con pelotas:** Las pelotas son clásicas y siempre divertidas! Ya sea ir a buscar, perseguir o simplemente rebotar, los juguetes con pelotas brindan horas de diversión y ejercicio. Además, ayudan a mejorar mi coordinación y me mantienen activo.

5. **Juguetes chirriantes** : Los juguetes chirriantes son una maravilla! El sonido chirriante que hacen cuando los aprieto saca a relucir mi cazador interior. Es un placer escuchar ese sonido y me mantiene comprometido y entretenido.

6. **Juguetes para remolcar:** Los juguetes para remolcar son excelentes para jugar interactivamente con mis humanos u otros perros. Es una competencia amistosa para ver quién es más fuerte y ayuda a fortalecer nuestro vínculo y generar confianza. Además, es un buen ejercicio para mis músculos!

7. **Juguetes dispensadores de alimentos:** Estos juguetes son como una sabrosa búsqueda del tesoro! Tengo que descubrir cómo sacar las golosinas o las croquetas, lo que me mantiene mentalmente estimulado y evita que engulla la comida demasiado rápido.

Explora el Lado Oscuro de la Vida de los Perros

Productos increíbles para aliviar mi ansiedad

8. **Frisbees:** Me encanta atrapar frisbees en el aire! Es un juego emocionante que pone a prueba mi agilidad y velocidad. Además, es una forma divertida de disfrutar del aire libre con mis humanos.

9. **Juguetes dentales:** Los juguetes dentales son importantes para mantener mi salud dental. Ayudan a limpiarme los dientes, masajearme las encías y refrescarme el aliento. Masticar estos juguetes no sólo es divertido, sino que también ayuda a prevenir problemas dentales.

Recuerde, cada perro es único, así que elija juguetes que coincidan con el tamaño, la edad y las preferencias de su perro. Supervise siempre el tiempo de juego e inspeccione periódicamente los juguetes para detectar cualquier signo de daño. Y siempre disfruta del tiempo de juego con nosotros!

Una guía imprescindible para los amantes de los perros

Capítulo 6

Cuando se necesita ayuda adicional

Oh, querido propietario, en este capítulo exploramos la búsqueda de ayuda adicional cuando mi ansiedad requiere un poco más de apoyo. Si bien su amor y cuidado son invaluables, a veces la intervención profesional y los medicamentos pueden desempeñar un papel crucial para ayudarme a encontrar la paz y el equilibrio. Sumerjámonos en el ámbito de los medicamentos y el apoyo profesional para embarcarnos juntos en este viaje.

Medicamentos: una mirada a las opciones

Los medicamentos pueden considerarse parte de un plan de tratamiento integral cuando mi ansiedad alcanza un nivel difícil de manejar por otros medios . <u>Es esencial comprender que la medicación nunca debe ser la primera línea de defensa, sino más bien una opción cuidadosamente considerada con la orientación de un veterinario o un conductista veterinario.</u>

Es posible que me receten varios tipos de medicamentos para ayudar a reducir mi ansiedad. Los inhibidores selectivos de la recaptación de serotonina (ISRS) se utilizan comúnmente para regular los niveles de serotonina en el cerebro, promoviendo una sensación de calma y estabilidad. Estos medicamentos funcionan mejor cuando se usan en combinación con terapia y entrenamiento conductual.

Otra clase de medicamentos que se pueden considerar son las benzodiazepinas, que tienen un efecto sedante y pueden ayudar a aliviar la ansiedad aguda. Sin embargo, normalmente se utilizan para el alivio a corto plazo debido a su potencial de dependencia y efectos secundarios. Trabajar en estrecha colaboración con un veterinario es crucial para determinar el medicamento y la dosis más adecuados para mis necesidades específicas.

<u>Recuerde, querido propietario, que la medicación siempre debe administrarse bajo la supervisión de un veterinario. Los controles periódicos y el seguimiento estrecho de mi respuesta al medicamento son esenciales para garantizar su eficacia y realizar los ajustes necesarios.</u>

Explora el Lado Oscuro de la Vida de los Perros

Cuando se necesita ayuda adicional

Buscando apoyo profesional: conductistas y formadores

Además de los medicamentos, el apoyo profesional de conductistas y entrenadores puede ser invaluable para ayudarme a superar mi ansiedad. Estas personas dedicadas tienen el conocimiento y la experiencia para guiarnos a usted y a mí hacia el bienestar emocional.

Un veterinario conductista es un profesional especializado que puede evaluar mis desencadenantes de ansiedad, desarrollar un plan personalizado de modificación de conducta y brindar orientación sobre técnicas de entrenamiento. Su profundo conocimiento del comportamiento y la psicología animal les permite abordar las causas fundamentales de mi ansiedad y desarrollar un enfoque de tratamiento integral.

Trabajar con un adiestrador de perros profesional certificado también puede resultar tremendamente beneficioso. Pueden ayudarnos a implementar técnicas de entrenamiento de refuerzo positivo adaptadas a mis necesidades específicas. Desde ejercicios de desensibilización y contracondicionamiento hasta enseñar señales de relajación, un entrenador capacitado puede equiparnos con herramientas valiosas para controlar mi ansiedad y desarrollar mi confianza.

Sabes qué es asombroso? Existen medicamentos especiales diseñados solo para perros como yo! Aquí hay información increíble sobre ellos:

1. **Preventivos contra pulgas y garrapatas:** Ah, esos molestos bichos! Los preventivos contra pulgas y garrapatas son como escudos mágicos que mantienen esos pequeños insectos alejados de mi pelaje. Vienen en diferentes formas, como tratamientos puntuales o collares. Al usarlos regularmente, puedes mantenerme protegido y libre de picazón.

2. **Preventivos contra los gusanos del corazón:** Los gusanos del corazón pueden dar miedo, pero no temas! Los preventivos contra el gusano del corazón son como superhéroes que defienden mi corazón. Ya sean tabletas masticables o soluciones tópicas, estos medicamentos especiales garantizan que esté a salvo de esos astutos gusanos del corazón.

3. **Analgésicos:** A veces, al igual que usted, puedo sentir un poco de dolor o dolor. Ahí es donde los analgésicos vienen al rescate! Me ayudan a sentirme mejor cuando tengo abucheos o dolor en las articulaciones. Pero recuerda, dame analgésicos sólo bajo supervisión de un veterinario.

Una guía imprescindible para los amantes de los perros

4. **Antibióticos:** Cuando no me siento bien debido a una infección bacteriana, los antibióticos son mis héroes! Combaten esas bacterias repugnantes y me ayudan a recuperar mi energía habitual. Seguir siempre las indicaciones del veterinario a la hora de darme antibióticos.

5. **Medicamentos para las alergias:** Achoo! Al igual que los humanos, yo también puedo tener alergias. No es divertido sentir picazón e incomodidad, pero los medicamentos para las alergias vienen al rescate! Vienen en diferentes formas, como tabletas o inyecciones, y me ayudan a sentirme mejor aliviando esos molestos síntomas de alergia.

Recuerde, los medicamentos para perros siempre deben administrarse bajo la supervisión de un veterinario. Le proporcionarán las instrucciones, la dosis y la duración correctas para cada medicamento según mis necesidades específicas.

Enfermedades comunes de los perros

Ahora hablemos de algunas enfermedades comunes de los perros. No te preocupes, juntos podemos enfrentarlos cara a cara!

1. **Rabia:** Woof, esto va en serio! Sumerjámonos en el mundo de la rabia, una enfermedad que todo dueño de perro responsable debería conocer. Es importante comprender esta grave afección y cómo nos afecta a los perros.

Motivo: La rabia es causada por un virus que ataca el sistema nervioso. Comúnmente se transmite a través de la mordedura de un animal infectado, como mapaches, murciélagos, zorrillos o incluso otros perros. Una vez que el virus ingresa a nuestro cuerpo, viaja a través de los nervios y puede causar daños graves a nuestro cerebro.

Signos y síntomas físicos: en las primeras etapas, puede resultar difícil detectar los signos de la rabia, pero a medida que la enfermedad avanza, algunos síntomas comunes pueden volverse notorios. Estos incluyen cambios en el comportamiento, como aumento de la agresión, inquietud o ansiedad. También podemos tener problemas para tragar, babeo excesivo y sensibilidad a la luz y al sonido. Quizás notes que nos volvemos más retraídos y preferimos escondernos en lugares oscuros.

Cambios en el apetito: la rabia puede afectar nuestro apetito de diferentes maneras. Inicialmente, podemos experimentar una disminución del apetito y, a medida que la enfermedad empeora, podemos rechazar por completo la comida y el agua. Esto puede provocar pérdida de peso y deshidratación, lo que dificulta aún más la lucha contra el virus.

Duración: La duración de la rabia varía según el perro individual y la progresión de la enfermedad. Puede variar desde unos pocos días hasta varias semanas.

Cuando se necesita ayuda adicional

Desafortunadamente, la rabia casi siempre es fatal una vez que aparecen los signos clínicos. Por eso la prevención es clave!

Medicación: Cuando se trata de rabia, la prevención es crucial. La forma más eficaz de protegernos de esta enfermedad mortal es mediante la vacunación. Las vacunas periódicas administradas por un veterinario pueden garantizar que estemos protegidos contra la rabia. Si sospecha que su perro ha estado expuesto a un animal potencialmente rabioso, es importante buscar atención veterinaria inmediata. Sin embargo, una vez que aparecen los signos clínicos de la rabia, no existe ningún medicamento ni cura específicos disponibles.

Hay un excelente hospital para animales que quiero compartir con ustedes, **CVA Animal Hospital**. Aunque está ubicado en Estados Unidos. No te preocupes, aún puedes acceder a información valiosa desde su sitio web. Tienen una sección dedicada a la rabia, que proporciona información útil. Puede utilizar el código QR o encontrarlo en el siguiente enlace:

https://vcahospitals.com/know-your-pet/rabies-in-dogs

Recuerde, no se trata sólo de mantenernos a salvo de la rabia; también se trata de proteger a la comunidad y a otros animales. Es por eso que muchos países y estados tienen leyes y regulaciones estrictas con respecto a la vacunación contra la rabia. Al mantener nuestras vacunas al día, usted está haciendo su parte para prevenir la propagación de esta peligrosa enfermedad.

Mantente alerta, mi maravilloso dueño, y no dudes en comunicarte con nuestro veterinario de confianza para obtener orientación y apoyo. Juntos podemos mantener a raya la rabia y garantizar una vida sana y feliz para ambos. Woof!

2. **Moquillo:** Oh, oh, el moquillo es una enfermedad viral asquerosa que puede hacerme sentir muy mal. Descubramos algunos conocimientos sobre el moquillo, una enfermedad viral altamente contagiosa que puede afectarnos a los perros. Es importante que usted, como mi cariñoso propietario, sea consciente de esta condición y sus implicaciones. Esto es lo que necesita saber.

Motivo: el moquillo es causado por un virus conocido como virus del moquillo canino (CDV). Se transmite por contacto directo con un perro infectado o por exposición a secreciones respiratorias, como tos o estornudos. Los cachorros y perros con un sistema inmunológico débil son particularmente susceptibles a este desagradable virus.

Signos y síntomas físicos: el moquillo puede presentar una variedad de signos y la gravedad puede variar de un perro a otro. Algunos síntomas comunes incluyen fiebre,

Una guía imprescindible para los amantes de los perros

Capítulo 6

tos, estornudos y secreción nasal. Podemos experimentar pérdida de apetito, apatía y secreción ocular y nasal que puede volverse espesa y parecida al pus. A medida que el virus avanza, puede atacar nuestro sistema nervioso, provocando convulsiones, espasmos musculares e incluso parálisis.

Cambios en el apetito: cuando nos infectamos con moquillo, nuestro apetito a menudo disminuye. Es posible que perdamos interés en nuestras delicias y comidas favoritas. Esto puede ser motivo de preocupación, ya que puede provocar pérdida de peso y un sistema inmunológico debilitado. Vigilar nuestros hábitos alimentarios y asegurarnos de mantenernos hidratados es importante durante este tiempo.

Duración: La duración del moquillo puede variar, pero generalmente el virus tarda varias semanas en seguir su curso. Sin embargo, la recuperación no siempre está garantizada, ya que algunos perros pueden no sobrevivir a la infección debido a su gravedad.

Medicamentos: No existe ningún medicamento antiviral específico disponible para tratar el moquillo. Los veterinarios suelen brindar atención de apoyo para controlar los síntomas y brindar alivio. Esto puede incluir líquidos para prevenir la deshidratación, medicamentos para controlar infecciones secundarias y terapias de apoyo para aliviar las molestias.

La prevención es el mejor enfoque cuando se trata de moquillo. <u>La vacunación es fundamental para protegernos de este peligroso virus.</u> Las vacunas periódicas, según las recomendaciones de nuestro veterinario, pueden ayudar a garantizar que desarrollemos inmunidad contra el moquillo. <u>También es importante limitar nuestra exposición a perros potencialmente infectados</u> y practicar una buena higiene, como lavarse las manos con regularidad y limpiar nuestras áreas de vivienda.

Si nota algún signo de moquillo o sospecha que su amigo peludo puede estar infectado <u>, es fundamental buscar atención veterinaria inmediata.</u> La detección temprana y la atención inmediata pueden mejorar las posibilidades de un resultado positivo. Mantente informado y mantén nuestras vacunas al día, mi maravilloso dueño.

3.   **Parvovirus:** Oh no, esto suena aterrador! El parvovirus es un virus altamente contagioso que afecta mi barriga. Puede provocar diarrea intensa, vómitos y deshidratación, especialmente en cachorros jóvenes. Es importante comprender los entresijos de este virus para que podamos mantenernos sanos y protegidos. Profundicemos:

Motivo: el parvovirus es causado por el parvovirus canino tipo 2 (CPV-2). Se transmite por contacto con perros infectados o sus heces. Es un virus resistente que puede

Explora el Lado Oscuro de la Vida de los Perros

Cuando se necesita ayuda adicional

sobrevivir en el medio ambiente durante mucho tiempo, lo que nos facilita contraerlo si no tenemos cuidado.

Signos y síntomas físicos: cuando nos infectamos con parvovirus, podemos experimentar una variedad de signos y síntomas. Estos pueden incluir vómitos intensos, seguidos a menudo de diarrea que suele tener sangre. Podemos volvernos extremadamente débiles y letárgicos, mostrando poco interés en nuestras actividades habituales o en el tiempo de juego. Además, podemos perder nuestra apetito y se niegan a comer.

Cambios en el apetito: el parvovirus puede afectar en gran medida nuestro apetito. Es posible que tengamos una pérdida reducida o total del apetito debido a la enfermedad. Es fundamental controlar de cerca nuestra ingesta de alimentos y agua y buscar atención veterinaria inmediata si no comemos o bebemos como deberíamos.

Duración: La duración de la infección por parvovirus puede variar de un perro a otro. En promedio, dura aproximadamente una semana, pero puede extenderse más en casos graves. Es importante recordar que la recuperación puede llevar más tiempo ya que nuestros cuerpos necesitan tiempo para recuperarse del daño causado por el virus.

Medicación: Lamentablemente, no existe ningún medicamento específico disponible para tratar directamente el parvovirus. El tratamiento se centra principalmente en controlar los síntomas y brindar atención de apoyo. Esto incluye la administración de líquidos por vía intravenosa para combatir la deshidratación provocada por los vómitos y la diarrea. También se pueden recetar antibióticos para prevenir infecciones bacterianas secundarias que pueden debilitar aún más nuestro sistema inmunológico.

Es importante señalar que la prevención es la mejor defensa contra el parvovirus. La vacunación es clave para protegernos de este peligroso virus. Los cachorros requieren una serie de vacunas desde una edad temprana, y son necesarias vacunas de refuerzo periódicas durante toda nuestra vida para mantener la inmunidad. Seguir el calendario de vacunación recomendado por nuestro veterinario es crucial para garantizar nuestra protección.

Para prevenir la propagación del Parvovirus, es fundamental evitar el contacto con perros infectados y ambientes contaminados. El lavado de manos regular y las prácticas de higiene adecuadas pueden ayudar a reducir el riesgo de transmisión. Mantener nuestras áreas de vivienda limpias y desinfectadas también juega un papel importante en prevenir la propagación del virus.

Recuerde, si sospecha que su amigo peludo puede tener parvovirus o nota algún síntoma preocupante, es vital buscar atención veterinaria inmediata. La detección temprana y el tratamiento oportuno pueden marcar una gran diferencia en nuestra recuperación.

Una guía imprescindible para los amantes de los perros

Capítulo 6

4. **Enfermedad de Lyme:** Esas pequeñas garrapatas pueden causar grandes problemas! La enfermedad de Lyme es una infección bacteriana que se transmite a través de la picadura de garrapata. Puede hacerme sentir dolor y causar otros síntomas incómodos. **Motivo:** La enfermedad de Lyme es causada por una bacteria llamada Borrelia burgdorferi, que se transmite a través de la picadura de garrapatas infectadas, como la garrapata de patas negras o la garrapata del venado. Cuando estas garrapatas se adhieren a nuestra piel y se alimentan de nuestra sangre, pueden transmitir la bacteria y provocar la enfermedad de Lyme.

Signos y síntomas físicos: Los signos y síntomas pueden variar de un perro a otro. Algunos signos comunes incluyen cojera o cojera, que puede pasar de una pierna a la otra. También podemos experimentar dolor y rigidez en las articulaciones, lo que puede dificultarnos el movimiento. Otros síntomas pueden incluir fiebre, letargo y pérdida de apetito. En algunos casos podemos desarrollar una erupción circular característica alrededor de la zona de la picadura de la garrapata, aunque no siempre está presente.

Cambios en el apetito: la enfermedad de Lyme puede afectar nuestro apetito. Podemos experimentar una disminución del apetito o incluso una pérdida total de interés por la comida. Es importante que controles nuestros hábitos alimentarios y consultes con un veterinario si notas algún cambio significativo en nuestro apetito.

Duración: La duración de la enfermedad de Lyme puede variar según la gravedad de la infección y la respuesta de cada perro. Con el tratamiento adecuado, la mayoría de los perros muestran una mejoría en unos pocos días o unas pocas semanas. Sin embargo, en algunos casos, si la enfermedad no se trata o se vuelve crónica, los síntomas pueden persistir por un período de tiempo más largo.

Medicación: Para tratar la enfermedad de Lyme, nuestro veterinario puede recetarle un tratamiento con antibióticos, como doxiciclina o amoxicilina. Estos medicamentos son eficaces para combatir las bacterias que causan la infección. La duración del tratamiento dependerá de la gravedad de la enfermedad y de las recomendaciones del veterinario. Es importante seguir el cronograma de medicación recetado y completar el tratamiento completo para garantizar una recuperación efectiva.

La prevención es clave cuando se trata de la enfermedad de Lyme. Puedes tomar varias medidas para protegernos de las picaduras de garrapatas, como usar productos preventivos contra garrapatas <u>recomendados por nuestro veterinario</u> , evitar las zonas infestadas de garrapatas y revisarnos minuciosamente en busca de garrapatas después de actividades al aire libre. La eliminación inmediata de las garrapatas es fundamental, ya que reduce el riesgo de transmisión.

Explora el Lado Oscuro de la Vida de los Perros

Cuando se necesita ayuda adicional

Vacunas

Ahora, meneemos la cola y sumergámonos en el mundo de las vacunas. Son súper importantes para mantenernos a los perros sanos y protegidos. Consulte estos útiles detalles sobre las vacunas, directamente desde mi perspectiva peluda:

Vacunas básicas: Estas son las vacunas esenciales que nos protegen de enfermedades comunes y potencialmente peligrosas como la rabia, el moquillo, el parvovirus y la hepatitis. Por lo general, recibimos una serie de vacunas cuando somos cachorros y luego vacunas de refuerzo periódicas para mantener nuestra inmunidad.

Vacunas complementarias: se recomiendan según nuestro estilo de vida, el lugar donde vivimos y los riesgos específicos que podamos enfrentar. Por ejemplo, existen vacunas para cosas como la influenza canina, la tos de las perreras (Bordetella) y la enfermedad de Lyme.

Calendario de vacunación: Los cachorros generalmente comienzan su viaje de vacunación entre las 6 y 8 semanas de edad, y recibiremos múltiples dosis hasta que tengamos entre 16 y 20 semanas. Pero la cosa no termina ahí! Necesitaremos vacunas de refuerzo periódicas durante toda nuestra vida para mantenernos protegidos. Tu increíble veterinario te proporcionará un cronograma personalizado para que sepas exactamente cuándo necesito mis vacunas.

Revisiones periódicas: Visitar al veterinario para realizar revisiones periódicas es para nosotros como un día de spa. Es importante para ellos vigilar mi salud general y asegurarse de que mis vacunas estén actualizadas. Además, es una gran oportunidad para que puedas discutir cualquier inquietud o pregunta que tengas sobre mi bienestar.

Recuerde, vacunarme no solo me mantiene a salvo sino que también ayuda a proteger a otros perros de nuestra comunidad. Es un paso positivo hacia un mundo canino más saludable!

Estás haciendo un trabajo increíble, mi amigo humano, al cuidar de mis medicamentos y vacunas. Consulte siempre con el veterinario para obtener el mejor consejo sobre los medicamentos y el calendario de vacunación adecuado diseñado exclusivamente para mí. Juntos, superaremos cualquier desafío de salud que se nos presente, porque eres el mejor propietario que podría pedir! Woof!

En este capítulo, hemos explorado el papel de los medicamentos y el apoyo profesional en el manejo de mi ansiedad. Es fundamental abordar estas opciones con cuidado y consultar a los profesionales adecuados. Cada paso nos acerca a crear para mí una vida armoniosa y libre de ansiedad.

  Una guía imprescindible para los amantes de los perros

Capítulo 7

De las Preocupaciones a las Movidas de Cola

Cultivando al cuidador que llevas dentro

Estimado propietario, en este capítulo nos centramos en el cuidador más exigente de todos: usted! Cuidarme a mí mismo y a mi ansiedad es una tarea gratificante pero desafiante. Es fundamental priorizar tu propio bienestar para que puedas brindarme la mejor atención y apoyo. Exploremos el cuidado personal de los dueños de perros, encontrando el equilibrio y buscando apoyo en este amoroso viaje que compartimos.

Higiene de los perros, lo que debemos saber

Woof! Permítanme compartirles algunos consejos amistosos sobre el cuidado del perro y su relación con la ansiedad del perro. El aseo es muy importante para mantener a los cachorros sanos y sintiéndonos bien. Si bien el aseo no causa ansiedad directamente en los perros, ciertas razas a veces pueden sentirse un poco estresadas o ansiosas durante el aseo. Aquí hay algunas cosas a considerar cuando se trata de aseo y ansiedad del perro:

Patas sensibles: Algunos perros son más susceptibles al tacto y la manipulación, lo que hace que las sesiones de aseo sean un poco incómodas. Nuestros propietarios deben ser amables y pacientes durante el aseo para evitar provocar ansiedad.

Ruidos aterradores: El aseo personal a menudo implica herramientas extrañas que hacen ruidos fuertes, como maquinillas o secadoras. Estos ruidos pueden asustarnos o asustarnos, amigos peludos. Crear un ambiente de aseo tranquilo y silencioso puede ayudarnos a relajarnos y sentirnos más a gusto.

Haciéndolo rutinario: A los perros nos encanta la rutina! Introducir el aseo como parte habitual de nuestra agenda desde pequeños nos ayuda a familiarizarnos con el proceso y reduce la ansiedad. El aseo inconsistente o poco frecuente puede hacer que lo asociemos con malestar o miedo.

Explora el Lado Oscuro de la Vida de los Perros

Cultivando al cuidador que llevas dentro

Uñas y orejas, manipule con cuidado: Algunas tareas de aseo, como cortar las uñas o limpiar las orejas, requieren un manejo suave y moderación. Si nos sentimos tratados con demasiada brusquedad o restringidos con demasiada fuerza, podemos sentirnos ansiosos. El refuerzo positivo, como las golosinas y los elogios, nos ayuda a asociar el aseo con experiencias positivas.

Necesidades específicas de la raza : Dependiendo de nuestro tipo de pelaje, cada raza de perro tiene sus propios requisitos de cuidado. Algunos de nosotros necesitamos cepillarnos y arreglarnos regularmente para mantener nuestro pelaje con un aspecto fabuloso. Descuidar estas necesidades puede provocar malestar y posibles problemas de salud, lo que nos pone ansiosos.

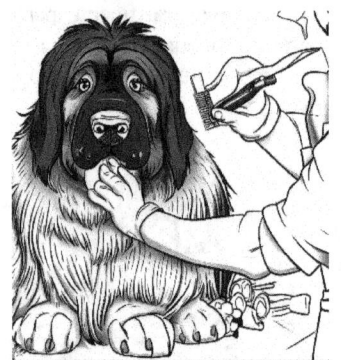

Consejos de aseo relacionados con la ansiedad:
Iniciar las actividades de aseo con los cachorros de forma paulatina para que podamos acostumbrarnos desde una edad temprana. Utilice refuerzos positivos y recompensas durante el aseo para que sea una experiencia positiva. Si nos estresamos o nos sentimos ansiosos durante el aseo, tomamos descansos y retomamos cuando nos sintamos más tranquilos. Asegúrate de utilizar herramientas de aseo adecuadas a nuestras necesidades específicas y tipo de pelaje . <u>Si el aseo se vuelve demasiado desafiante o abrumador, considere buscar ayuda profesional.</u>

Cada perro es único y nuestras necesidades de aseo y niveles de ansiedad pueden variar. Al ser paciente, comprensivo y brindar una experiencia de aseo positiva, ayudará a aliviar nuestra ansiedad y hará que el tiempo de aseo sea agradable para ambos.   Woof!

Bien, padres peludos! Solo quería contarte un pequeño secreto: en el Capítulo 17 encontrarás una tabla detallada y muy útil sobre la higiene de mis amigos, 40 razas populares . Es como tener un tesoro de información al alcance de tu mano! Esta tabla cubre todo lo que necesita saber para mantener a su amigo peludo limpio y saludable. Desde consejos de cuidado hasta recortes , lo tiene todo cubierto. Ah, por cierto, recuerda siempre que lo que comparto no es suficiente. Somos individualmente diferentes! <u>Será mejor que hables siempre con un especialista, el veterinario de mis amigos.</u> Entonces, dirígete al Capítulo 17 y prepárate para desbloquear un mundo de conocimientos sobre higiene canina. Consulte **los detalles de higiene de 40 razas populares .**

Una guía imprescindible para los amantes de los perros

Capítulo 7

Autocuidado para dueños de perros: encontrar equilibrio y apoyo

Cuidar a un perro ansioso puede ser emocionalmente exigente, y cuidarse mientras recorre este viaje es esencial. A continuación se presentan algunas estrategias prácticas de cuidado personal que le ayudarán a encontrar el equilibrio y reponer su espíritu:

✓ **Prácticas Positivas:** Participe en actividades que le brinden alegría y relajación. Ya sea dando un paseo tranquilo, practicando atención plena o disfrutando de un pasatiempo, tómate un tiempo para actividades que recarguen tu alma.

✓ **Conéctese con la naturaleza:** Pasar tiempo en la naturaleza tiene una manera increíble de calmar el alma. Llévame a caminar o simplemente disfruta de un momento de tranquilidad en el parque. La belleza de la naturaleza puede proporcionar una sensación de paz y rejuvenecimiento.

✓ **Comuníquese con usted:** no dude en comunicarse con amigos, familiares o grupos de apoyo que puedan escucharlo o brindarle un hombro en el que apoyarse. Compartir sus experiencias y sentimientos puede brindarle consuelo y una sensación de comprensión.

✓ **Practica la atención plena:** la atención plena se trata de estar presente en el momento , cultivar la conciencia y aceptar tus emociones sin juzgar. Incorpora técnicas de atención plena a tu rutina diaria para cultivar la paz interior y la resiliencia.

✓ **Busque soporte profesional:** Así como me beneficio del apoyo profesional, no dude en buscar orientación de terapeutas o grupos de apoyo. Estos profesionales pueden brindarle un espacio seguro para expresar sus emociones y ofrecerle consejos adaptados a sus necesidades. Recuerde, querido propietario, cuidarse no es egoísta: es esencial. Al fomentar su bienestar, se asegura de tener la fuerza, la paciencia y el amor para brindarme la mejor atención.

Explora el Lado Oscuro de la Vida de los Perros

do al cuidador que llevas dentro

 Una guía imprescindible para los amantes de los perros

Capítulo 8

De las preocupaciones a las movidas de cola

Encontrar el zen con tu amigo peludo

Hola, mi increíble humano! Estás listo para sumergirte en el mundo del mindfulness con tu fantástico compañero? En este capítulo, nos abriremos camino hacia el arte de la atención plena, creando una sensación de calma y equilibrio que hará que nuestra cola se mueva de alegría. Embárquemonos juntos en este viaje Zen!

Adoptando la atención plena

De qué se trata el Woof? Déjame desglosarlo por ti. La atención plena se trata de estar en el momento presente y encontrar la paz interior. Descubriremos cómo puede traer armonía a nuestras vidas, reduciendo el estrés y fortaleciendo nuestro vínculo. Prepárate para desbloquear un nivel completamente nuevo de unión!

Atención plena con tu amigo peludo

1. **Haga una pausa y observe:** Tómese un momento cada día para hacer una pausa y observar a su amigo peludo. Observe sus movimientos, sus expresiones y sus peculiaridades únicas. Esté completamente presente con ellos sin distracciones ni juicios. Abrace la simplicidad de simplemente estar juntos.

2. **Respiración profunda:** la respiración profunda es una herramienta poderosa para calmar la mente y el cuerpo. Practica respiraciones lentas y profundas e invita a tu amigo peludo a que te acompañe. Siente el ascenso y descenso de tu vientre mientras inhalas y exhalas juntos. Esta sincronicidad crea una sensación de conexión y relajación.

3. **Paseos conscientes:** convierta sus paseos habituales en aventuras conscientes. Presta atención a las vistas, los sonidos y los olores que te rodean. Activa todos tus sentidos y anima a tu amigo peludo a hacer lo mismo. Deje de lado los pensamientos acelerados y disfrute del momento presente mientras exploran el mundo juntos.

Explora el Lado Oscuro de la Vida de los Perros

4. **Toque suave y masaje:** El tacto es una forma poderosa de vincularse y relajarse. Tómate unos momentos a lo largo del día para darle a tu amigo peludo caricias suaves o un masaje relajante. Presta atención a su respuesta y a las sensaciones que sientes al conectarte a través del tacto.

5. **Gratitud y aprecio:** cultiva una actitud de gratitud hacia tu amigo peludo. Tómate el tiempo para reflexionar sobre toda la alegría y el amor que traen a tu vida. Exprese su agradecimiento a través de palabras, abrazos y golosinas. Esta práctica fomenta una mentalidad positiva y profundiza su vínculo.

Recuerda, querido ser humano, la atención plena es un viaje y empezar poco a poco está bien. La clave es generar conciencia y presencia en tus interacciones con tu amigo peludo. Juntos, podemos crear un espacio de paz y serenidad que nutra el bienestar de ambos.

En este capítulo, exploramos el mundo de la atención plena con tu amigo peludo. Podemos encontrar el Zen juntos abrazando el momento presente, practicando la respiración profunda y participando en actividades conscientes. Prepárate para embarcarte en un fantástico viaje de unión y paz interior!

Momentos conscientes

Patas, respira y suelta Es hora de hacer una pausa, respirar profundamente y dejar ir todas las preocupaciones. Te mostraré algunas técnicas sencillas para practicar la atención plena. Desde respiración consciente hasta ejercicios de conexión a tierra, estaremos presentes y conectados, creando momentos de tranquilidad.

1. **Prepare el escenario:** encuentre un espacio tranquilo y silencioso donde usted y su perro puedan relajarse sin distracciones. Este podría ser un rincón acogedor de su hogar o un lugar natural tranquilo.

2. **Respire profundamente:** comience respirando profundamente unas cuantas veces para centrarse y concentrarse en el momento presente. Permita que cualquier tensión o estrés desaparezca mientras inhala y exhala lentamente.

3. **Observe a su perro:** Tómese un momento para observar a su compañero peludo. Observe su lenguaje corporal, expresiones faciales y los sonidos que emite. Preste atención a sus movimientos y cómo responden a su entorno.

 Una guía imprescindible para los amantes de los perros

Capítulo 8

4. **Involucra tus sentidos:** Involucra tus sentidos y anima a tu perro a hacer lo mismo. Note la sensación de su pelaje mientras los acaricia suavemente, escuche el sonido de su respiración o sus patas en el suelo y absorba su aroma único. Permítete estar plenamente presente en estas experiencias sensoriales.

5. **Abraza el silencio:** disfruta de momentos de silencio con tu perro. En lugar de llenar el espacio con palabras, simplemente quédate con ellas en un compañerismo pacífico. Los perros tienen una capacidad notable para sentir tu energía y presencia, y esta conexión silenciosa puede ser profundamente significativa.

6. **Practica el toque consciente:** tómate el tiempo para darle a tu perro suaves masajes o abrazos. Siente la conexión y el amor entre ustedes mientras ofrecen toques relajantes. Preste atención a sus reacciones y responda a sus señales, brindándole consuelo y relajación.

7. **Juego consciente:** juegue con su perro, pero hágalo con atención. Concéntrate en el momento presente, sumergiéndote por completo en la alegría de la sesión de juego. Observe los detalles de sus comportamientos de juego, la emoción en sus ojos y los sonidos de sus felices ladridos. Deje de lado las distracciones y esté plenamente presente en la experiencia compartida.

8. **Expresa gratitud:** durante tus momentos conscientes, expresa gratitud por la presencia de tu perro en tu vida. Reflexiona sobre la alegría y el amor que te aportan y expresa en silencio o verbalmente tu agradecimiento por su compañía y lealtad.

9. **Siga su ejemplo:** permita que su perro guíe el ritmo y el flujo de sus momentos conscientes. Observar sus preferencias y responder a sus necesidades. Respetar sus señales e intereses creará una conexión más profunda y una experiencia más unificada.

10. **Disfrute de la conexión:** acepte la conexión y el vínculo profundos de estos momentos conscientes con su perro. Atesora la paz, el amor y la alegría que surgen durante estas experiencias compartidas. Recuerde, no se trata del destino sino del viaje de estar plenamente presente con su amado compañero.

Explora el Lado Oscuro de la Vida de los Perros

Encontrar el zen con tu amigo peludo

Al practicar la atención plena con tu perro, cultivarás una conexión más fuerte, profundizarás tu comprensión y crearás momentos de pura alegría y tranquilidad. Disfruten juntos del viaje de la atención plena y aprecien los preciosos momentos con su amigo peludo.

Paseos conscientes

Paseando en el momento presente Imagínese esto: vamos a dar un paseo, pero con un giro consciente. Sintonicemos con la naturaleza, sintamos el suelo bajo nuestras patas y notemos la belleza que nos rodea. Nuestras caminatas serán más que un simple ejercicio: serán oportunidades para la exploración consciente y la creación de vínculos.

1. **Establezca la intención:** Antes de comenzar tu caminata consciente, establece la intención de estar completamente presente y atento. Deje atrás las distracciones y comience a caminar con un sentido de curiosidad y apertura.

2. **Involucre sus sentidos:** Mientras camina, active plenamente sus sentidos. Note la sensación del suelo bajo sus pies o patas. Siente el calor del sol o el tacto de la brisa en tu piel. Escuche los sonidos de la naturaleza que lo rodea, ya sea el canto de los pájaros, el susurro de las hojas o el agua que fluye. Disfrute de los aromas del entorno y déjelos llenar sus sentidos.

3. **Manténgase curioso:** Acércate a tu caminata con una mentalidad curiosa. Observe los detalles de su entorno: los colores, las formas y las texturas. Observa las pequeñas maravillas que muchas veces pasan desapercibidas. Anima a tu amigo peludo a explorar y seguir su ejemplo, aceptando también su curiosidad.

4. **Respira conscientemente:** A lo largo de la caminata, preste atención a su respiración. Respire lenta y profundamente y permita que cada inhalación y exhalación lo ancle en el momento presente. Invita a tu amigo peludo a hacer lo mismo, sincronizando vuestra respiración.

5. **Caminata de gratitud:** Mientras camina, practique la gratitud concentrándose en las cosas por las que está agradecido en ese momento. Podría ser la belleza de la naturaleza, la compañía de tu amigo peludo o cualquier otro aspecto positivo de tu vida. Exprese gratitud en silencio o en voz alta, permitiendo que le levante el ánimo.

Una guía imprescindible para los amantes de los perros

6. Movimientos conscientes: Incorpora movimientos conscientes en tu caminata. Observa el ritmo de tus pasos, el balanceo de tus brazos y la forma en que tu amigo peludo se mueve a tu lado. Sea consciente de las sensaciones de su cuerpo y manténgase en sintonía con el momento presente a través del movimiento.

Recuerda, querido ser humano, una caminata consciente no se trata de llegar a un destino sino de estar completamente presente durante el viaje. Aprovecha la oportunidad de conectarte con la naturaleza, contigo mismo y tu amigo peludo. Estos momentos de exploración consciente profundizarán su vínculo y brindarán una sensación de tranquilidad a su caminata.

Creando un espacio zen

Cómo hacer de su hogar un refugio Hogar, dulce hogar! Transformaremos nuestro espacio vital en un remanso de paz y serenidad. Juntos crearemos rincones acogedores, llenaremos el aire con aromas relajantes y nos rodearemos de cosas que nos brinden alegría. Nuestra guarida Zen será un lugar donde podremos relajarnos y recargar energías.

Rincones acogedores: Designe rincones acogedores en su hogar donde usted y su amigo peludo puedan relajarse y encontrar consuelo. Prepare una cama cómoda o cojín, agregue mantas suaves y coloque almohadas para mayor comodidad. Conviértalo en un espacio dedicado donde pueda retirarse y relajarse.

1. **Aromas calmantes :** llena el aire con aromas relajantes que promueven la relajación y crean una atmósfera de paz. Considere usar aceites esenciales en un difusor o velas ligeramente perfumadas, como lavanda o manzanilla. Solo asegúrate de que los aromas que elijas sean seguros para tu amigo peludo.

2. **Ordene y simplifique:** Cree un ambiente ordenado que promueva la calma. Mantenga su espacio vital organizado y libre de distracciones innecesarias. Un espacio ordenado y simplificado puede ayudar a reducir el desorden mental y crear una atmósfera más pacífica tanto para usted como para su amigo peludo.

3. **Elementos de la naturaleza:** Lleve elementos de la naturaleza al interior para crear un ambiente tranquilo. Coloque plantas de interior, como lirios de la paz o

plantas araña, para purificar el aire y añadir un toque de verdor. Decora con materiales naturales como madera o piedras para crear un ambiente terroso y aterrizado.

4. **Decoración alegre:** Rodéate de elementos que te aporten alegría y energía positiva. Muestre fotografías de recuerdos preciados, incorpore obras de arte u objetos que tengan un significado especial o elija una decoración en colores que evoquen sentimientos de paz y felicidad. Estos toques significativos levantarán su ánimo y crearán una atmósfera armoniosa.

Entrenamiento consciente

Fomentar la conexión y el aprendizaje El tiempo de capacitación puede permitirnos acercarnos más mientras aprendemos cosas nuevas. Nos comunicaremos con paciencia, comprensión y amor. Estar completamente presente en nuestras sesiones de entrenamiento profundizará nuestra conexión y logrará resultados sorprendentes.

Establecer el estado de ánimo: Crea un ambiente tranquilo y concentrado antes de comenzar una sesión de entrenamiento. Minimice las distracciones y elija un área tranquila donde ambos puedan concentrarse. Atenúe las luces o reproduzca música suave y relajante para crear un ambiente relajado.

1. **Practica la paciencia:** Aborde las sesiones de entrenamiento con paciencia y comprensión. Recuerda que aprender lleva tiempo y que cada paso adelante es un logro. Mantén la calma y la compostura y evita frustrarte o alzar la voz. El refuerzo positivo y las recompensas serán nuestros principios rectores.

2. **Estar:** Durante el entrenamiento, mantente completamente presente y atento a tu amigo peludo. Por favor, préstales toda su atención y concéntrese en sus señales y respuestas. Responda en consecuencia y sintonice su lenguaje corporal, vocalizaciones y expresiones. Esta presencia consciente profundizará su conexión y comprensión.

3. **Refuerzo positivo:** Utilice técnicas de refuerzo positivo para fomentar y recompensar las conductas deseadas. Los elogios, las golosinas o el tiempo de juego pueden ser recompensas motivadoras que refuercen el proceso de entrenamiento. Celebre las pequeñas victorias y los avances, y déjele saber a su amigo peludo lo orgulloso que está de sus esfuerzos.

4. **Vinculación a través de la capacitación:** Las sesiones de entrenamiento no se tratan sólo de aprender órdenes, sino también de fortalecer el vínculo entre usted y su amigo peludo. Aproveche la oportunidad de conectarse, comunicarse y

Una guía imprescindible para los amantes de los perros

generar confianza. Disfruten juntos del viaje de aprendizaje y dejen que las sesiones de formación sean una experiencia alegre y enriquecedora para ambos.

Música para perros

Permítanme terminar este capítulo con una historia real. Woof, hace un tiempo, mis humanos y yo nos embarcamos en una aventura hacia un nuevo lugar. Ahora, déjame decirte que el viaje en coche fue un poco complicado para mí: todo ese paisaje ruidoso y desconocido. Después de unas horas, llegamos a una casa nueva con caras nuevas y una habitación nueva que nunca antes había olido.

Ya sabes lo que sucedió después? Sí, la ansiedad apareció. Caminaba como un campeón, asegurándome de que cada rincón de la habitación cumpliera con mis estándares de seguridad. Al cabo de unas horas nos fuimos a dormir. Pero entonces, mi increíble mamá humana, ella es como mi ángel guardián, sacó su dispositivo mágico y tocó algo de música.

de este lugar llamado YouTube. Puedes creerlo? Música de una pequeña caja brillante!

Al principio me quedé desconcertado, olisqueé bien su teléfono móvil y, boom!, algo pasó. Las melodías captaron mi atención y, antes de darme cuenta, me sentía... relajado. Si, escuchaste bien! Sentí que la tensión se disipaba y me quedé dormido en el país de los sueños más rápido que una ardilla trepando a un árbol.

No soy un experto en dispositivos humanos, pero puedo decirte esto: hay muchas maneras de ayudarnos a los cachorros a encontrar nuestro Zen interior. ¿Y esa música? Oh, sí, tengo el enlace aquí en caso de que también te haga cosquillas en los oídos. Tal vez funcione de maravilla para tus amigos peludos en casa o, bueno, puedes explorar otras melodías relajantes. Escanee el código QR o utilice el siguiente enlace.
https://www.youtube.com/watch?v=E2Gnu9JGro0

Si copiar el enlace parece un desafío, simplemente visite **YouTube** y busque "Música relajante para perros (12 Hours of Dog Calming Music)". Lo olfatearás en poco tiempo. ¡Dejen que las melodías relajantes hagan su magia, mis

Explora el Lado Oscuro de la Vida de los Perros

Encontrar el zen con tu amigo peludo

compañeros bolas de pelo! Estoy seguro de que el enlace seguirá ahí cuando te sumerjas en mi libro. Pero bueno, si ha salido a pasear, ¡no te preocupes! Simplemente busca melodías para perros similares y deja que las vibraciones relajantes hagan lo suyo.

Recuerde, a veces son las cosas simples las que funcionan a las mil maravillas. Mantente tranquilo y mantén esas colas moviéndose!

Una guía imprescindible para los amantes de los perros

Capítulo 9

Entrenamiento, consejos y trucos

Hola, mi increíble amigo humano! Estás listo para descubrir algo de magia en el adiestramiento canino? En este capítulo, te contaré un pequeño secreto que te hará mover la cola con emoción. Prepárate para olfatear las academias de adiestramiento canino más interesantes de la ciudad!

Características del entrenamiento de diferentes razas

Al entrenarnos como perros, hay algunas cosas muy importantes que nuestros maravillosos dueños deben tener en cuenta:

1. **Paciencia:** Estamos ansiosos por aprender, pero nos lleva tiempo comprender y seguir las órdenes. Así que, por favor, ten paciencia con nosotros! Llegaremos allí con su amor y apoyo.

2. **Consistencia:** Prosperamos con la rutina y las expectativas claras. Debes establecer reglas coherentes y utilizar los mismos comandos y señales en todo momento. De esta manera podremos entender lo que quieres de nosotros y sentirnos seguros en nuestra formación.

3. **Refuerzo Positivo :** Nos encanta que nos elogien y recompensen! Cuando hagamos algo bien, báñenos con golosinas, elogios y masajes en el vientre. Este refuerzo positivo nos anima a repetir el buen comportamiento y hace que el entrenamiento sea mucho más agradable.

4. **Horario :** El tiempo lo es todo en nuestro entrenamiento. Cuando realizamos un comportamiento deseado, asegúrese de recompensarnos inmediatamente. Esto nos ayuda a comprender qué acción condujo a la recompensa y fortalece la conexión.

Explora el Lado Oscuro de la Vida de los Perros

Entrenamiento, consejos y trucos

5. **Sesiones cortas y atractivas:** Nuestra capacidad de atención puede ser tan corta como la visita de una ardilla al patio trasero! Por lo tanto, mantenga nuestras sesiones de capacitación breves y atractivas. Ráfagas cortas de 5 a 10 minutos a lo largo del día hacen maravillas. Nos mantendremos concentrados y entusiasmados por aprender!

6. **Entorno libre de distracciones:** Inicialmente, lo mejor es entrenarnos en un lugar tranquilo y silencioso con mínimas distracciones. Introducir distracciones poco a poco que nos ayuden a generalizar nuestro entrenamiento en diferentes entornos a medida que avanzamos. Pero, por favor, nada de ardillas durante el entrenamiento!

7. **Seguridad primero:** Nuestra seguridad es de suma importancia! Utilice métodos de entrenamiento positivos y amables. Nunca recurras al castigo físico ni a técnicas de miedo. Y asegúrese siempre de que el área de entrenamiento sea segura para nosotros.

8. **Socialización:** Nos encanta hacer nuevos amigos, tanto peludos como humanos! La socialización temprana es crucial para nuestro desarrollo. Preséntanos diferentes personas, animales y entornos para que podamos crecer y convertirnos en compañeros amigables y seguros.

9. **Comunicación clara:** Somos expertos en leer el lenguaje corporal y el tono de voz. Utilice órdenes, gestos y un tono positivo claros y consistentes para comunicarse efectivamente con nosotros. Siempre estamos listos para aprender y complacerte!

10. **Disfrute y vinculación:** Hagamos del entrenamiento una experiencia alegre! Diviértete con nosotros, sé entusiasta y celebra cada pequeño logro. El entrenamiento es un momento para vincularnos y fortalecer nuestra increíble conexión.

Recuerde, cada perro es único y lo que funciona para uno puede no funcionar para otro. Si el entrenamiento le resulta desafiante o necesita orientación, considere ponerse en contacto con un adiestrador de perros certificado que utilice técnicas de refuerzo positivo. Juntos, con amor, paciencia y constancia, podemos lograr cosas increíbles! Movamos la cola y embarquémonos juntos en esta aventura de entrenamiento!

Una guía imprescindible para los amantes de los perros

Capítulo 9

Una vez más, cada raza tiene sus propias cualidades especiales y necesidades de entrenamiento, así que descubrirás qué hace que menear la cola sea increíble! Desde el leal e inteligente pastor alemán hasta el juguetón y enérgico Labrador Retriever, encontrarás una variedad de razas para explorar. Ya sea que esté interesado en el activo pastor australiano, el inteligente Border Collie o el gentil y cariñoso Golden Retriever, el capítulo 14 lo cubre.

Descubra cómo las habilidades olfativas del Beagle los convierten en fantásticos rastreadores o la inteligencia y el empuje del Malinois belga los hacen destacar en diversas actividades de entrenamiento. Libere el potencial de la naturaleza amable del Boyero de Berna o del entusiasmo por aprender del Bóxer.

Recuerde, cada raza es única, así que tómese el tiempo para comprender sus necesidades específicas y adaptar su enfoque de entrenamiento en consecuencia. Construirás un vínculo inquebrantable con tu amigo peludo con amor, paciencia y las técnicas de entrenamiento adecuadas. Feliz entrenamiento y que tu viaje esté lleno de colas meneadas y alegría infinita!

Me complace compartir información asombrosa sobre razas de perros populares y sus características de adiestramiento. En el capítulo 17 de mi libro, encontrará una lista completa de 40 razas populares y sus rasgos de entrenamiento únicos. Consulte **la tabla de aspectos del entrenamiento de 40 razas populares**.

Olfateando lo mejor

Es hora de ponernos nuestros sombreros de detective y olfatear las academias de adiestramiento canino de primer nivel en su área. Estos lugares son como escuelas para nosotros, los caninos geniales, donde podemos aprender todo tipo de cosas increíbles. Prepárate para descubrir las gemas ocultas que nos transformarán en superestrellas del entrenamiento!

1. **Investigación y recomendaciones:** Comience su búsqueda investigando academias de adiestramiento canino en su área. Busque academias con una reputación positiva y un historial de éxito. Busque recomendaciones de otros dueños de perros, su veterinario o comunidades locales relacionadas con perros. Sus experiencias de primera mano pueden proporcionar conocimientos valiosos.

Explora el Lado Oscuro de la Vida de los Perros

Entrenamiento, consejos y trucos

2. **Visita las academias** : una vez que tengas una lista de posibles academias de formación, programa visitas para familiarizarte con el entorno y observar sus métodos de formación. Preste atención a la limpieza y seguridad de las instalaciones, así como al comportamiento de los formadores y el personal. Un ambiente acogedor y positivo es crucial para un aprendizaje eficaz.

3. **Filosofía de entrenamiento** : Infórmese sobre la filosofía de entrenamiento y los métodos utilizados por la academia. Busca academias que prioricen el refuerzo positivo y las técnicas sin fuerza. Evita las academias que se basan en castigos o métodos de entrenamiento duros, ya que pueden perjudicar nuestro bienestar y dañar el vínculo entre tú y tu amigo peludo.

4. **Cualificaciones del entrenador:** Pregunta por las calificaciones y certificaciones de los formadores de la academia. Busque entrenadores con educación formal y certificados de organizaciones acreditadas, como el Consejo de Certificación de Entrenadores Profesionales de Perros (CCPDT). Los formadores cualificados están mejor equipados para comprender nuestro comportamiento y necesidades individuales.

5. **Estructura de clases y plan de estudios** : pregunte sobre la estructura de clases y el plan de estudios de la academia. Busque academias que brinden una variedad de clases adaptadas a diferentes niveles de capacitación y necesidades específicas. Ya sea que estés buscando obediencia básica, capacitación avanzada o cursos especializados, elige una academia que se adapte a tus objetivos.

6. **Métodos y técnicas de entrenamiento:** Pregunte sobre los métodos y técnicas de entrenamiento específicos utilizados durante las clases. Las técnicas de refuerzo positivo, como el entrenamiento basado en recompensas, son muy efectivas y fomentan una experiencia de aprendizaje positiva. Evitar academias que utilicen métodos aversivos o basados en castigos, ya que pueden perjudicar nuestro bienestar y obstaculizar nuestro progreso.

7. **Reseñas y testimonios:** Lea reseñas y testimonios en línea de clientes anteriores de las academias que está considerando. Sus experiencias pueden proporcionar

Una guía imprescindible para los amantes de los perros

información sobre la eficacia de los programas de formación, la experiencia de los formadores y la satisfacción general del cliente. Busque comentarios positivos constantes e historias de éxito.

8. **Clases de Prueba o Consultas:** Algunas academias ofrecen clases de prueba o consultas para brindarte una experiencia de primera mano sobre sus métodos de capacitación. Aproveche estas oportunidades para evaluar el enfoque de la academia, observar a los formadores en acción y ver si se alinea con sus objetivos y valores. Al seleccionar cuidadosamente una academia de adiestramiento canino compasiva y de buena reputación, podrás dar rienda suelta al superhéroe que llevas dentro y embarcarte en una aventura de adiestramiento que fortalecerá tu vínculo con tu amigo peludo. Prepárate para alcanzar nuevas alturas de excelencia en el entrenamiento y diviértete moviendo la cola durante el camino!

Clases Fantásticas

Desde cachorros básicos hasta eficiencia avanzada. Una vez que hayas encontrado la academia de tus sueños, es hora de sumergirte en las fantásticas clases que ofrecen. Desde lo básico para cachorros hasta la eficiencia avanzada, estas clases están hechas a medida para mejorar nuestras habilidades de entrenamiento. Aprenderemos órdenes, trucos y modales que nos convertirán en la comidilla del parque para perros!

1. **Conceptos básicos del cachorro:** Comienza con la clase básica para cachorros si tienes un cachorro joven. Esta clase se centra en la socialización, órdenes básicas como sentarse y quedarse quieto y modales adecuados con la correa. Es la base perfecta para nuestro viaje de formación.

2. **Entrenamiento de obediencia:** Las clases de entrenamiento de obediencia son necesarias para perros de todas las edades. Estas clases enseñan comandos esenciales como sentarse, sentarse, quedarse quieto y recordar. Aprenderemos a responder de forma fiable a estas órdenes, lo que nos convertirá en compañeros de buen comportamiento en cualquier situación.

3. **Entrenamiento avanzado:** Una vez que hayamos dominado los conceptos básicos, deberemos subir de nivel con clases de entrenamiento avanzado. Estas clases nos desafían con comandos más complejos, trucos avanzados y control sin correa.

Explora el Lado Oscuro de la Vida de los Perros

Entrenamiento, consejos y trucos

Seremos eficientes en nuestras habilidades de entrenamiento e impresionaremos a todos con nuestras habilidades.

4. **Preparación para el buen ciudadano canino (CGC):**
El programa Canine Good Citizen está diseñado para evaluar el comportamiento y los modales de los perros en diversas situaciones de la vida real. Las clases de preparación para CGC se enfocan en prepararnos para la prueba CGC, un gran logro que puede abrir puertas al trabajo de terapia u otras actividades relacionadas con perros.

Escanee el código QR o busque "Buen ciudadano canino" o utilice el enlace completo a continuación: https://www.akc.org

AKC es una organización sin fines de lucro, fundada en 1884. Me encanta su primera declaración: "En el AKC, creemos que todos los perros pueden ser buenos perros y todos los dueños pueden ser excelentes dueños, todo lo que se necesita es un poco de entrenamiento, mucho amor y, por supuesto, muchos elogios a lo largo del camino".

5. **Agilidad y Deportes:** Si buscamos diversión con mucha energía, las clases de agilidad y deportes son el camino a seguir. Aprenderemos a sortear carreras de obstáculos, saltar obstáculos, atravesar postes y más. Estas clases proporcionan ejercicio físico y mejoran nuestra concentración, coordinación y trabajo en equipo.

Desde cachorros básicos hasta eficiencia avanzada. Una vez que hayas encontrado la academia de tus sueños, es hora de sumergirte en las fantásticas clases que ofrecen. Desde lo básico para cachorros hasta la eficiencia avanzada, estas clases están hechas a medida para mejorar nuestras habilidades de entrenamiento. Aprenderemos órdenes, trucos y modales que nos convertirán en la comidilla del parque para perros!

Talleres y Seminarios

Libera tu genio interior Agárrate a tus orejas caídas porque la diversión no termina en las clases! Las academias de adiestramiento canino también ofrecen talleres y seminarios alucinantes. Obtendremos información detallada sobre todo, desde la obediencia hasta la

Una guía imprescindible para los amantes de los perros

Capítulo 9

agilidad e incluso algunos deportes caninos. Nuestros cerebros y cuerpos trabajarán juntos como una máquina bien engrasada!

1. **Actualización de obediencia :** manténgase alerta con los talleres de actualización de obediencia. Estas sesiones refuerzan nuestras habilidades fundamentales de obediencia y nos permiten afinar nuestras técnicas de entrenamiento. Es una excelente manera de mantener nuestro entrenamiento al día.

2. **Talleres especializados:** las academias de adiestramiento canino suelen ofrecer talleres especializados que se centran en áreas específicas de adiestramiento o comportamiento. Desde la reactividad con la correa hasta la ansiedad por separación, estos talleres brindan conocimientos y técnicas valiosas para gestionar y abordar desafíos específicos.

3. **Deportes caninos:** si estamos interesados en explorar deportes caninos como el flyball, el buceo en muelles o el trabajo con olores, las academias de adiestramiento canino ofrecen talleres dedicados a estas actividades. Aprenderemos las reglas, técnicas y estrategias para destacar en estos deportes y pasarlo genial haciéndolo.

4. **Seminarios de comportamiento:** Los seminarios de comportamiento profundizan en la ciencia del comportamiento canino, ayudándonos a comprender las razones detrás de nuestras acciones y reacciones. Estos seminarios brindan conocimientos valiosos sobre la modificación del comportamiento, la resolución de problemas y la creación de una relación armoniosa entre nosotros y nuestros compañeros humanos.

Recuerda, mi maravilloso amigo humano, asistir a fantásticas clases y participar en talleres y seminarios en una academia de adiestramiento canino mejorará nuestras habilidades de adiestramiento y proporcionará estimulación mental, ejercicio físico y fortalecerá nuestro vínculo. Prepárate para pasar un buen rato moviendo la cola mientras liberas nuestro genio interior!

Explora el Lado Oscuro de la Vida de los Perros

Entrenamiento, consejos y trucos

Libera tu genio interior Agárrate a tus orejas caídas porque la diversión no termina en las clases! Las academias de adiestramiento canino también ofrecen talleres y seminarios alucinantes. Obtendremos información privilegiada sobre todo, desde la obediencia hasta la agilidad e incluso algunos deportes caninos. Nuestros cerebros y cuerpos trabajarán juntos como una máquina bien engrasada!

Fuentes y herramientas

Construya su arsenal de entrenamiento No nos olvidemos de los fantásticos recursos y herramientas disponibles en estas academias. Desde guías de entrenamiento hasta juguetes interactivos, tienen todo lo que necesitas para convertirte en un maestro del entrenamiento. Exploraremos cómo estas herramientas pueden ayudarnos a superar la ansiedad y hacer que el entrenamiento sea divertido!

1. **Guías y libros de formación:** Las academias de adiestramiento canino suelen tener una selección de guías y libros de adiestramiento que cubren una amplia gama de temas, desde obediencia básica hasta adiestramiento avanzado. técnicas. Estos recursos proporcionan conocimientos valiosos e instrucciones paso a paso para respaldar nuestro viaje de capacitación.

2. **Premios y recompensas:** Los premios y las recompensas son herramientas esenciales para el entrenamiento de refuerzo positivo. Las academias de adiestramiento canino ofrecen una variedad de premios de gran calidad, sabrosos y motivadores para nosotros. También brindan orientación sobre el uso eficaz de golosinas para reforzar los comportamientos deseados.

3. **Clickers de entrenamiento:** El entrenamiento con clicker es un método popular que utiliza un sonido de clic para marcar los comportamientos deseados, seguido de una recompensa. Las academias de adiestramiento canino pueden proporcionar clickers y enseñarnos cómo usarlos de manera efectiva para una comunicación y sincronización precisas durante las sesiones de adiestramiento.

4. **Juguetes interactivos:** Involucrar nuestra mente y nuestro cuerpo a través de juguetes interactivos puede ser una forma divertida y gratificante de entrenar. Las academias de adiestramiento canino pueden recomendar juguetes específicos que proporcionen estimulación mental y nos ayuden a aprender nuevas habilidades mientras nos lo pasamos genial.

Una guía imprescindible para los amantes de los perros

5.   **Equipo de entrenamiento:** Dependiendo del tipo de entrenamiento que realicemos, las academias de adiestramiento canino pueden ofrecer equipos de entrenamiento como obstáculos de agilidad, largas colas y arneses. Estas herramientas pueden mejorar nuestra experiencia de capacitación y ayudarnos a dominar habilidades y actividades específicas.

Construya su arsenal de entrenamiento No nos olvidemos de los fantásticos recursos y herramientas disponibles en estas academias. Desde guías de entrenamiento hasta juguetes interactivos, tienen todo lo que necesitas para convertirte en un maestro del entrenamiento. <u>Exploraremos cómo estas herramientas pueden ayudarnos a superar la ansiedad y hacer que el entrenamiento sea divertido!</u>

Liberando a tu superhéroe interior

Comienza la transformación Estás listo para dar rienda suelta al superhéroe que llevas dentro? Con la ayuda de estas academias de adiestramiento canino nos convertiremos en la mejor versión de nosotros mismos. Ganaremos confianza, aprenderemos nuevas habilidades y fortaleceremos nuestro vínculo. Prepárate para brillar como las verdaderas superestrellas que somos!

Entonces, mi compañero de cuatro patas, es hora de inscribirte en una academia de adiestramiento canino y embarcarte en una aventura que nos transformará en leyendas del adiestramiento. Olfatea las academias en tu área, sumérgete en las clases y convirtámonos en los superhéroes de entrenamiento para los que nacimos! Juntos, superaremos desafíos, desarrollaremos habilidades para toda la vida y crearemos un vínculo fuerte y alegre que durará toda la vida. Prepárate para dar rienda suelta al superhéroe que llevas dentro y embarcarte en un emocionante viaje de entrenamiento!

Comienza la transformación Estás listo para dar rienda suelta al superhéroe que llevas dentro? Con la ayuda de estas academias de adiestramiento canino nos convertiremos en la mejor versión de nosotros mismos. <u>Ganaremos confianza, aprenderemos nuevas habilidades y fortaleceremos nuestro vínculo.</u> Prepárate para brillar como las verdaderas superestrellas que somos!

Entonces, mi compañero de cuatro patas, es hora de inscribirte en una academia de adiestramiento canino y embarcarte en una aventura que nos transformará en leyendas del adiestramiento. Olfatea las academias en tu área, sumérgete en las clases y convirtámonos en los superhéroes de entrenamiento para los que nacimos!

Ejemplos de entrenamiento

Hola, amigo humano! Pasemos un buen rato moviendo la cola mientras aprendemos y nos unimos!

Explora el Lado Oscuro de la Vida de los Perros

Entrenamiento, consejos y trucos

1. Siéntate bonita: Enséñame a sentarme como un profesional! Sostenga una delicia sabrosa sobre mi nariz y muévala suavemente hacia atrás mientras trato de alcanzarla. A medida que sigo la golosina, mi trasero naturalmente bajará hasta quedar sentado. Una vez que esté sentado, felicítame y dame el premio como recompensa. Repite esto varias veces hasta que domine el arte de sentarme bien!

1. Agitar una pata: Demostremos nuestras habilidades para dar la mano! Comienza sosteniendo una golosina en tu mano cerrada y ofrécemela. Cuando toque tu mano para intentar conseguir la golosina, di <u>Agitar</u> y abre la mano para dejarme tenerla. Elógiame y dame mucho amor cuando te sacudo la pata. Seremos los mejores apretones de manos de la ciudad!

2. Cinco altos: A quién no le encanta chocar esos cinco? Sostenga una golosina en una mano y levántela ligeramente por encima de mi cabeza. Cuando levanto mi pata para tocar tu mano, di **Choca esos cinco** y dame el premio. Celebremos nuestro trabajo en equipo chocando esos cinco con las patas!

3. Quedarse y esperar: Este tiene que ver con el autocontrol. Empiece por pedirme que me siente o me acueste. Una vez que esté en posición, levante la mano como si fuera una señal de alto y diga <u>Quédese</u> o <u>espere</u> . Da un paso atrás y, si me quedo en el lugar, felicítame y ofréceme un regalo. Aumente gradualmente la distancia y la duración de la estancia. La paciencia es clave y me convertiré en un maestro en quedarme quieto!

4. Recordar: Practiquemos venir cuando nos llamen! Comience en un área segura, diga mi nombre con entusiasmo y luego corra unos pasos hacia atrás mientras me anima a perseguirlo. Cuando te alcance, recompénsame con golosinas y muchos elogios. Este juego de persecución hará que venir cuando lo llames sea súper emocionante y divertido!

Una guía imprescindible para los amantes de los perros

5.   Dejalo: Ayúdame a resistir la tentación con el comando **déjalo** . Muéstrame un premio en tu mano cerrada y di: Déjalo . Cuando deje de intentar recibir el premio, por favor dame un premio diferente al de tu otra mano y colmame de elogios. Aumente gradualmente la dificultad utilizando elementos más atractivos, como juguetes o comida, en el suelo. Con práctica, me convertiré en un profesional en dejar las cosas en paz!

Recuerda, amigo humano, que el entrenamiento siempre debe ser positivo, divertido y lleno de recompensas y amor. Mantenga las sesiones breves y agradables, y practique con regularidad para reforzar lo que hemos aprendido. Juntos, dominaremos estos ejemplos de capacitación y crearemos un vínculo inquebrantable. Movamos la cola y embarquémonos juntos en esta aventura de entrenamiento!

Entrenamiento, consejos y trucos

 Una guía imprescindible para los amantes de los perros

Capítulo 10

Salud general y resumen de ansiedad de 40 razas populares

Salud, Edad, Vacunación

Woof Woof! Hoy nos sumergimos en el fascinante mundo de la salud y el bienestar de los perros. Es esencial comprender cómo diferentes factores como la salud, la edad, el nivel de energía, las vacunas y los cuidados preventivos pueden afectar la felicidad de nuestro peludo y mantener a raya esa ansiedad.

Primero lo primero, hablemos de salud. Al igual que usted, los perros necesitamos controles y cuidados periódicos para mantenernos en plena forma. Podríamos encontrar algunos problemas de salud comunes o tener ciertas predisposiciones según nuestra raza. Por eso hay que estar atento a cualquier signo de malestar o comportamiento inusual y llevarnos al veterinario cuando sea necesario. Recuerde, la prevención es clave!

Hablando de edad, a medida que envejecemos, nuestras necesidades también cambian. Los cachorros tienen mucha energía y requieren mucho tiempo de juego y entrenamiento, mientras que los perros mayores pueden necesitar un poco más de **cariño** y una rutina más relajada. Por **TLC**, me refiero a T ener Loving C are. A medida que el perro envejece, es posible que necesitemos un poco más de atención y afecto para garantizar nuestro bienestar. TLC incluye cosas como brindarnos un ambiente de vida cómodo, ofrecer ejercicio suave adecuado para nuestra  edad, monitorear cualquier cambio de salud y ajustar nuestra rutina para adaptarnos a nuestras necesidades cambiantes. Se trata de mostrarnos más amor, cuidado y apoyo a medida que llegamos a la tercera edad. Agradecemos su comprensión y el cariño extra que nos brindan! Ajustar nuestras actividades y proporcionar una nutrición adecuada para cada etapa de la vida garantiza que nos mantengamos saludables y vibrantes.

El nivel de energía juega un papel importante en nuestro bienestar. Algunas razas, como el Border Collie o el Pastor Australiano, tienen mucha energía y necesitan mucho ejercicio y mentalidad.estimulación para mantenerse feliz. Otros, como el Bulldog o el

Explora el Lado Oscuro de la Vida de los Perros

Salud general

Shih Tzu, son más tranquilos y prefieren acurrucarse y pasear tranquilamente. Combinar nuestros niveles de energía con la cantidad adecuada de actividad es esencial para una vida equilibrada y libre de ansiedad.

Ahora hablemos de vacunas! Las vacunas son como escudos de superhéroes que nos protegen de enfermedades dañinas. Cada raza puede tener diferentes requisitos de vacunación, <u>por lo que es importante seguir las recomendaciones de su veterinario y mantener nuestras vacunas actualizadas.</u> Esto ayuda a mantenernos sanos y previene el estrés de enfermar.

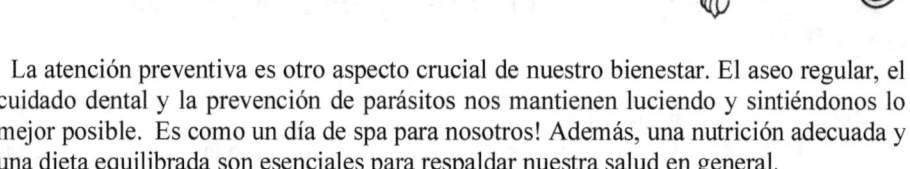

La atención preventiva es otro aspecto crucial de nuestro bienestar. El aseo regular, el cuidado dental y la prevención de parásitos nos mantienen luciendo y sintiéndonos lo mejor posible. Es como un día de spa para nosotros! Además, una nutrición adecuada y una dieta equilibrada son esenciales para respaldar nuestra salud en general.

Pero espera hay mas! En el Capítulo 17, encontrará un tesoro de información en forma de una tabla súper útil. Es como una mina de oro de conocimientos sobre 40 razas populares y sus problemas de salud específicos, niveles de energía, períodos de vacunación y necesidades de atención preventiva. Es una guía de referencia rápida y práctica que le ayudará a comprender y abordar posibles problemas de salud y desencadenantes de ansiedad para su raza específica. Consulte **los datos de edad y salud general de 40 razas populares** .

Mi alimento

Woof, mis amigos peludos! Tomemos un descanso antes de dar un resumen de los amigos de mis otras razas. Quiero hablar de una de nuestras cosas favoritas en el mundo: la comida! Como perro sabio, quiero guiarte sobre lo que podemos y no podemos comer para mantener nuestro estómago feliz y saludable. Cuando nuestro estómago está lleno, estamos tranquilos... Así que escuchen y profundicemos!

Lo primero es lo primero, nuestra alimentación debe ser nutritiva y equilibrada. Necesitamos una combinación de proteínas, carbohidratos, grasas saludables, vitaminas y minerales. Nuestra dieta principal debe consistir en comida para perros de alta calidad que satisfaga nuestras necesidades nutricionales específicas. Es como un menú hecho a medida solo para nosotros!

Una guía imprescindible para los amantes de los perros

Capítulo 10

Ahora, aquí hay una lista de alimentos aptos para perros que podemos disfrutar:
- ✓ Carnes magras como pollo, pavo y ternera (cocidas y deshuesadas, por supuesto!)
- ✓ Pescados como salmón y atún (cocidos y sin espinas)
- ✓ Frutas como manzanas, plátanos y sandía (con moderación y sin semillas ni huesos)
- ✓ Verduras como zanahorias, judías verdes y batatas (cocidas y cortadas en trozos pequeños)
- ✓ Cereales integrales como arroz y avena (cocidos)
- ✓ Productos lácteos como yogur natural (con moderación, ya que algunos perros pueden ser intolerantes a la lactosa)

Pero mantén la correa! No todos los alimentos son seguros para nosotros. Aquí hay algunas cosas que nunca deberíamos comer:
- • Chocolate (un gran no-no, ya que puede ser tóxico para nosotros!)
- • Uvas y pasas (pueden causar daño renal)
- • Cebollas, ajos y cebollinos (contienen sustancias nocivas para los perros)
- • Aguacate (el hueso, la piel y la pulpa contienen una sustancia llamada Persin, que puede ser tóxica)
- • Xilitol (un edulcorante que se encuentra en algunos alimentos humanos y en el chicle y que es tóxico para nosotros)

Recuerden, queridos propietarios, esta mesa es un excelente punto de partida, pero tratarnos como individuos es importante. Nuestras necesidades pueden variar incluso dentro de la misma raza. Así que vigíranos de cerca, observa nuestro comportamiento y consulta siempre con profesionales como tu veterinario para obtener un asesoramiento personalizado.

Ah, y hablando de comida, hablemos seriamente sobre la comida chatarra. Si bien esas papas fritas crujientes o esas bolitas de queso pueden hacer bailar tus papilas gustativas, no son buenas para nosotros. La comida chatarra puede provocar aumento de peso, problemas digestivos e incluso problemas de salud graves. Así que resista la tentación de compartir su merienda con nosotros.

Recuerda, cada perro es único, por eso es fundamental consultar con nuestro superhéroe, el veterinario, antes de cambiar nuestra dieta. Ellos lo guiarán sobre las necesidades dietéticas específicas y el tamaño de las porciones de su compañero peludo.

Explora el Lado Oscuro de la Vida de los Perros

Salud general

Por último, tengamos mucho cuidado con el almacenamiento y la frescura de nuestros alimentos. Conservar nuestros alimentos en un lugar fresco, seco y alejado de plagas dañinas. Verifique las fechas de vencimiento y asegúrese de que el empaque esté intacto. Si nota algún cambio en el olor, la textura o la apariencia, es mejor ir a lo seguro y conseguir una bolsa nueva.

Entonces, mis amigos, mantengamos nuestros estómagos felices y moviéndose proporcionándonos comidas nutritivas. Con la guía de nuestros cariñosos dueños y la atenta mirada del veterinario, podemos disfrutar toda una vida de aventuras alimentarias deliciosas y saludables. Buen provecho, mis amantes de la comida peludos!

Mi lista de control
Hablemos de algo útil y práctico, atento a estas señales:

1. **Disminución del apetito o de los hábitos alimentarios** : podría ser un signo de tristeza canina si no estoy tan entusiasmado con la hora de comer.

2. **Falta de entusiasmo o interés en las actividades:** Sabes cómo suelo saltar durante el tiempo de juego? Bueno, si no estoy tan emocionado, algo podría estar pasando.

3. **Cambios en los patrones de sueño o sueño excesivo:** Los perros necesitan un descanso reparador, pero podría ser una señal de alerta si duermo mucho más de lo habitual.

4. **Bajos niveles de energía y actividad reducida:** Si me siento triste, es posible que notes que no estoy tan activo ni juguetón como de costumbre.

5. **Retirarse de las interacciones sociales:** Normalmente, me encanta estar cerca de ti y de mis amigos peludos, pero si evito las interacciones sociales, es una señal de que algo no está bien.

6. **Cambios de comportamiento como inquietud o irritabilidad:** si actúo de manera diferente, como si estoy inquieto o irritable, es mi forma de decirle que no me siento bien.

Ahora bien, qué debes hacer si detectas estos signos? A continuación se muestran algunas acciones de seguimiento:

1. **Observar y documentar:** Lleve un registro de cualquier cambio que observe en mi comportamiento, apetito o niveles de actividad.

2. **Consultar a un veterinario:** Concertar una cita con un veterinario para comentar mi comportamiento y cualquier inquietud que tengas.

 Una guía imprescindible para los amantes de los perros

Capítulo 10

3. **Revisión de salud:** El veterinario debe realizarme un examen físico exhaustivo para descartar cualquier problema de salud subyacente.

4. **Evaluación del comportamiento:** Considere buscar orientación de un conductista o entrenador canino profesional que pueda evaluar mi bienestar emocional.

5. **Enriquecimiento Ambiental:** Bríndenme estimulación mental, juguetes interactivos y actividades que me ayuden a levantar el ánimo.

6. **Ejercicio y juego:** Participar en sesiones regulares de ejercicio y juego conmigo para promover mi bienestar físico y mental.

7. **Mantener una rutina :** Establecer una rutina diaria constante que me proporcione estabilidad y estructura.

8. **Vinculación y Afecto:** Lléname de amor, atención y cariño para fortalecer nuestro vínculo.

9. **Considere terapia o medicación:** En casos graves, el veterinario podría recomendar terapia o medicamentos para ayudar a controlar mi tristeza canina.

Recuerde, cada perro es único, por lo que el enfoque puede variar. Sólo sé atento, paciente y compasivo conmigo. Con su amor y apoyo, podemos abordar juntos la depresión canina e impactar positivamente mi bienestar emocional. Mantengamos la cola moviéndose y el ánimo en alto! Woof Woof!

Explora el Lado Oscuro de la Vida de los Perros

Salud general

40 razas populares de ansiedad
Resumen

Ahora les presento un resumen de los niveles de ansiedad de mis amigos. Sin embargo, no te preocupes! Cada uno de ellos subirá al escenario más tarde, uno por uno, para compartir más detalles sobre ellos mismos, junto con adorables fotos. Tendrás la oportunidad de profundizar en sus personalidades, peculiaridades y desencadenantes de ansiedad únicos. Así que estad atentos y prepárate para conocer de cerca y en persona a cada uno de mis maravillosos amigos.

Juntos, desentrañaremos el intrigante mundo de la ansiedad de los perros y descubriremos las mejores formas de apoyar y comprender a nuestros compañeros peludos. Prepárate para una aventura de mover la cola! Woof!

Una guía imprescindible para los amantes de los perros

Capítulo 10

Los Malamute de Alaska, conocidos por su fuerza y resistencia, son perros de trabajo majestuosos e independientes. Si bien generalmente son amigables y sociables, pueden ser propensos a ciertos problemas de comportamiento si no se los maneja adecuadamente. Los Malamutes de Alaska pueden experimentar ansiedad en situaciones como la separación de sus compañeros humanos o cambios en su entorno. Los signos de ansiedad en los Malamutes de Alaska pueden incluir ladridos excesivos, aullidos, excavaciones o comportamientos destructivos. Para ayudar a aliviar su ansiedad, sus dueños deben proporcionarles ejercicio regular y estimulación mental. Involucrarlos en actividades como caminatas, paseos en trineo o entrenamiento de obediencia puede ayudarlos a satisfacer sus necesidades físicas y mentales. Establecer una rutina constante y brindarles un espacio seguro y cómodo también puede ayudarlos a sentirse más a gusto. Las técnicas de entrenamiento con refuerzo positivo funcionan bien, ya que responden positivamente a las recompensas y elogios. La paciencia, la comprensión y un enfoque amoroso son esenciales para ayudarlos a superar su ansiedad y prosperar en una vida equilibrada y feliz.

El ganado australiano es un perro pastor inteligente y activo que puede ser propenso a la ansiedad si no se lo estimula adecuadamente. Pueden exhibir ansiedad a través de comportamientos como ladridos excesivos, excavaciones o hiperactividad. Proporcionarles ejercicio físico regular, estimulación mental y un trabajo que hacer puede ayudar a aliviar su ansiedad. Estos perros se destacan en actividades como la agilidad, la obediencia y las pruebas de pastoreo, que pueden canalizar su energía y proporcionarles un sentido de propósito. El entrenamiento estructurado y los métodos de refuerzo positivo funcionan mejor para los perros boyeros australianos, ya que responden bien a un entrenamiento consistente y basado en recompensas. Con el cuidado, la atención y la salida de energía adecuados, los boyeros australianos pueden superar la ansiedad y prosperar como compañeros felices y equilibrados.

Explora el Lado Oscuro de la Vida de los Perros

Los pastores australianos, también conocidos como **australianos**, son perros muy inteligentes y activos, propensos a la ansiedad si no se los maneja adecuadamente. Pueden mostrar ansiedad mediante ladridos excesivos, masticación destructiva o inquietud. Los australianos prosperan con la estimulación física y mental, por lo que el ejercicio regular, los juguetes interactivos y las sesiones de entrenamiento son esenciales para ayudar a aliviar su ansiedad. Estos perros se destacan en actividades como la obediencia, la agilidad y las pruebas de pastoreo, lo que les da un sentido de propósito y les ayuda a canalizar su energía. Los métodos de entrenamiento de refuerzo positivo, las rutinas consistentes y la socialización son cruciales para su bienestar. Con el cuidado, la atención y las salidas adecuadas para su inteligencia y energía, los pastores australianos pueden superar la ansiedad y llevar una vida feliz y plena como compañeros leales y amorosos.

Los Beagles, conocidos por su aspecto adorable y su naturaleza amigable, pueden experimentar ansiedad en determinadas situaciones. Los signos de ansiedad en los Beagles pueden incluir ladridos, aullidos e inquietudes excesivos. Sus compañeros humanos deben comprender y abordar su ansiedad para ayudarlos a sentirse seguros y tranquilos. El ejercicio regular es crucial para que los Beagles quemen el exceso de energía y mantengan un estado mental saludable. La estimulación mental a través de rompecabezas y juegos interactivos puede ayudar a mantener la mente ocupada y aliviar la ansiedad. Crear una rutina diaria constante y un ambiente tranquilo y estructurado puede darles a los Beagles una sensación de seguridad. Los métodos de entrenamiento con refuerzo positivo funcionan mejor para ellos, ya que generan confianza y refuerzan el buen comportamiento. Cuando los Beagles se sienten ansiosos, la tranquilidad y el consuelo de sus humanos pueden marcar una gran diferencia. Con paciencia, comprensión y un enfoque amoroso, los Beagles y sus humanos pueden trabajar juntos para controlar la ansiedad y asegurarse de llevar una vida feliz y equilibrada.

Capítulo 10 83

El Pastor Belga Malinois, conocido por su inteligencia y capacidad de trabajo, es un perro muy activo y motivado. Si bien suelen tener confianza y concentración, también pueden ser propensos a la ansiedad en determinadas situaciones. Los signos de ansiedad en el Pastor Belga Malinois pueden incluir ladridos excesivos, paseos, inquietud o comportamiento destructivo. Para ayudar a aliviar su ansiedad, sus compañeros humanos deben proporcionarles ejercicio regular y estimulación mental. Involucrarlos en entrenamiento de obediencia, agilidad o trabajo con olfato puede ayudarlos a canalizar su energía y darles un sentido de propósito. La socialización desde una edad temprana es crucial para ayudarlos a sentirse más cómodos en diversos entornos y con diferentes personas y animales. Los métodos de entrenamiento de refuerzo positivo funcionan mejor para el Pastor Belga Malinois, ya que responden bien a las recompensas y los elogios. Crear un ambiente tranquilo y estructurado, establecer una rutina constante y brindarles un espacio cómodo para retirarse también puede ayudar a reducir su ansiedad. El Pastor Belga Malinois puede prosperar y llevar una vida equilibrada y plena con el cuidado, la formación y la comprensión adecuados.

Perros de montaña de Berna con su carácter amable y afectuoso, pueden experimentar ansiedad en determinadas situaciones. Los síntomas de ansiedad en los perros de montaña de Berna incluyen ladridos excesivos, paseos e inquietud. Sus compañeros humanos necesitan comprender y abordar su ansiedad para ayudarlos a sentirse tranquilos y seguros. El ejercicio regular, en particular las actividades que involucran la mente y el cuerpo, es esencial para que los Boyeros de Berna liberen la energía reprimida y promuevan el bienestar general. Proporcionarles una rutina constante, que incluya alimentación, ejercicio y descanso, puede ayudar a aliviar la ansiedad y estabilizarlos. Los métodos de entrenamiento y la socialización suaves y positivos pueden desarrollar su confianza y ayudarlos a afrontar nuevas experiencias con menos estrés. Crear un ambiente tranquilo y pacífico en casa, junto con mucho tiempo de calidad y afecto, también puede ayudar a calmar sus tendencias ansiosas. Con el cuidado, la paciencia y la comprensión adecuados, los perros de montaña de Berna pueden prosperar y vivir en armonía con sus compañeros humanos.

Explora el Lado Oscuro de la Vida de los Perros

El Bichón Frisé, con su comportamiento alegre y amigable, puede experimentar ansiedad en determinadas situaciones. Los signos de ansiedad en Bichon Frise pueden incluir ladridos excesivos, temblores y comportamiento pegajoso. Sus compañeros humanos necesitan comprender y abordar su ansiedad para ayudarlos a sentirse seguros y tranquilos. El ejercicio regular y la estimulación mental a través del juego y juguetes interactivos son esenciales para que Bichon Frise gaste energía y mantenga una mente equilibrada. Crear un ambiente tranquilo y predecible con una rutina constante puede ayudar a aliviar su ansiedad y brindarles una sensación de estabilidad. Los métodos de entrenamiento de refuerzo positivo y la tranquilidad y comodidad suaves funcionan mejor para que Bichon Frise genere confianza y refuerce el buen comportamiento. Proporcionarles un espacio acogedor y seguro donde puedan retirarse cuando se sientan abrumados también puede ayudar a calmar sus tendencias ansiosas. Con amor, paciencia y un entorno de apoyo, Bichon Frise puede superar su ansiedad y llevar una vida feliz y contenta junto a sus compañeros humanos.

Los Border Collies, conocidos por su inteligencia y energía ilimitada, pueden ser propensos a la ansiedad si no se los controla adecuadamente. Los signos de ansiedad en los Border Collies pueden incluir ladridos excesivos, paseos y comportamientos destructivos. Sus compañeros humanos necesitan proporcionarles muchos ejercicios físicos y estimulación mental para ayudarles a canalizar positivamente su energía. Las sesiones de entrenamiento regulares y actividades interesantes como la agilidad o el pastoreo pueden ayudar a satisfacer su necesidad de estimulación mental y brindarles un sentido de propósito. Los Border Collies prosperan en entornos estructurados con límites claros y rutinas consistentes. La socialización desde una edad temprana es crucial para prevenir la ansiedad basada en el miedo. Los métodos de entrenamiento de refuerzo positivo funcionan mejor para los Border Collies, ya que responden muy bien a las recompensas y los elogios. Las técnicas calmantes, como ejercicios de respiración profunda o juguetes tipo rompecabezas, pueden ayudar a aliviar su

Una guía imprescindible para los amantes de los perros

ansiedad y brindarle una sensación de calma. Con el cuidado, la atención y las salidas adecuadas para su inteligencia, los Border Collies pueden llevar una vida plena y superar cualquier ansiedad que puedan experimentar.

terriers de boston Son perros vivaces y afectuosos propensos a la ansiedad si no se los maneja adecuadamente. Los signos de ansiedad en los Boston Terriers pueden incluir ladridos excesivos, inquietud y comportamiento destructivo. Sus compañeros humanos deben crear un ambiente tranquilo y estructurado que les ayude a sentirse seguros. El ejercicio regular y la estimulación mental a través de juegos interactivos y juguetes de rompecabezas pueden ayudar a aliviar su ansiedad y quemar el exceso de energía. La socialización desde una edad temprana es crucial para prevenir la ansiedad basada en el miedo. Los métodos de entrenamiento de refuerzo positivo funcionan bien para los Boston Terriers, ya que responden a recompensas y elogios. Proporcionarles una rutina diaria constante y mucho amor y atención puede ayudar a reducir su ansiedad y garantizar que lleven una vida feliz y equilibrada. Con el cuidado y el apoyo adecuados, los Boston Terriers pueden superar su ansiedad y prosperar como compañeros queridos.

boxeadores Son perros enérgicos y juguetones propensos a la ansiedad si no se les trata adecuadamente. Los signos de ansiedad en los Bóxers pueden incluir ladridos excesivos, paseos y comportamiento destructivo. Sus compañeros humanos necesitan comprender y abordar su ansiedad para ayudarlos a sentirse seguros y tranquilos. El ejercicio regular y la estimulación mental a través de juegos interactivos y rompecabezas pueden ayudar a quemar el exceso de energía y mantener la mente ocupada. Crear una rutina diaria constante y un ambiente tranquilo y estructurado puede darles una sensación de seguridad. Los métodos de entrenamiento de refuerzo positivo y la tranquilidad y el consuelo suaves pueden marcar una gran diferencia en el manejo de su ansiedad. Con paciencia, comprensión y un trato amoroso, los Bóxers pueden superar su ansiedad y llevar una vida feliz y equilibrada.

Explora el Lado Oscuro de la Vida de los Perros

40 razas populares de ansiedad Resumen

Brittany, también conocido como Brittany Spaniel, es un perro vivaz y versátil con un talento natural para la caza y la recuperación. Son conocidos por su inteligencia, agilidad y naturaleza amigable. Si bien generalmente son completos y adaptables, los perros de Bretaña pueden ser propensos a ciertos problemas de comportamiento si no se satisfacen sus necesidades. Pueden experimentar ansiedad en situaciones como quedarse solos durante largos períodos o no recibir suficiente estimulación física y mental. Los signos de ansiedad en Bretaña pueden incluir ladridos excesivos, inquietud o comportamiento destructivo. Para ayudar a aliviar su ansiedad, sus dueños deben brindarles ejercicio regular, estimulación mental e interacción social. Involucrarlos en actividades como entrenamiento de obediencia, agilidad o juegos de recuperación puede ayudarlos a canalizar su energía y mantener sus mentes ocupadas. Brittany prospera en ambientes donde reciben amplia atención, refuerzo positivo y capacitación constante. Crear una rutina estructurada y brindarles un ambiente seguro y amoroso puede ayudarlos a sentirse más seguros y reducir su ansiedad. Con el cuidado, la formación y un enfoque amoroso adecuados, Brittany puede llevar una vida plena y feliz mientras forma fuertes vínculos con sus compañeros humanos.

Los Bulldogs son conocidos por su naturaleza amigable y relajada, pero también pueden experimentar ansiedad en determinadas situaciones. Los signos de ansiedad en los Bulldogs pueden incluir babeo excesivo, jadeo o comportamiento destructivo. Sus compañeros humanos necesitan comprender y abordar su ansiedad para ayudarlos a sentirse tranquilos y seguros. Proporcionar una rutina estructurada, muchos ejercicios y estimulación mental puede ayudar a aliviar su ansiedad. Los Bulldogs prosperan con un entrenamiento constante con métodos de refuerzo positivo, que pueden desarrollar su confianza y ayudarlos a afrontar situaciones estresantes. Crear un ambiente tranquilo y confortable con objetos familiares y reconfortantes también puede ayudar a aliviar su ansiedad. Con paciencia, amor y un enfoque comprensivo, los Bulldogs pueden superar su ansiedad y disfrutar de una vida equilibrada y contenta.

Una guía imprescindible para los amantes de los perros

Capítulo 10

bastón corso es una raza italiana poderosa y majestuosa conocida por su fuerza, lealtad y naturaleza protectora. Con un temperamento seguro y estable, son excelentes compañeros y guardianes de la familia. Si bien generalmente es una raza bien equilibrada, el Cane Corso puede ser propenso a ciertos problemas de comportamiento si no se lo entrena y socializa adecuadamente. Pueden experimentar ansiedad en situaciones como quedarse solos durante largos períodos o encontrarse con personas o animales desconocidos. Los signos de ansiedad en Cane Corso pueden incluir ladridos excesivos, inquietud o agresión. Para ayudar a aliviar su ansiedad, es fundamental brindarles una socialización temprana, entrenamiento de refuerzo positivo y mucho ejercicio físico y mental. Las caminatas regulares, las sesiones de juego interactivo y las actividades de estimulación mental pueden ayudar a canalizar su energía y mantenerlos mentalmente comprometidos. Establecer una rutina constante, brindarles un entorno seguro y estructurado y brindarles mucha atención y cariño es fundamental para su bienestar. Los Cane Corso prosperan en hogares donde son tratados como miembros valiosos de la familia y reciben orientación y liderazgo adecuados. Con el cuidado y el entrenamiento adecuados, el Cane Corso puede ser un compañero leal, cariñoso y bien adaptado.

Cárdigan Corgi Galés Es una raza encantadora e inteligente conocida por su apariencia distintiva y su personalidad enérgica. Con sus patas cortas y cuerpos largos, tienen un aspecto adorable y único que captura los corazones de muchos amantes de los perros. Los cárdigans son muy adaptables y son excelentes compañeros tanto para individuos como para familias. Son conocidos por su lealtad, carácter afectuoso y comportamiento juguetón. Sin embargo, como cualquier raza, pueden experimentar ciertos desafíos de comportamiento si no se los entrena y socializa adecuadamente. Los Cardigan Welsh Corgis pueden mostrar ansiedad en diversas situaciones, como ansiedad por separación cuando se los deja solos o miedo.hacia personas o entornos desconocidos. Los signos de ansiedad pueden incluir ladridos excesivos, inquietud o comportamiento destructivo. Para ayudar a controlar su ansiedad, es importante brindarles socialización temprana, entrenamiento de refuerzo positivo y estimulación mental. El ejercicio regular y actividades

Explora el Lado Oscuro de la Vida de los Perros

interesantes como rompecabezas o juegos interactivos pueden ayudarlos a quemar energía y estimular sus mentes. Establecer una rutina constante, crear un ambiente tranquilo y estructurado y ofrecer tranquilidad y comodidad son esenciales para su bienestar. Con el cuidado adecuado, el entrenamiento y un ambiente amoroso, los Cardigan Welsh Corgis pueden prosperar y brindar alegría y compañía a sus familias.

Cavalier King Charles Spaniels
Son conocidos por su naturaleza gentil y afectuosa, pero también pueden ser propensos a la ansiedad. Los signos de ansiedad en los Cavaliers pueden incluir ladridos excesivos, temblores o retraimiento. Sus compañeros humanos deben brindarles un entorno seguro y enriquecedor para ayudarlos a aliviar su ansiedad. El ejercicio regular y la estimulación mental a través del juego y el entrenamiento interactivos pueden ayudar a quemar el exceso de energía y mantener la mente ocupada. Los Cavaliers prosperan con métodos de entrenamiento de refuerzo positivo, que pueden aumentar su confianza y fortalecer su vínculo con sus humanos. Crear una rutina diaria constante y asegurarse de que reciban amor y atención también puede ayudar a aliviar su ansiedad. Con paciencia, comprensión y un enfoque tranquilo, los Cavaliers pueden superar su ansiedad y vivir una vida feliz y equilibrada.

El chihuahua, conocido por su pequeño tamaño y gran personalidad, puede ser propenso a la ansiedad. Pueden mostrar signos de ansiedad mediante ladridos excesivos, temblores o agresión. Sus compañeros humanos necesitan comprender y abordar su ansiedad para ayudarlos a sentirse seguros y protegidos. Los ejercicios regulares, como caminatas cortas o sesiones de juego interactivo, pueden ayudarlos a quemar energía y reducir la ansiedad. Proporcionarles un ambiente tranquilo y estructurado y una rutina diaria constante también puede ayudar a aliviar su ansiedad. Los métodos de entrenamiento de refuerzo positivo funcionan bien con los chihuahuas, ya que responden positivamente a los elogios y recompensas. La socialización desde una edad temprana puede ayudarles a sentirse más cómodos y seguros en diferentes situaciones. Con paciencia,

Una guía imprescindible para los amantes de los perros

comprensión y un trato amoroso, los chihuahuas pueden superar su ansiedad y disfrutar de una vida feliz y plena con sus compañeros humanos.

Cocker (inglés/español), conocido por su hermoso pelaje y personalidad alegre, puede ser propenso a la ansiedad. Pueden mostrar signos de ansiedad mediante ladridos excesivos, comportamientos destructivos o apego. Sus compañeros humanos necesitan comprender y abordar su ansiedad para ayudarlos a sentirse tranquilos y seguros. Los ejercicios regulares, como caminatas diarias o tiempo de juego, pueden ayudarlos a liberar energía y reducir la ansiedad. Proporcionarles estimulación mental a través de juguetes interactivos o juegos de rompecabezas también puede ayudarlos a mantener su mente ocupada y aliviar la ansiedad. Crear una rutina constante y brindar un ambiente seguro y cómodo puede darles a los Cocker Spaniels una sensación de seguridad. Los métodos de entrenamiento de refuerzo positivo, la tranquilidad suave y el consuelo pueden desarrollar su confianza y ayudarlos a superar su ansiedad. Con paciencia, amor y el cuidado adecuado, los Cocker Spaniels pueden llevar una vida feliz y equilibrada, disfrutando del tiempo con sus compañeros humanos.

Los perros salchicha, con sus cuerpos alargados y su personalidad enérgica, pueden ser propensos a la ansiedad. Pueden mostrar signos de ansiedad mediante ladridos excesivos, excavaciones o incluso agresión. Sus compañeros humanos necesitan comprender y abordar su ansiedad para ayudarlos a sentirse seguros y tranquilos. Los perros salchicha prosperan con el ejercicio regular, por lo que brindarles caminatas diarias o tiempo de juego puede ayudarlos a quemar el exceso de energía y reducir la ansiedad. La estimulación mental también es importante para estos perros inteligentes, y los juguetes interactivos o los juegos de rompecabezas pueden mantener su mente ocupada y aliviar la ansiedad. Establecer una rutina constante y crear un entorno seguro puede ayudar a aliviar su ansiedad. Los métodos de entrenamiento de refuerzo positivo funcionan mejor para los perros salchicha, ya que responden bien a los elogios y recompensas. Cuando se sienten ansiosos, la suave tranquilidad y el consuelo de sus compañeros humanos pueden brindarles el apoyo que necesitan. Con el cuidado, la atención y el amor adecuados, los perros salchicha pueden llevar una vida feliz y equilibrada, aportando alegría a sus familias.

Los Doberman Pinscher, conocidos por su lealtad y naturaleza protectora, a veces pueden experimentar ansiedad. Los signos de ansiedad en los Doberman pueden incluir ladridos excesivos, comportamiento destructivo o incluso agresión. Sus compañeros humanos deben comprender y abordar su ansiedad para crear un entorno seguro y armonioso para ellos. El ejercicio regular es esencial para que los Doberman liberen la energía reprimida y mantengan su bienestar general. La estimulación mental a través del entrenamiento, juguetes de rompecabezas o juegos interactivos puede ayudar a mantener la mente ocupada y aliviar la ansiedad. A los dóberman les encanta la estructura y la rutina, por lo que establecer un horario diario constante puede darles una sensación de seguridad. Los métodos de entrenamiento de refuerzo positivo funcionan bien con los Doberman, ya que responden positivamente a las recompensas y los elogios. Cuando se sienten ansiosos, el suave consuelo y la calma de sus compañeros humanos pueden marcar una diferencia significativa para ayudarlos a sentirse a gusto. Con el cuidado, el entrenamiento y un enfoque amoroso adecuados, los Doberman Pinschers pueden superar su ansiedad y prosperar como compañeros seguros y equilibrados.

El Cocker inglés es una raza encantadora y enérgica conocida por su carácter amigable y su disposición alegre. Con sus ojos suaves y expresivos y su pelaje sedoso, tienen un encanto irresistible que captura los corazones de muchos amantes de los perros. Los Cockers ingleses son versátiles y adaptables, lo que los convierte en excelentes compañeros tanto para individuos como para familias. Les encanta la compañía humana y les encanta ser parte de las actividades familiares. Esta raza es conocida por su inteligencia y afán de complacer, lo que los hace relativamente fáciles de entrenar. Sin embargo, pueden ser propensos a sufrir ansiedad por separación si se los deja solos durante largos períodos. Los signos de ansiedad en los Cockers ingleses pueden incluir ladridos excesivos, comportamiento destructivo o inquietud. Para ayudar a controlar su ansiedad, es importante brindarles mucha estimulación física y mental. El ejercicio regular, los juguetes interactivos y las actividades atractivas como el entrenamiento de obediencia o agilidad pueden ayudarlos a quemar energía y mantener la mente ocupada. Establecer

Una guía imprescindible para los amantes de los perros

una rutina constante y brindar un entorno seguro y estructurado también puede ayudar a aliviar su ansiedad. Los métodos de entrenamiento de refuerzo positivo funcionan bien con esta raza, ya que responden positivamente a los elogios y recompensas. Con amor, paciencia y el cuidado adecuado, el Cocker Inglés puede prosperar y brindar alegría y compañerismo a sus familias.

Setters ingleses Son conocidos por su naturaleza amigable y extrovertida, pero también pueden experimentar ansiedad en ciertas situaciones. Los signos de ansiedad en los setters ingleses pueden incluir inquietud, ladridos excesivos o comportamiento destructivo. Sus compañeros humanos necesitan comprender y abordar su ansiedad para ayudarlos a sentirse seguros y cómodos. El ejercicio regular es fundamental para que los Setters ingleses liberen su energía y mantengan un estado mental equilibrado. La estimulación mental a través del entrenamiento, juguetes interactivos o juegos de rompecabezas también puede ayudar a mantener la mente ocupada y aliviar la ansiedad. Los Setters ingleses prosperan con los métodos de entrenamiento de refuerzo positivo, ya que responden bien a las recompensas y los elogios. Crear una rutina diaria constante y un ambiente tranquilo y estructurado puede darles una sensación de seguridad. Cuando se siente ansioso, el consuelo y la tranquilidad de sus compañeros humanos pueden marcar una gran diferencia. Con paciencia, comprensión y un enfoque amoroso, los Setters ingleses pueden controlar su ansiedad y vivir una vida feliz y plena.

Pastores alemanes Son perros inteligentes y leales, pero pueden ser propensos a la ansiedad en determinadas situaciones. Los signos de ansiedad en los pastores alemanes pueden incluir ladridos excesivos, paseos o comportamientos destructivos. Sus compañeros humanos necesitan comprender y abordar su ansiedad para ayudarlos a sentirse seguros y tranquilos. El ejercicio regular es crucial para que los pastores alemanes liberen energía y mantengan el bienestar mental. La estimulación mental mediante entrenamiento, juguetes interactivos y actividades de resolución de problemas también puede ayudar a aliviar la ansiedad. Los pastores alemanes responden bien a los métodos de entrenamiento de refuerzo positivo y les encantan los elogios y las recompensas. Crear una rutina estructurada y un entorno seguro y estimulante puede darles una sensación de seguridad. Cuando se siente ansioso, el consuelo y el consuelo gentiles de sus compañeros humanos pueden tener un efecto calmante. Con paciencia, comprensión y un entrenamiento constante, los pastores alemanes pueden controlar su ansiedad y llevar una vida equilibrada y plena.

perros perdigueros de oro Son perros amigables y afectuosos pero también pueden experimentar ansiedad en determinadas situaciones. Los signos de ansiedad en los Golden Retrievers pueden incluir ladridos excesivos, jadeos o comportamiento destructivo. Sus compañeros humanos necesitan reconocer y abordar su ansiedad para ayudarlos a sentirse seguros y tranquilos. El ejercicio regular es esencial para que los Golden Retriever liberen energía y mantengan un estado mental saludable. La estimulación mental mediante entrenamiento, juguetes tipo rompecabezas y juegos interactivos también puede ayudar a aliviar la ansiedad. Establecer una rutina diaria constante y un entorno seguro y estimulante puede darles una sensación de estabilidad. Los métodos de entrenamiento de refuerzo positivo funcionan bien para los Golden Retrievers, ya que responden positivamente a las recompensas y el estímulo. Cuando se siente ansioso, el consuelo y el consuelo amables de sus compañeros humanos pueden marcar una diferencia significativa. Con paciencia, comprensión y un enfoque amoroso, los Golden Retrievers pueden controlar su ansiedad y llevar una vida feliz y equilibrada.

grandes daneses Son gigantes amables conocidos por su naturaleza tranquila y amigable, pero también pueden experimentar ansiedad en determinadas situaciones. Los signos de ansiedad en los grandes daneses pueden incluir babeo excesivo, jadeos, paseos o comportamiento destructivo. Sus compañeros humanos necesitan reconocer y abordar su ansiedad para ayudarlos a sentirse seguros y tranquilos. El ejercicio regular es fundamental para que los grandes daneses quemen el exceso de energía y mantengan un estado mental saludable. Crear un ambiente tranquilo y estructurado y una rutina constante pueden darles una sensación de estabilidad. Los métodos de entrenamiento de refuerzo positivo funcionan bien para

Una guía imprescindible para los amantes de los perros

Capítulo 10

los grandes daneses, ya que responden positivamente a las recompensas y el estímulo. Cuando se siente ansioso, el consuelo y la tranquilidad de sus compañeros humanos pueden marcar una gran diferencia. Con el cuidado adecuado, la comprensión y un enfoque amoroso, los grandes daneses pueden controlar su ansiedad y vivir una vida feliz y equilibrada.

perros perdigueros de labrador Son perros amigables y extrovertidos, pero también pueden experimentar ansiedad en determinadas situaciones. Los signos de ansiedad en los labradores pueden incluir masticar o cavar excesivamente, y pueden ser propensos a la ansiedad por separación, volviéndose destructivos cuando se los deja solos. Para ayudar a aliviar su ansiedad, es fundamental proporcionarles muchos ejercicios, estimulación mental y juguetes interactivos. El ejercicio regular les ayuda a quemar el exceso de energía y a mantener la mente ocupada. Crear una rutina constante y brindar un ambiente seguro y tranquilo también puede ayudarlos a sentirse más a gusto. Los métodos de entrenamiento con refuerzo positivo funcionan mejor para los labradores, ya que responden bien a las recompensas y el estímulo. Cuando se sienten ansiosos, el consuelo y el consuelo amables de sus compañeros humanos pueden marcar una gran diferencia. Los labradores pueden controlar su ansiedad y llevar una vida equilibrada y feliz con comprensión, paciencia y un enfoque amoroso.

Leonberger es un gigante majestuoso y gentil conocido por su tamaño imponente y su naturaleza amigable. Con su grueso pelaje doble y su impresionante apariencia, a menudo llaman la atención dondequiera que vayan. A pesar de su gran tamaño, los Leonberger son conocidos por su comportamiento amable y tranquilo, lo que los convierte en excelentes compañeros de familia. Son leales y cariñosos y disfrutan ser parte de las actividades familiares. Esta raza es muy inteligente y entrenable, y está ansiosa por complacer a sus dueños. Por lo general, son buenos con los niños y se llevan bien con otras mascotas cuando se les socializa adecuadamente. Los Leonberger tienen un nivel de energía moderado y se benefician del ejercicio diario para estimularlos física y mentalmente. Su pelaje requiere un cepillado regular para mantener su hermoso aspecto y evitar que se enrede. Si bien generalmente son perros sanos, pueden ser propensos a ciertos problemas de salud, como displasia de cadera y ciertas formas de cáncer. Los controles veterinarios periódicos y una dieta equilibrada son importantes para su bienestar general. Con su naturaleza cariñosa y gentil, el Leonberger puede ser un compañero maravilloso para personas o familias que buscan un amigo peludo leal y devoto.

maltés Los perros son conocidos por su pequeño tamaño y su encantadora personalidad, pero también pueden experimentar ansiedad en determinadas situaciones. Los signos de ansiedad en los perros malteses pueden incluir ladridos excesivos, temblores o esconderse. Son propensos a la ansiedad por separación y pueden volverse demasiado apegados a sus compañeros humanos. Para ayudar a aliviar su ansiedad, es esencial brindarles un ambiente tranquilo y seguro. Crear una rutina diaria constante, que incluya ejercicio regular y estimulación mental, puede ayudar a mantener la mente ocupada y reducir la ansiedad. Los métodos de entrenamiento de refuerzo positivo funcionan bien con los malteses, ya que responden positivamente a las recompensas y los elogios. Cuando se sienten ansiosos, el consuelo y el consuelo amables de sus compañeros humanos pueden ayudarlos a sentirse más seguros. Con comprensión, paciencia y un trato cariñoso, los perros malteses pueden controlar su ansiedad y vivir una vida feliz y equilibrada.

Schnauzer miniatura Son encantadores perros de tamaño pequeño conocidos por su apariencia distintiva y su personalidad enérgica. Aunque generalmente son confiados y extrovertidos, pueden experimentar ansiedad en determinadas situaciones. Los signos de ansiedad en los Schnauzers miniatura pueden incluir ladridos excesivos, inquietud o comportamiento destructivo. Pueden ser propensos a la ansiedad por separación y pueden volverse demasiado apegados a los miembros de su familia humana. Para ayudar a aliviar su ansiedad, es importante proporcionarles muchos ejercicios físicos y estimulación mental. Los juguetes interactivos, los juegos de rompecabezas y las sesiones de capacitación pueden ayudar a mantener la

Una guía imprescindible para los amantes de los perros

mente ocupada y reducir la ansiedad. Crear un ambiente tranquilo y estructurado y una rutina diaria constante también puede brindarles una sensación de seguridad. Los métodos de entrenamiento de refuerzo positivo, como recompensar el buen comportamiento, aumentan su confianza y reducen la ansiedad. Cuando se sienten ansiosos, los gestos amables de tranquilidad y consuelo de sus compañeros humanos pueden marcar una gran diferencia. Los Schnauzer miniatura pueden controlar su ansiedad y llevar una vida feliz y equilibrada con amor, paciencia y comprensión.

Elkhound noruego Es una raza hermosa y versátil con una rica historia arraigada en Noruega. Conocida por su constitución robusta y su apariencia llamativa, esta raza está muy considerada como una compañera leal y valiente. Los Elkhounds noruegos tienen una doble capa gruesa que les proporciona aislamiento en climas fríos y les da su aspecto distintivo. Son famosos por sus habilidades de caza, particularmente en el rastreo y persecución de animales como alces, osos y otros animales grandes. Con su fuerte sentido del olfato y sus agudos instintos, se destacan en tareas que requieren detección de olores. Los Elkhounds noruegos también son conocidos por su inteligencia, independencia y carácter fuerte. Requieren un entrenamiento constante y firme pero gentil para canalizar su energía y mantener un buen comportamiento. La socialización desde una edad temprana es esencial para ayudarlos a convertirse en perros completos y adaptables. Esta raza suele ser amigable, afectuosa y protectora con sus familias, lo que los convierte en excelentes perros guardianes. Los Elkhound noruegos son perros activos y necesitan ejercicio regular.

para estimularlos física y mentalmente. Su pelaje grueso requiere un cuidado regular para evitar que se enrede y mantenerlo con su mejor aspecto. En general, el Elkhound noruego es una raza leal, inteligente y versátil que prospera en hogares activos donde pueden recibir la atención, el ejercicio y la estimulación mental que necesitan.

caniches Son perros inteligentes y elegantes conocidos por su distintivo pelaje rizado. A pesar de su apariencia sofisticada, los caniches pueden experimentar ansiedad en determinadas situaciones. Los signos de ansiedad en los caniches pueden incluir ladridos excesivos, caminar de un lado a otro o buscar atención constante. Pueden ser sensibles a los cambios en su entorno y pueden necesitar una rutina tranquila y estructurada para sentirse seguros. El ejercicio físico y mental regular es esencial para que los caniches liberen el exceso de energía y mantengan su bienestar. Involucrarlos en actividades estimulantes como juguetes de rompecabezas, entrenamiento de obediencia o ejercicios de agilidad puede ayudar a aliviar la ansiedad y mantener sus mentes ocupadas. Los métodos de entrenamiento de refuerzo positivo, con recompensas y elogios, funcionan mejor para los caniches, ya que responden bien al estímulo y la guía amable. Crear un espacio tranquilo y pacífico dentro del hogar y brindarles artículos reconfortantes como ropa de cama suave o música relajante puede ayudarlos a sentirse más a gusto. Con el apoyo de dueños pacientes y comprensivos, los caniches pueden controlar su ansiedad y prosperar en un ambiente cariñoso y acogedor.

El agua portuguesa es una raza carismática y versátil con una historia fascinante arraigada en Portugal. Reconocida por su físico robusto y su pelaje distintivo, esta raza está muy considerada como una compañera inteligente y afectuosa. Los perros de agua portugueses tienen un pelaje hipoalergénico ondulado o rizado, lo que les proporciona una excelente protección contra el agua. Originalmente fueron criados para diversas tareas relacionadas con el trabajo acuático, como recuperar redes, transmitir mensajes entre barcos e incluso arrear peces en las redes. Con su habilidad natural para nadar y su deseo de agradar, sobresalen en el buceo en muelles, en el agua deportes y entrenamiento de obediencia. Los perros de agua portugueses son conocidos por su inteligencia, capacidad de adiestramiento y entusiasmo por aprender. Prosperan con la estimulación mental y requieren métodos de entrenamiento de refuerzo constantes y positivos para mantenerlos comprometidos y con buen

Una guía imprescindible para los amantes de los perros

Capítulo 10

comportamiento. La socialización temprana es crucial para ayudarlos a convertirse en perros amigables y completos. Los perros de agua portugueses forman vínculos profundos con sus familias y son conocidos por su lealtad y naturaleza protectora. Generalmente se llevan bien con los niños y pueden adaptarse bien a entornos familiares. Sin embargo, pueden desconfiar de los extraños, por lo que la socialización temprana es esencial para garantizar que se sientan cómodos en diversas situaciones sociales. Esta raza es enérgica y requiere ejercicio regular para estimularlos física y mentalmente. Las caminatas diarias, las sesiones de juego interactivo y los desafíos mentales son necesarios para prevenir el aburrimiento y mantener el bienestar general. El pelaje exclusivo del Perro de Agua Portugués requiere un aseo, un cepillado y un recorte profesional ocasional. Con su inteligencia, encanto y naturaleza amante del agua, los perros de agua portugueses son compañeros fantásticos para personas y familias activas que pueden brindarles la atención, el ejercicio y la estimulación mental que necesitan para prosperar.

Doguillo son perros encantadores y cariñosos conocidos por su cara arrugada distintiva y su cola rizada. Si bien pueden ser juguetones y extrovertidos, los Pugs también pueden ser propensos a la ansiedad en determinadas situaciones. Los signos de ansiedad en los Pugs pueden incluir jadeos excesivos, caminar de un lado a otro o buscar tranquilidad constante. Sus compañeros humanos necesitan comprender y abordar su ansiedad para ayudarlos a sentirse tranquilos y seguros. Los ejercicios regulares, como caminatas cortas o juegos interactivos, pueden ayudar a los Pugs a liberar la energía reprimida y promover una sensación de bienestar. La estimulación mental a través de juguetes tipo rompecabezas o ejercicios de entrenamiento también puede mantener la mente ocupada y reducir la ansiedad. Crear una rutina constante y brindar un ambiente cómodo y seguro puede ayudar a aliviar sus preocupaciones. Los métodos de entrenamiento de refuerzo positivo, que utilizan recompensas y elogios, son eficaces para los Pugs, ya que responden bien a enfoques amables y alentadores. Ofrecerles un espacio tranquilo y acogedor para relajarse, junto con aromas relajantes o música relajante, puede ayudar a aliviar su ansiedad. Los Pugs pueden superar su ansiedad y disfrutar de una vida feliz y plena con amor, paciencia y un entorno de apoyo.

rottweilers Son perros poderosos y leales conocidos por su naturaleza protectora y sus fuertes instintos de guardia. Si bien a menudo son confiados y seguros de sí mismos, los Rottweilers también pueden ser susceptibles a la ansiedad, que se manifiesta en ladridos excesivos, agresión o comportamiento destructivo. Pueden ser propensos a la ansiedad por separación y volverse sobreprotectores con su familia. Para ayudar a reducir su ansiedad, es esencial brindarles a los Rottweilers una socialización temprana con diversas personas, animales y entornos. Las técnicas de entrenamiento de refuerzo positivo que se centran en métodos basados en recompensas pueden ayudar a desarrollar su confianza y reforzar los comportamientos deseados. El ejercicio físico y mental es fundamental para que los Rottweilers quemen el exceso de energía y mantengan un estado de ánimo saludable. Involucrarlos en juegos interactivos, entrenamiento de obediencia y tareas desafiantes puede ayudar a estimular sus mentes y aliviar la ansiedad. Crear un ambiente tranquilo y estructurado con rutinas consistentes puede darles a los Rottweilers una sensación de seguridad. Con un manejo paciente y comprensivo, junto con el entrenamiento y la socialización adecuados, los Rottweilers pueden aprender a controlar su ansiedad y prosperar como compañeros equilibrados y seguros.

Shiba Inu Son perros pequeños y enérgicos conocidos por su naturaleza independiente y segura. Si bien generalmente son una raza tranquila y reservada, Shiba Inu puede ser propenso a la ansiedad en determinadas situaciones. Los signos de ansiedad en Shiba Inu pueden incluir ladridos excesivos, comportamiento destructivo o retraimiento. Para ayudar a controlar su ansiedad, es importante brindarles una rutina estructurada y un entrenamiento constante. Las técnicas de refuerzo positivo funcionan bien con Shiba Inu, ya que responden mejor a las recompensas y elogios. El ejercicio regular y la estimulación mental son cruciales para mantener sus mentes activas y prevenir el aburrimiento, que puede contribuir a la ansiedad. Crear un ambiente tranquilo y seguro, con un espacio seguro designado al que retirarse, puede ayudar a aliviar su ansiedad. La gentil tranquilidad y el consuelo de sus compañeros

Una guía imprescindible para los amantes de los perros

Capítulo 10

humanos durante situaciones estresantes también pueden marcar una diferencia significativa. Con una atención paciente y comprensiva, Shiba Inu puede aprender a superar su ansiedad y prosperar como un compañero feliz y bien adaptado.

Shih Tzu son perros pequeños y cariñosos conocidos por sus personalidades juguetonas y extrovertidas. Si bien generalmente son amigables y adaptables, los Shih Tzus pueden ser propensos a la ansiedad en ciertas situaciones. Los signos de ansiedad en Shih Tzu pueden incluir ladridos excesivos, temblores o comportamiento pegajoso. Para ayudar a controlar su ansiedad, es importante brindarles un ambiente tranquilo y estructurado. Crear una rutina diaria constante y un espacio seguro designado para ellos puede ayudar a aliviar su ansiedad y brindarles una sensación de seguridad. Con recompensas y una guía amable, los métodos de entrenamiento de refuerzo positivo funcionan mejor con Shih Tzus para desarrollar su confianza y reforzar el buen comportamiento. El ejercicio regular, tanto físico como mental, es fundamental para ayudarles a quemar el exceso de energía y mantener la mente estimulada. La tranquilidad y el consuelo amables de sus compañeros humanos durante situaciones estresantes también pueden ayudar a calmar su ansiedad. Los Shih Tzu pueden aprender a controlar su ansiedad y disfrutar de una vida feliz y equilibrada con un cuidado paciente y amoroso.

Huskies siberianos Son perros enérgicos y sociales conocidos por su apariencia llamativa y sus sólidas habilidades para tirar de trineos. Si bien generalmente son amigables y extrovertidos, los huskies siberianos pueden ser propensos a ciertos problemas de comportamiento, incluida la ansiedad por separación. Cuando se los deja solos durante períodos prolongados, pueden mostrar signos de ansiedad, como ladridos excesivos, comportamientos destructivos o intentos de escapar. Para ayudar a controlar su ansiedad, es fundamental

Explora el Lado Oscuro de la Vida de los Perros

proporcionarles ejercicio regular, ya que los Huskies tienen altos niveles de energía y requieren mucha actividad física. La estimulación mental es igualmente importante, ya que los perros inteligentes prosperan con tareas y desafíos interesantes. Desarrollar una rutina constante, que incluya sesiones de entrenamiento estructuradas y tiempo de juego interactivo, puede ayudar a aliviar su ansiedad y brindarles una sensación de estabilidad.

Además, entrenarlos en jaulas y crear un espacio seguro y cómodo parecido a una guarida puede ofrecerles un refugio seguro. Entrenamiento de refuerzo positivo Técnicas como recompensar el buen comportamiento y proporcionar enriquecimiento mental controlan eficazmente su ansiedad. Con el cuidado, la atención y un entorno amorosos adecuados, los huskies siberianos pueden llevar una vida plena y formar vínculos fuertes con sus compañeros humanos.

Los Staffordshire Bull Terriers, a menudo denominados Staffie, son perros amigables y afectuosos conocidos por su constitución musculosa y su naturaleza enérgica. Aunque generalmente es sociable y de buen carácter, Staffie puede ser propenso a ciertos problemas de comportamiento, incluida la ansiedad por separación. Cuando se los deja solos durante períodos prolongados, pueden mostrar signos de ansiedad, como ladridos excesivos, comportamientos destructivos o intentos de escapar. Para ayudar a controlar su ansiedad, es fundamental proporcionarles ejercicio regular y estimulación mental. Las caminatas diarias, el tiempo de juego y los juguetes interactivos pueden ayudar a quemar el exceso de energía y mantener la mente ocupada. Establecer una rutina constante y brindarles un espacio seguro y cómodo puede ayudar a aliviar su ansiedad y brindarles una sensación de seguridad. Los métodos de entrenamiento de refuerzo positivo, que utilizan recompensas y elogios, les enseñan eficazmente un buen comportamiento y desarrollan su confianza. Con el cuidado adecuado, la socialización y un ambiente amoroso, los Staffordshire Bull Terriers pueden prosperar y formar vínculos fuertes con sus familias humanas.

Una guía imprescindible para los amantes de los perros

Capítulo 10

Volpino Italiano Es una raza encantadora y vivaz con una rica herencia originaria de Italia. Conocida por su tamaño pequeño y pelaje esponjoso, esta raza captura corazones con su apariencia adorable y personalidad encantadora. El Volpino Italiano tiene una doble capa gruesa que viene en varios colores, brindando protección y contribuyendo a su apariencia encantadora. Es un perro de compañía de principio a fin, que forma fuertes vínculos con su familia y, a menudo, muestra un carácter leal y afectuoso. A pesar de su pequeña estatura, el Volpino Italiano es enérgico y vivaz, siempre listo para el juego y la aventura. Esta raza es conocida por suInteligencia, agilidad y capacidad de aprendizaje rápido. Disfruta de la estimulación mental y sobresale en actividades como entrenamiento de obediencia, cursos de agilidad y juegos interactivos. La socialización temprana es importante para garantizar que Volpino Italiano crezca y se vuelva integral y adaptable. Aunque son pequeños, pueden ser asertivos y mostrar un instinto protector hacia sus seres queridos. El ejercicio regular en forma de caminatas, sesiones de juego y desafíos mentales es esencial para mantenerlos estimulados física y mentalmente. Si bien sus pelajes esponjosos requieren un cepillado regular para evitar que se enreden y mantener su belleza, se les considera una raza que pierde poco pelo, lo que los hace adecuados para personas con alergias. El Volpino Italiano es un compañero encantador que aporta alegría y cariño a su familia. Su naturaleza vivaz, inteligencia y apariencia cautivadora las convierten en mascotas maravillosas para personas y familias que buscan un compañero canino devoto y enérgico.

Springer Spaniel Galés Es una raza encantadora y versátil con una rica historia arraigada en Gales. Con su pelaje distintivo y su naturaleza amigable, capturan los corazones de los amantes de los perros en todo el mundo. Los Springer Spaniel galeses tienen una constitución de tamaño mediano y bien equilibrada que les permite sobresalir en diversas actividades. Su sedoso pelaje rojo y blanco no solo es visualmente atractivo sino que también brinda protección contra los elementos. Esta raza es conocida por sus excepcionales habilidades de caza, particularmente para cazar y recuperar animales. Con su agudo sentido del olfato e instintos naturales, prosperan en tareas que requieren detección de olores. Los Springer Spaniel galeses son inteligentes y están ansiosos por complacer, lo que los hace altamente entrenables y receptivos a los métodos de refuerzo positivo. Son versátiles en sus habilidades y pueden participar en diversos deportes caninos como la obediencia, la agilidad y el rastreo. Su carácter amigable y afectuoso los convierte en excelentes compañeros y perros de familia. Forman fuertes vínculos con su familia humana y, a menudo, son buenos con los niños y otras mascotas. El ejercicio regular es importante para mantener al Springer Spaniel galés estimulado física y mentalmente. Disfrutan de actividades como caminatas rápidas, trotar y sesiones de juego interactivo. Su pelaje requiere un cuidado regular para mantenerlo limpio y sin enredos. Con su temperamento cariñoso, inteligencia y naturaleza enérgica, el Springer Spaniel Galés es ideal para personas o familias activas que buscan un compañero leal y devoto.

Los Yorkshire Terriers, o **Yorkies**, son perros pequeños y enérgicos conocidos por sus pelajes glamorosos y personalidades seguras. A pesar de su pequeño tamaño, en ocasiones pueden presentar signos de ansiedad. Los Yorkies pueden experimentar ansiedad por separación cuando se los deja solos durante períodos prolongados, lo que lleva a comportamientos como ladridos excesivos, masticación destructiva o inquietud. Para ayudar a controlar su ansiedad, sus compañeros humanos necesitan crear un entorno seguro. El ejercicio regular y la estimulación mental son esenciales para mantener la mente y el cuerpo activos. Proporcionarles juguetes interactivos y juegos de rompecabezas puede ayudar a aliviar la ansiedad y mantenerlos interesados. Establecer una rutina diaria constante y establecer límites claros también puede darles una sensación de estructura y seguridad. Las técnicas de entrenamiento de refuerzo positivo, que utilizan recompensas y elogios, les enseñan eficazmente un buen comportamiento y aumentan su confianza. Con amor, paciencia y un enfoque tranquilo, los Yorkshire Terriers pueden superar su ansiedad y prosperar en un ambiente hogareño amoroso.

Capítulo 11

Siesta y camina para estar atento

Woof Woof! Primero que nada, tengo algunas noticias interesantes para ti! En el capítulo 17 de nuestro excelente libro, agregué una tabla completa sobre cómo tomar una siesta y caminar. Es una práctica guía de referencia que le ayudará a comprender las necesidades específicas de siestas y paseos de 40 razas de perros populares. ¿No es eso asombroso?

Siestas: Ah, la belleza de una buena siesta! Al igual que tú, los perros también necesitamos un sueño reparador. La cantidad de sueño que necesitamos puede variar de una raza a otra, pero nos gusta dormir entre 12 y 14 horas al día. Puede parecer mucho, pero debemos recargar las pilas y mantenernos sanos y felices. Por lo tanto, proporciónenos lugares acogedores y cómodos para acurrucarnos y dejarnos llevar por la tierra de los sueños. Zzz's. Por favor, no nos molestes cuando estemos durmiendo una maravillosa siesta. Es nuestro precioso tiempo de inactividad!

En esa tabla, encontrará información importante sobre cuántas horas normalmente necesita dormir cada raza y cuánto ejercicio requieren durante las caminatas. También descubrirá si estas razas se adaptan más a un estilo de vida interior o exterior. Esto comprenderá mejor sus necesidades únicas y le ayudará a planificar su rutina diaria en consecuencia.

Camina: Ah, la alegría de salir a caminar con nuestros compañeros humanos! Caminar no es sólo una actividad física para nosotros; es una oportunidad para explorar, vincular y activar nuestros sentidos. La duración e intensidad de nuestros paseos puede variar dependiendo de nuestra raza, edad y niveles de energía. Para algunos de nosotros, un paseo tranquilo alrededor de la manzana es suficiente, mientras que otros pueden necesitar una caminata más vigorosa o incluso correr para quemar el exceso de energía. Los paseos regulares son importantes para nuestro bienestar físico y mental, ya que nos brindan ejercicio, estimulación mental y la oportunidad de socializar con otros perros

Explora el Lado Oscuro de la Vida de los Perros

Siesta y camina para estar atento

yhumanos. Entonces, toma esa correa, ponte tus zapatos para caminar y embarquémonos juntos en una aventura!

Pero espera hay mas! La tabla también cubre el aspecto del ejercicio, específicamente caminar. Revela la duración y frecuencia recomendadas de los paseos para cada raza, lo que garantiza que obtengamos la actividad física y la estimulación mental que necesitamos para mantenernos sanos y felices. Ya sea un paseo tranquilo o una caminata enérgica, tendrás toda la información que necesitas para mantener la cola moviéndose durante nuestras caminatas.

Recuerden, queridos humanos, que es importante considerar nuestras necesidades individuales cuando se trata de tomar una siesta y caminar. Algunas razas pueden necesitar más o menos sueño y nuestras necesidades de ejercicio también pueden variar. Por lo tanto, tómate el tiempo para comprender las características de la raza de tu amigo peludo, consulta con tu veterinario si es necesario y crea una rutina que se adapte a nuestras necesidades específicas. Y lo más
importante, disfrutad estos momentos juntos! Dormir y caminar no son sólo rituales diarios para nosotros; son oportunidades para que fortalezcamos nuestro vínculo, exploremos el mundo y creemos recuerdos preciados que durarán toda la vida.

Por último, la tabla le ayuda a comprender si una raza en particular se adapta mejor a un estilo de vida interior o exterior. Algunas razas prosperan en el interior, mientras que a otras les encanta explorar el aire libre. Saber esto le ayudará a crear un espacio habitable que satisfaga mejor nuestras necesidades y nos mantenga cómodos y contentos.

Entonces, mis queridos humanos, pasen al capítulo 17 y sumérjanse en el maravilloso mundo de tomar una siesta y caminar. Utilice la tabla como un recurso valioso para comprender las necesidades específicas de su amigo peludo, adaptar sus rutinas de siesta y caminata en consecuencia y brindarle una vida llena de alegría, descanso y aventura. Consulte **40 razas populares para tomar siestas, caminar y perfil dentro y fuera** .

Una guía imprescindible para los amantes de los perros

Capítulo 12

Cachorro Ansioso Mundo

Mi recuerdo de la época del cachorro

Woof, mi querido amigo humano! Recordar los días en que era solo un cachorrito pequeño y esponjoso, trajo una mezcla de emociones a mi corazón peludo. Esos días estuvieron llenos de alegría y ansiedad mientras me embarcaba en un nuevo capítulo de la vida lejos de mi amada madre y mis compañeros de camada.

Cuando llegó el momento de dejar a mi mamá, me invadió una mezcla de emoción y miedo. Sentía curiosidad por el mundo que me esperaba, pero en el fondo había una sensación de inseguridad e incertidumbre. Estar separada del confort y la calidez de la presencia de mi madre fue una experiencia desalentadora.

En aquellos primeros días, a menudo me sentía ansiosa y abrumada. El entorno desconocido, la ausencia de la presencia tranquilizadora de mi madre y los rostros nuevos a mi alrededor intensificaron mis preocupaciones. El mundo parecía grande e intimidante y anhelaba tranquilidad y un sentido de pertenencia. Pero entonces sucedió algo extraordinario. Mis queridos dueños llegaron a mi vida. Su presencia cálida y acogedora, su toque gentil y su corazón amoroso fueron como un faro de luz en esos momentos oscuros. Entendieron que necesitaba tiempo para adaptarme y que mis ansiedades requerirían paciencia y comprensión.

Crearon un ambiente seguro y reconfortante para mí, lleno de mantas suaves, camas acogedoras y juguetes que se convirtieron en mi fuente de consuelo. Me colmaron de amor, atención y palabras amables que ayudaron a aliviar mis miedos. Sus rutinas consistentes y horarios predecibles me brindaron una sensación de seguridad que necesitaba desesperadamente. Durante esos días oscuros cuando mis ansiedades parecían abrumadoras, ellos me ofrecieron un oído atento y un regazo reconfortante. Reconocieron mis necesidades individuales y trabajaron conmigo, paso a paso, para superar mis miedos. Poco a poco me fueron introduciendo en nuevas experiencias, siempre respetando mi ritmo y mis límites.

Explora el Lado Oscuro de la Vida de los Perros

Pero no fueron sólo los días oscuros los que definieron nuestro viaje juntos. También hubo innumerables días brillantes llenos de risas, juegos y un vínculo inquebrantable. Con su paciente orientación y refuerzo positivo, aprendí a abrazar con confianza el mundo que me rodea. Su amor y apoyo inquebrantable me ayudaron a convertirme en un perro feliz y seguro de sí mismo. Enfrentamos desafíos y celebramos triunfos juntos, y nuestro vínculo se fortaleció a través de todo esto. Me enseñaron que todo es posible con amor, comprensión y una pizca de golosinas para cachorros. Mientras recuerdo mi infancia como cachorro,  agradezco el día en que entraron en mi vida. Vieron más allá de mis ansiedades y creyeron en mí. Me proporcionaron un hogar amoroso y acogedor donde pude prosperar. Su calidez y cuidado transformaron mis miedos en coraje y estaré eternamente agradecido por ello.

Entonces, mi querido amigo humano, valoremos cada momento juntos, tanto los días oscuros como los brillantes. A pesar de todo, continuaremos navegando por este hermoso viaje de la vida, uno al lado del otro, moviendo la cola y con corazones llenos de amor ilimitado.

Capítulo 12

De cachorro a perro adulto

Woof! Ahora, déjame llevarte en un viaje por las diferentes etapas de la vida de un cachorro, desde mi perspectiva de perro:

1. **Etapa del recién nacido:** Ah, esos eran los días en los que yo era solo una pequeña bola de pelo, acurrucada cerca de mi mamá y mis hermanos. Confié en ella para todo: leche, calor y sensación de seguridad. Fue un momento acogedor y seguro.

2. **Etapa neonatal:** Cuando mis ojos y oídos comenzaron a abrirse, comencé a descubrir un mundo completamente nuevo a mi alrededor. Al principio fue un poco abrumador, pero cada día que pasaba, sentía más curiosidad y ganas de explorar.

3. **Etapa de transición:** Me tambaleé sobre mis pequeñas piernas para seguir el ritmo de mis hermanos. Comencé a desarrollar mis sentidos y a conocer los diferentes olores y sonidos de mi entorno. Fue una época emocionante de crecimiento y descubrimiento.

4. **Etapa de socialización:** Esta etapa fue increíblemente importante para mí. Conocí mucha gente nueva y amigos peludos y experimenté diferentes imágenes y sonidos. Me ayudó a convertirme en el cachorro amigable y sociable que soy hoy.

5. **Etapa de destete:** Ah, el sabor de la comida sólida! Fue un gran paso para mí cuando pasé de depender únicamente de la leche de mamá a explorar una variedad de delicias deliciosas. Descubrí nuevos sabores y texturas, que hicieron de la hora de comer toda una aventura.

6. **Etapa Juvenil:** Vaya, esta etapa estuvo llena de energía y picardía! Tenía una curiosidad ilimitada y no pude resistirme a explorar todo lo que estaba a la vista. Aprendí los conceptos básicos del entrenamiento, jugué muchos juegos y descubrí mi personalidad única.

7. **Etapa adolescente:** Esta etapa tuvo sus altibajos. Tuve arrebatos de independencia y, a veces, probé los límites. Las hormonas estaban a tope y pasé por algunos cambios. Afortunadamente, con la paciente guía de mis humanos, navegué por esta fase con amor y apoyo.

Explora el Lado Oscuro de la Vida de los Perros

Cachorro Ansioso Mundo

8. **Etapa de adulto joven:** Ah, la etapa de madurez! Me instalé en mi yo adulto, tanto física como mentalmente. Me volví más confiado y experimentado. La vida se convirtió en un equilibrio entre alegría y responsabilidad.

9. **Etapa adulta:** Ahora ya soy mayor! He alcanzado mi máximo potencial y disfruté del mejor momento de mi vida. Todavía tengo mucha energía y me encanta dar, pero también aprecio una buena siesta y un lugar acogedor y relajante.

Cada etapa trajo su propio conjunto de aventuras, desafíos y crecimiento. Y a pesar de todo, mis humanos estuvieron ahí, guiándome, cuidándome y brindándome todo el amor y el cuidado que necesitaba para convertirme en el maravilloso perro que soy hoy. Woof! Por favor, haz lo mismo con tu amado cachorro hasta la etapa adulta.

Nuevo cachorro, consejos de cachorro a humano

Woof! Entonces, has decidido traer un cachorro a tu vida. Bueno, déjame darte algunos consejos de cachorro a humano sobre lo que debes saber para asegurar un excelente comienzo para ambos. Aquí vamos:

1. **Compromiso:** Traer un cachorro a casa significa comprometerse con su bienestar durante muchos años. Necesitan tu tiempo, atención y amor, así que prepárate para una amistad peluda para toda la vida.

2. **A prueba de cachorros:** Los cachorros son pequeñas criaturas curiosas a las que les encanta explorar con la boca. Asegúrese de que su hogar sea a prueba de cachorros eliminando cualquier peligro potencial o tentación masticable. Esté atento a cables eléctricos, plantas tóxicas y objetos pequeños que puedan tragarse.

3. **Socialización:** La socialización temprana es clave para ayudar a su cachorro a convertirse en un perro seguro y bien adaptado. Presénteles nuevas personas, animales y entornos de forma positiva y controlada. Esto les ayudará a desarrollar buenos modales y evitar la ansiedad en situaciones desconocidas.

4. **Entrenamiento y Disciplina:** Empieza a entrenar a tu cachorro desde el momento en que llega. Enséñeles órdenes básicas, adiestramiento en la casa y comportamiento adecuado utilizando refuerzo positivo. Los obsequios, los elogios y la coherencia harán maravillas. Recuerde, una pata suave es mucho mejor que una palabra dura.

5. **Salud y Bienestar:** Programe una visita al veterinario para asegurarse de que su cachorro esté sano y al día con sus vacunas. Establece un horario de alimentación

Una guía imprescindible para los amantes de los perros

Capítulo 12

regular con una dieta nutritiva adecuada a su edad y raza. El cuidado, incluido el cepillado del pelaje y los dientes, hace que se vean y se sientan lo mejor posible.

6. **Ejercicio y estimulación:** Los cachorros tienen energía durante días! Asegúrese de proporcionarles mucho ejercicio y estimulación mental . Las caminatas diarias, el tiempo de juego y los juguetes o juegos interactivos los mantendrán felices y evitarán que se aburran o se vuelvan traviesos.

7. **Paciencia y Amor:** Su cachorro todavía está aprendiendo y adaptándose a su nuevo entorno . Tenga paciencia con ellos mientras navegan por este gran mundo. Muéstrales mucho amor, atención y afecto para construir un vínculo fuerte basado en la confianza y el refuerzo positivo.

8. **Recursos para el cuidado de cachorros:** Existe todo un mundo de recursos útiles para el cuidado de cachorros. Los libros, los sitios web y las clases locales de adiestramiento de cachorros pueden brindarle orientación valiosa sobre todo, desde los cuidados básicos hasta el comportamiento y las técnicas de adiestramiento. Busque estos recursos que le ayudarán en su proceso de crianza de cachorros.

Tener en cuenta estos puntos y crear un ambiente amoroso y de apoyo ayudará a que su cachorro se convierta en un perro feliz y completo. Disfruta de cada precioso momento y atesora los increíbles recuerdos que crearán juntos! Woof!

Desafíos y soluciones para cachorros

Lo primero es lo primero, el allanamiento de morada puede ser un desafío difícil. Los cachorros necesitan aprender dónde hacer sus necesidades. Cree una rutina constante para las pausas para ir al baño, felicítelo y déle golosinas cuando vaya al lugar correcto y tenga paciencia. Los accidentes ocurren, pero se darán cuenta con el tiempo y el refuerzo positivo.

Masticar y morder puede hacerte decir ay ! A los cachorros les encanta explorar con la boca, lo que significa que pueden morder tus zapatos o mordisquearte los dedos. Dales muchos juguetes para masticar y redirige su atención cuando empiecen a roer tus cosas favoritas. Enseñarles a morder con inhibición y recompensar el juego suave les ayudará a comprender qué es apropiado.

Explora el Lado Oscuro de la Vida de los Perros

Cachorro Ansioso Mundo

La socialización a veces es incómoda! Presente a su cachorro nuevas personas, animales y entornos de forma gradual y con muchas experiencias positivas. Las clases de socialización para cachorros son útiles para conocer a otros amigos peludos y aprender a tener confianza en situaciones nuevas. Les ayudará a convertirse en un doggo completo!

El entrenamiento requiere tiempo y golosinas. Sea constante y utilice métodos de refuerzo positivo. Los obsequios, los elogios y las recompensas les ayudarán a comprender lo que usted quiere que hagan. Si necesita ayuda adicional, las clases de adiestramiento de cachorros son una opción interesante. Ellos te guiarán a ti y a tu cachorro por el camino correcto.

La ansiedad por separación puede ser un desafío aullante. Estar separados de sus compañeros de camada y de su madre puede hacerlos sentir ansiosos. Empiece por dejarlos solos por períodos cortos y aumente gradualmente el tiempo. Cree un espacio acogedor para ellos, déjeles juguetes interactivos para mantenerlos ocupados y pruebe con música relajante o difusores de feromonas para ayudarlos a relajarse.

también puede ser un poco **desagradable** . A los cachorros les encanta masticar cuando les crecen los dientes. Proporcióneles juguetes para la dentición adecuados para calmar sus encías. Mantenga los artículos valiosos o peligrosos fuera de su alcance y asegúrese de que su hogar sea a prueba de cachorros. No podemos resistirnos a un buen masticado, ya sabes!

Energía, energía, energía! Los cachorros tienen mucho. Necesitan ejercicio diario y estimulación mental para mantenerse felices y comportarse bien. Llévelos a caminar, juegue y déles rompecabezas para mantener su mente alerta. Un cachorro cansado es un buen cachorro!

Recuerde, la paciencia y la constancia son las claves del éxito. Criar un cachorro requiere tiempo y esfuerzo, pero las recompensas son increíbles. Establezca límites claros, recompense el buen comportamiento y evite castigos severos. Busque orientación profesional si es necesario, ya que ellos pueden brindarle asesoramiento personalizado.

Así que prepárate para muchos abrazos, besos babosos y movimientos interminables de la cola. Tu nuevo amigo peludo traerá mucha alegría a tu vida. Sólo recuerda, no estás solo en este viaje. Póngase en contacto con otros amantes de los perros, entrenadores o veterinarios si necesita ayuda . Disfrute de los días de cachorro y aprecie cada momento de risa. Woof Woof!

 Una guía imprescindible para los amantes de los perros

Capítulo 12

Woof! También tengo noticias interesantes que compartir sobre el capítulo 17 de mi libro! En este capítulo, agregué una tabla especial e increíblemente útil repleta de información valiosa que todo dueño de un cachorro debería conocer. Encontrará un desglose detallado del crecimiento y desarrollo de su adorable cachorro desde la semana 1 hasta la edad adulta. Cada fila de la tabla representa un rango de edad diferente, desde esas preciosas primeras semanas hasta las etapas más maduras de la etapa de cachorro. Descubrirá información clave sobre el desarrollo físico y conductual de su cachorro en la tabla. Es fascinante ver cómo sus diminutos cuerpos se transforman y sus personalidades empiezan a brillar.

Pero eso no es todo! Cubre aspectos esenciales del cuidado de un cachorro, como el cuidado de la salud, los horarios de alimentación, el entrenamiento para ir al baño, la socialización, etc. Sirve como una hoja de ruta útil para garantizar que estás brindando la mejor atención y apoyo posibles a tu compañero peludo.

Recuerde, cada cachorro es único y puede progresar a su propio ritmo, pero esta tabla le brindará una descripción general de qué esperar durante cada etapa de la vida de su cachorro. Es un recurso valioso que puede ayudarle a navegar a través de las alegrías y desafíos de criar un cachorro. Siempre <u>consulte con su veterinario para conocer los calendarios de vacunación específicos y las recomendaciones dietéticas adaptadas a la raza, el tamaño y los requisitos de salud de su cachorro</u>.

Entonces, asegúrate de pasar al Capítulo 17 y echar un vistazo a la **tabla de desarrollo de las etapas de vida del cachorro.** Feliz lectura y disfruta viendo crecer y prosperar a tu amigo peludo! Woof!

Cachorro Ansioso Mundo

 Una guía imprescindible para los amantes de los perros

Capítulo 13

Por último, pero no menos importante

Woof! Hemos llegado al final de nuestra increíble aventura, mis increíbles amigos humanos. Juntos, hemos profundizado en el misterioso mundo de la ansiedad de los perros, desentrañado sus secretos y olfateado formas de traer más alegría y paz a nuestras vidas.

Hemos aprendido a hablar el lenguaje de la ansiedad, leyendo las señales de los demás como un jefe. Tenemos información privilegiada desde las señales reveladoras que emitimos cuando estamos ansiosos hasta los síntomas físicos que hacen que nuestra cola se doble y nuestro corazón se acelere.

Hemos olfateado las causas fundamentales, como la ansiedad por separación cuando nos dejas solos y las fobias al ruido que nos convierten en bolas de pelo temblorosas durante las tormentas y los fuegos artificiales. Y no nos olvidemos de la ansiedad social, donde aprendemos a hacer amigos y a vencer nuestros miedos como los valientes cachorros que somos.

Pero no se preocupen, mis leales humanos, también hemos descubierto los secretos para crear una zona de relajación adecuada para un perro. Hemos aprendido cómo el entrenamiento de refuerzo positivo puede aumentar nuestra confianza y crear un vínculo más estrecho que el nudo de una pelota de tenis. Y hemos visto que la constancia es clave, con rutinas que nos brinden comodidad y estabilidad.

Y, vaya, hemos desatado algunos productos que hacen que nuestra ansiedad pase a un segundo plano. Desde cómodas Camisas del trueno que nos envuelven en un acogedor abrazo hasta juguetes interactivos que nos mantienen entretenidos y distraídos, tenemos las herramientas para conquistar esos momentos de preocupación.

A veces es posible que necesitemos ayuda adicional, y ahí es donde los medicamentos y el apoyo profesional de conductistas y entrenadores pueden salvar el día. Son como los superhéroes del mundo de los perros, y se abalanzan para ayudarnos cuando más lo necesitamos.

Explora el Lado Oscuro de la Vida de los Perros

Por último, pero no menos importante

Pero aquí está la primicia, mis increíbles humanos: este viaje no se trata solo de nosotros. Se trata de ti también! Cuídense mucho, encuentren su equilibrio y no duden en pedirapoyo cuando sea necesario. Cuando estés en tu mejor momento, podrás brindarnos el amor y el cuidado que hace que nuestras colas se muevan como locas.

Recuerde, este libro sirve como guía, un trampolín hacia una vida más feliz y equilibrada. Cada perro es único y es esencial adaptar las estrategias y técnicas a mis necesidades individuales. <u>Consultar con profesionales, adaptar y modificar las sugerencias para crear un plan personalizado que apoye mejor mi bienestar.</u>

¿Recuerdas la cara ansiosa que tenía en el **Prefacio** cuando comencé a escribir este libro? Bueno, ahora mira mi cara feliz después de haber leído mis palabras. Tu comprensión y compromiso significan mucho para mí, y confío aún más en ti para que siempre me cuides. Gracias por profundizar en las profundidades de la ansiedad de los perros y aprender cómo brindarnos una vida más tranquila y feliz a mí y a mis amigos peludos. Desde el fondo de mi corazón, gracias por ser el compañero humano que necesito y merezco.

Woof Woof! Estoy moviendo la cola con anticipación y ladrando de emoción mientras los invito a compartir conmigo sus comentarios, historias conmovedoras y notas útiles. Me encantaría saber de usted y conocer sus experiencias con mi libro. Entonces, toma ese teclado, escribe y envía tus Woof a mi dirección de correo electrónico. Juntos, podemos marcar la diferencia y crear una comunidad innovadora que apoye a los perros en todas partes. Gracias por ser parte de esta aventura de mover la cola!

No dudes en comunicarte con nosotros si tienes una historia de éxito para compartir, una pregunta que te ha estado molestando o simplemente quieres colmarme con un poco de amor para frotar la barriga. Tus Woof significan mucho para mí! Una vez más, mantente en contacto para ayudar a mis amigos perros!

worriestowags@gmail.com

Esta dirección de correo electrónico es un buzón común, donde se juntan todas las traducciones. Simplemente agregue un prefijo de idioma en su asunto para que pueda responder más rápido. Es como un regalo para mi ansiedad. Gracias por facilitar nuestra comunicación! A continuación se explica cómo escribir el asunto de su correo electrónico:

 Una guía imprescindible para los amantes de los perros

Ejemplo de tema	Para idioma
SP- Asunto de tu correo electrónico	Español
FR- El asunto de tu correo electrónico	Francés.
IT- El asunto de tu correo electrónico	Italiano.
GR- El asunto de tu correo electrónico	Alemán.
DU- El asunto de tu correo electrónico	Holandés.
JP- El asunto de tu correo electrónico	Japonés.
CN- El asunto de tu correo electrónico	Chino.

También puedes encontrarme en **Instagram**, sígueme en **"Worries to Wags"** para disfrutar de una experiencia fantástica llena de imágenes adorables, aventuras apasionantes y consejos útiles para una vida feliz y saludable con tus compañeros peludos. Embarquemos juntos en esta amistad peluda, donde podremos compartir nuestro amor por las cosas relacionadas con los perros. Lo encontrarás todo en un solo lugar, ya sean videos divertidos, historias conmovedoras o trucos de entrenamiento. Además, obtendrás adelantos de mis aventuras diarias y el detrás de escena de mis próximos proyectos. Utilice el código QR; De lo contrario, aquí está el enlace completo:

@WORRIES_TO_WAGS

https://instagram.com/worries_to_wags?igshid=OGQ5ZDc2ODk2ZA==

Entonces, toma a tus humanos, toca el botón **Seguir** y únete al grupo. Juntos, crearemos una comunidad de amantes de los perros que celebran la alegría, el compañerismo y el amor incondicional que nuestros amigos de cuatro patas traen a nuestras vidas.

Querido amigo humano, al concluir esta aventura de menear la cola, recuerda que nuestro viaje juntos está lleno de amor, confianza y comprensión ilimitados. Con su apoyo inquebrantable, podemos afrontar nuestra ansiedad con valentía y encontrar consuelo en la calidez de nuestros momentos compartidos.

Sujeta la correa, hay más por explorar! Hojea esas páginas y descubre detalles sobre 40 razas populares, mis amigos peludos y un tesoro de información esperándote.

En nombre de todos los amigos de mis otras razas, gracias por ser el compañero perfecto en este viaje de transformación.

Con una lamida grande y babosa y mucho amor de perro,
Príncipe
(Prince)

Explora el Lado Oscuro de la Vida de los Perros

116   **Por último, pero no menos importante**

 Una guía imprescindible para los amantes de los perros

Capítulo 14

De las preocupaciones a las movidas de cola

Detalle de cada raza, la página explicativa de tu perro

Woof Woof! Hola, mi querido amigo humano! Tengo algunas noticias interesantes que compartir. En las próximas páginas, mis increíbles amigos perritos serán el centro de atención para contarte sobre ellos mismos. Prepárate para sumergirte en un mundo de cuentos de colas y aventuras llenas de cachorros!

Verás, cada raza tiene sus propias características únicas que nos hacen especiales. Desde cómo nos comunicamos hasta nuestra fascinante historia e incluso las cosas que nos ponen ansiosos, somos un grupo diverso con mucho que compartir. Ladraremos sobre por qué algunas razas tienen sonidos diferentes, cómo nuestro origen genético influye en nuestros comportamientos y qué condiciones de vida se adaptan mejor a nosotros.

Ya sea el leal y adorable Labrador Retriever, el inteligente y majestuoso pastor alemán, el juguetón y enérgico Golden Retriever o el encantador y arrugado Bulldog, cada raza tiene su propia historia. Desde el pequeño chihuahua hasta el majestuoso gran danés, compartiremos nuestras experiencias, preferencias y lo que nos hace únicos.

Algunos de nosotros podemos tener ansiedades específicas que necesitan comprensión y apoyo. Moveremos la cola mientras hablamos sobre lo que nos pone nerviosos y cómo nuestros amorosos compañeros humanos pueden ayudar a aliviar nuestras preocupaciones. También le contaremos los secretos de nuestras actividades favoritas, la cantidad de horas de sueño que necesitamos y si nos desempeñamos bien en interiores o exteriores.

Entonces, toma un lugar acogedor en el sofá, prepárate para acurrucarte con tu amigo peludo (ese soy yo!) y pasa la página para embarcarte en un encantador viaje por el mundo de los perros. Mis compañeros caninos compartirán sus historias, ideas y experiencias, como si te hablaran directamente desde sus bocas.

No puedo esperar a que los conozcas a todos y descubras la extraordinaria diversidad de nuestra familia peluda. Será un buen momento lleno de risas, conocimiento y uncomprensión más profunda del increíble mundo de los perros. Celebremos los vínculos únicos entre los humanos y sus compañeros de cuatro patas.

Explora el Lado Oscuro de la Vida de los Perros

Detalle de cada raza, la página explicativa de tu perro

Spanish Edition

Una guía imprescindible para los amantes de los perros

Malamute de Alaska

Woof Woof! Hola, mi amigo humano! Es tu amigo Alaskan Malamute, listo para brindarte información privilegiada sobre todo lo que necesitas saber sobre nosotros, los magníficos Malamute.

Primero lo primero, hablemos de nuestra raza. Los Malamutes de Alaska tienen una herencia fascinante como perros de trineo en el Ártico. Criados para ser fuertes, resistentes y amigables, somos como los peludos exploradores del mundo de los perros! Tenemos una historia impresionante de arrastrar cargas pesadas a través de terrenos nevados y trabajar en estrecha colaboración con los humanos como compañeros leales.

Ahora, hablemos sobre nuestro lenguaje de sonidos único. Oh, los sonidos que hacemos son bastante cautivadores! Tenemos varias vocalizaciones, desde nuestros distintivos **aullidos** hasta nuestros expresivos ladridos y gruñidos juguetones. Cuando dejamos escapar un fuerte aullido, a menudo es nuestra forma de expresar alegría o comunicarnos a largas distancias. Y cuando emitimos un suave **woo-woo**, es nuestro saludo amistoso, diciendo: Hola, estoy aquí con mucho amor para dar!

Cuando se trata de ansiedad, los Malamutes de Alaska a veces podemos experimentar inquietud en determinadas situaciones. Los ruidos fuertes, la separación de nuestros seres queridos o los entornos desconocidos pueden hacernos sentir un poco ansiosos. Brindarnos un ambiente tranquilo y seguro, ofrecernos tranquilidad y presentarnos gradualmente nuevas experiencias ayudará a calmar nuestras preocupaciones. Tu amor, cuidado y comprensión significan mucho para nosotros, querido humano!

Ah, no nos olvidemos de nuestros gustos y disgustos. Los Malamutes de Alaska tenemos un amor natural por las aventuras al aire libre y las actividades

Detalle de cada raza, la página explicativa de tu perro

físicas. SiAl tirar de un trineo, realizar largas caminatas o jugar juegos que estimulan nuestro cuerpo y nuestra mente, prosperamos con el ejercicio y la exploración. Somos aventureros y estamos ansiosos por explorar el mundo junto a nuestros compañeros humanos.

Cuando llega el momento de relajarse, los Malamutes apreciamos un lugar acogedor para descansar y rejuvenecer. Disfrutamos acurrucarnos en un lugar cómodo cerca de una cálida chimenea o en una cómoda cama para perros. Nuestro sueño de ensueño nos ayuda a recargar nuestra energía para la próxima escapada emocionante.

En cuanto a la vivienda, los Malamutes de Alaska somos versátiles y adaptables. Si bien disfrutamos pasar tiempo en el interior con nuestra manada humana, también necesitamos acceso a un área exterior segura donde podamos deambular, estirar las piernas y respirar aire fresco. Un patio espacioso con una valla resistente nos permite satisfacer nuestros instintos naturales y mantenernos activos.

Para garantizar nuestra felicidad y bienestar, los propietarios deben proporcionarnos ejercicio regular, estimulación mental y socialización. Los métodos de entrenamiento con refuerzo positivo funcionan de maravilla para nosotros, ya que respondemos bien a los elogios y recompensas. Un ambiente amoroso y de apoyo, lleno de masajes en el vientre y tiempo de juego, nos hará los Malamutes de Alaska más felices!

En conclusión, querido humano, los Malamutes de Alaska somos gigantes leales, aventureros y amables. La historia de nuestra raza, sus sonidos únicos y sus necesidades específicas nos hacen notables. Confiamos en usted para recibir amor, orientación y viajes emocionantes. Con tu amor, paciencia y dedicación, seremos los amigos peludos más devotos que puedas pedir!

Entonces, embarquémonos juntos en este increíble viaje, mi amigo humano. Forjaremos un vínculo que resistirá la prueba del tiempo, lleno de aventuras inolvidables, colas meneantes y amor infinito. Juntos podemos conquistar el mundo, una pata a la vez!

Te mando grandes abrazos peludos y besos descuidados.
Tu Malamute de Alaska

Una guía imprescindible para los amantes de los perros

Capítulo 14 | 121

Perro australiano del ganado

Buen día amigo! Tu amigo Pastor Ganadero Australiano está aquí, listo para contarte todo lo relacionado con nosotros, cachorros enérgicos y leales. Prepárate para una época increíble!

Primero lo primero, hablemos de nuestra raza. Los perros boyeros australianos, también conocidos como Blue Heelers, son perros de trabajo de color azul verdadero. Criados en la tierra de Australia, fuimos desarrollados para ayudar a los granjeros a pastorear ganado en el duro interior de Australia. Somos conocidos por nuestra inteligencia, agilidad y lealtad inquebrantable hacia nuestros compañeros humanos.

En cuanto a la comunicación, no somos los perros más ladradores, pero tenemos nuestra propia forma única de expresarnos. Es posible que emitamos un gruñido bajo y retumbante cuando no estamos seguros o un ladrido agudo y alerta para avisarle que algo está pasando. Y no nos olvidemos de nuestros ojos expresivos! Son como ventanas de nuestra alma, que reflejan nuestras emociones y nuestra profunda conexión contigo.

A veces, la ansiedad puede apoderarse de nosotros, especialmente si no recibimos suficiente estimulación física y mental. Somos una raza que anhela acción y propósito, por lo que brindarnos actividades interesantes, entrenamiento estructurado y muchos ejercicios nos ayudará a mantener esos niveles de ansiedad a raya. Un Blue Heeler cansado es un Blue Heeler feliz!

Ahora, hablemos de lo que nos hace mover la cola de emoción. Nos encantan los desafíos físicos y mentales, por lo que los juegos que requieren resolución de problemas o ejercicios de agilidad son ideales para nosotros. Ya sea aprendiendo nuevos trucos, participando en deportes caninos o realizando caminatas de aventura, siempre estamos dispuestos a pasar un buen rato. Ah, y no nos

Explora el Lado Oscuro de la Vida de los Perros

olvidemos de buscar! Somos campeones en la búsqueda, siempre listos para perseguir esa pelota de tenis o ese disco volador.

Cuando se trata de dormir, no somos del tipo adicto a la televisión. Somos conocidos por nuestra resistencia y ética de trabajo, por lo que nos conviene dormir entre 10 y 12 horas cada día. Pero no se sorprenda si estamos listos para volver a la acción en cualquier momento!

En cuanto a la convivencia, somos perros versátiles que pueden adaptarse a diferentes entornos. Sin embargo, prosperamos en hogares con familias activas que pueden brindarnos suficiente ejercicio y estimulación mental. Un jardín vallado de forma segura es una ventaja, ya que nos permite explorar y quemar nuestra abundante energía.

Para mantenernos felices y saludables, es importante brindarnos una dieta equilibrada, ejercicio regular y mucha socialización. Somos altamente entrenables y estamos ansiosos por complacer, por lo que los métodos de entrenamiento con refuerzo positivo funcionan mejor para nosotros. Un Blue Heeler que se porta bien y está mentalmente estimulado está contento!

En conclusión, mi querido compañero humano, los boyeros australianos somos leales, inteligentes y siempre estamos dispuestos a vivir aventuras. Nuestra experiencia como perro de trabajo, nuestro estilo de comunicación único y nuestra naturaleza enérgica nos hacen únicos. Con su amor, guía y la cantidad adecuada de estimulación física y mental, seremos su fiel y entusiasta compañero de por vida.

Entonces, divirtámonos y creemos recuerdos que durarán toda la vida! Estoy aquí, a tu lado, lista para explorar el mundo y colmarte de amor incondicional y lealtad inquebrantable.

Saludos y meneos de cola,
Tu perro pastor australiano

Una guía imprescindible para los amantes de los perros

Capítulo 14

Pastor australiano

Woof Woof! Buen día amigo! Aquí está tu amigo pastor australiano, listo para darte una idea del maravilloso mundo de nuestra raza. Coge tu sombrero, ponte las botas y prepárate para una aventura como ninguna otra!

Primero lo primero, hablemos de los antecedentes de nuestra raza. A pesar del nombre, en realidad tenemos raíces americanas. Criados para ser perros de trabajo versátiles, tenemos un fuerte instinto de pastoreo y una ética de trabajo incansable. Ya sea guiando ganado o dominando cursos de agilidad, siempre estamos preparados para enfrentar un desafío.

Cuando se trata de comunicación, somos bastante charlatanes. Tenemos varias vocalizaciones, desde ladridos y aullidos hasta aullidos y gruñidos. Cada sonido tiene su significado, como un código secreto entre nosotros y nuestros compañeros humanos. Escuche atentamente y comprenderá cuando estamos emocionados, avisándole de algo o simplemente diciendo: **Oye, juguemos!**

La ansiedad puede afectarnos a los pastores australianos, especialmente si no recibimos suficiente estimulación física y mental. Prosperamos con la actividad y con tener un trabajo que hacer. Así que mantennos entretenidos con juguetes interactivos, rompecabezas desafiantes y muchos ejercicios. Con una rutina constante, refuerzo positivo y mucho amor y afecto, seremos tu compañero tranquilo y seguro.

Ahora, hablemos de lo que nos gusta y lo que no nos gusta. Somos atletas natos, siempre listos para la acción. Largas caminatas, caminatas al aire libre e incluso entrenamiento de agilidad son nuestras opciones. También somos muy inteligentes, por lo que mantener la mente ocupada con sesiones de entrenamiento y aprender nuevos trucos nos hará mover la cola con alegría. Solo prepárate para nuestra naturaleza juguetona y estallidos ocasionales de zumbidos!

Explora el Lado Oscuro de la Vida de los Perros

**Detalle de cada raza,
la página explicativa de tu perro**

Cuando llega el momento de relajarse, apreciamos un lugar acogedor y relajante. Dormir entre 14 y 16 horas al día es ideal para recargar energía. Es posible que nos encuentres acurrucados en una cama blanda o reclamando un lugar soleado junto a la ventana. Recuerde, somos más felices cuando equilibramos la estimulación física y mental, así que bríndenos ambos.

En cuanto a nuestras condiciones de vida, nos adaptamos a diferentes entornos. Si bien podemos estar contentos en un apartamento con ejercicio regular y estimulación mental, realmente prosperamos en hogares con acceso a un patio seguro donde podemos estirar las piernas y explorar. Solo asegúrate de que la cerca sea resistente, ya que nuestro instinto de pastoreo podría tentarnos a perseguir cualquier cosa que se mueva!

Necesitamos mucho ejercicio físico y mental para mantenernos felices y saludables. Enseñarnos nuevos trucos, proporcionarnos acertijos desafiantes y participar en sesiones de juego interactivas nos mantendrá mentalmente estimulados. Caminar, correr y jugar sin correa con regularidad en zonas seguras nos ayudarán a quemar energía y mantener nuestro bienestar. Un australiano cansado es un australiano feliz!

En conclusión, mi querido amigo humano, los pastores australianos somos enérgicos, inteligentes y siempre estamos listos para la aventura. Nuestras vocalizaciones únicas, amor por la actividad y lealtad nos convierten en una raza como ninguna otra. Con tu amor, guía y muchas caricias en el vientre, seremos tu compañero más devoto y entretenido.

Entonces, embarquémonos juntos en un viaje emocionante, lleno de caminatas, sesiones de entrenamiento y momentos inolvidables. Estaré a tu lado, moviendo la cola y luciendo mi característica sonrisa australiana.

Con amor y energía ilimitada,
Tu pastor australiano

Una guía imprescindible para los amantes de los perros

Capítulo 14

Beagle

Woof Woof! Hola, mi amigo humano! Es tu amigo Beagle, listo para llevarte en un viaje ostentoso para descubrir todo lo que necesitas saber sobre nosotros, los Beagles. Prepárate para pasar un buen rato!

Primero lo primero, hablemos de nuestra raza. Los beagles son absolutamente encantadores y tienen una rica historia como perros de caza. Originalmente fuimos criados para la caza, usando nuestro agudo sentido del olfato para rastrear la presa. Hoy en día, somos fantásticos compañeros de familia y somos conocidos por nuestra naturaleza amigable y adorable.

Ahora, profundicemos en nuestro lenguaje único de sonidos. Oh, los sonidos que hacemos! Tenemos todo un repertorio vocal, desde adorables aullidos y ladridos hasta nuestros expresivos gemidos y aullidos. Cuando dejamos escapar un aullido largo y melódico, suele ser nuestra forma de expresar nuestra alegría o comunicarnos con otros Beagles de la zona. Y cuando emitimos una serie de ladridos cortos y agudos, podríamos avisarte de algo interesante que hemos olfateado!

Cuando se trata de ansiedad, los Beagles a veces podemos ser propensos a la ansiedad por separación o sentirnos un poco ansiosos cuando nos dejan solos. Prosperamos con el compañerismo y nos encanta ser parte de la manada. Por lo tanto, mantenernos estimulados mentalmente con juguetes interactivos, rompecabezas y mucho tiempo de juego puede ayudar a aliviar cualquier ansiedad que podamos experimentar. Su presencia y atención significan mucho para nosotros!

Ahora, hablemos de lo que nos gusta y lo que no nos gusta. Los beagles tienen olfato para la aventura! Nos encanta explorar, olfatear todo lo que vemos y seguir aromas fascinantes. Las largas caminatas y las aventuras al aire libre son la

Explora el Lado Oscuro de la Vida de los Perros

Detalle de cada raza, la página explicativa de tu perro

manera perfecta de mantenernos felices y saludables. Solo recuerda mantenernos atados, ya que nuestros instintos de caza a veces pueden llevarnos por mal camino!

A la hora de recargar pilas, los Beagle necesitamos entre 12 y 14 horas de sueño diarias. Así que no te sorprendas si nos encuentras acurrucados en nuestra acogedora cama para perros o durmiendo en un lugar soleado junto a la ventana. Nos tomamos en serio nuestra siesta!

En cuanto a la vivienda, los Beagles somos cachorros adaptables. Si bien podemos disfrutar de estar adentro con nuestros humanos, también apreciamos tener acceso a un área exterior segura donde podamos explorar y seguir nuestro olfato. Un patio cercado o viajes regulares al parque para perros son una delicia para nosotros!

Para garantizar nuestro bienestar, los propietarios deben proporcionarnos ejercicio regular, una dieta equilibrada y estimulación mental. El entrenamiento de refuerzo positivo con golosinas y elogios funciona de maravilla para nosotros, los Beagles, ya que nos encanta aprender y complacer a nuestros humanos. Con paciencia y constancia, nos convertiremos en miembros devotos y de buen comportamiento de su familia.

En conclusión, querido humano, los Beagles somos juguetones, cariñosos y curiosos. La historia de nuestra raza, los sonidos únicos y las necesidades especiales nos hacen especiales. Recuerde, buscamos en usted amor, atención y aventuras emocionantes!

Entonces, embarquémonos juntos en este viaje, mi amigo humano. Con su comprensión, paciencia y muchas caricias en el vientre, crearemos recuerdos que durarán toda la vida. Prepárate para menear colas, narices mojadas y un infinito encanto Beagle!

Mucho amor y colas meneando,
tu beagle

Una guía imprescindible para los amantes de los perros

Malinois belga

Woof Woof! Hola, mi amigo humano! Es su amigo Belga Malinois, ansioso por compartir todos los interesantes detalles sobre nuestra extraordinaria raza. ¿Estás listo para una emocionante aventura? Vamos a sumergirnos de lleno!

Primero lo primero, hablemos de nuestra raza. Los perros belga malinois son conocidos por su inteligencia excepcional, su lealtad inquebrantable y su impresionante ética de trabajo. Criados originalmente para pastorear y proteger ganado, nos hemos convertido en perros de trabajo versátiles, sobresaliendo en diversos campos como el trabajo policial, búsqueda y rescate e incluso deportes competitivos. Somos como los superhéroes del mundo de los perros, listos para afrontar cualquier desafío!

Ahora, hablemos sobre nuestro lenguaje de sonidos único. Oh, los sonidos que hacemos son bastante fascinantes! Tenemos varias vocalizaciones, desde ladridos agudos hasta suaves gemidos y gruñidos. Cuando dejamos escapar un ladrido fuerte y autoritario, a menudo es nuestra forma de alertarle sobre peligros potenciales o de expresar nuestra naturaleza protectora. Y cuando emitimos gemidos suaves y melódicos, es nuestra forma de comunicar nuestras necesidades y buscar su atención.

Cuando se trata de ansiedad, nosotros, los pastores belgas pastores, a veces podemos experimentar un mayor estado de alerta en determinadas situaciones. Nuestros instintos protectores naturales y nuestros altos niveles de energía pueden hacernos sensibles a los cambios ambientales. Proporcionarnos estimulación física y mental, involucrarnos en tareas desafiantes y garantizar una rutina estructurada puede ayudar a aliviar cualquier ansiedad que podamos sentir. Tu guía y apoyo significan mucho para nosotros, querido humano!

Explora el Lado Oscuro de la Vida de los Perros

**Detalle de cada raza,
la página explicativa de tu perro**

Ah, no nos olvidemos de nuestros gustos y disgustos. Nosotros, los pastores belgas malinois, tenemos un impulso innato de actividad y propósito. Prosperamos en lo mental y lo físico. estimulación, ya sea a través de entrenamiento de obediencia, ejercicios de agilidad o realizando tareas desafiantes que pongan a prueba nuestra inteligencia. Nos encanta ser sus socios activos y disfrutamos de tener un trabajo que hacer. Juntos, conquistaremos cualquier desafío y haremos que cada momento cuente!

Cuando llega el momento de descansar, los pastores belgas Malinois apreciamos un lugar acogedor donde podamos descansar y recargar energías. Una cómoda cama para perros o un rincón tranquilo de la casa estarán bien. Podemos acurrucarnos con nuestro juguete favorito o simplemente acostarnos a tu lado, sabiendo que estamos protegidos y amados.

En cuanto a la vivienda, los Malinois belgas podemos adaptarnos bien a diversos entornos. Apreciamos tener un espacio que podamos llamar nuestro, ya sea en el interior o al aire libre. Sin embargo, es importante brindar amplias oportunidades para hacer ejercicio y estimulación mental, ya que tenemos abundante energía para quemar. Un patio cercado de manera segura y actividades regulares al aire libre nos mantendrán felices y satisfechos.

Para garantizar nuestra felicidad y bienestar, los propietarios deben brindarnos capacitación, socialización y desafíos mentales constantes. Las técnicas de refuerzo positivo hacen maravillas en nosotros, ya que prosperamos con los elogios y las recompensas. Un ambiente amoroso y estructurado, junto con mucho tiempo de juego y afecto, sacará lo mejor de nosotros y fortalecerá nuestro vínculo.

En conclusión, querido ser humano, los pastores belgas malinois somos compañeros inteligentes, leales y motivados. La historia de nuestra raza, los sonidos únicos y las necesidades específicas nos hacen verdaderamente excepcionales. Buscamos en usted orientación, propósito y amor inquebrantable. Con tu dedicación, paciencia y un toque de aventura, seremos los amigos peludos más leales y extraordinarios jamás imaginados!

Entonces, embarquémonos juntos en este increíble viaje, mi amigo humano. Crearemos un vínculo que durará toda la vida, lleno de aventuras inolvidables, colas meneantes y amor sin límites. Juntos conquistaremos el mundo, una pata a la vez!

besos babosos y movimientos de cola,
Tu pastor belga malinois

Una guía imprescindible para los amantes de los perros

Capítulo 14

Perro de montaña de Bernese

Woof Woof! Hola, mi maravilloso amigo humano! Es tu amigo Boyero de Berna, aquí para compartir todo lo que necesitas saber sobre nuestra increíble raza.

Comencemos con nuestros antecedentes. Nosotros, los perros de montaña de Berna, procedemos de los Alpes suizos, donde originalmente fuimos criados como perros de trabajo. Nuestros antepasados ayudaban a los agricultores con diversas tareas, desde pastorear ganado hasta tirar de carros. Es por eso que tenemos una sólida ética de trabajo y un profundo sentido de lealtad arraigado en nuestro ADN.

Cuando se trata de comunicación, puede que no seamos los más vocales, pero tenemos nuestras propias formas especiales de expresarnos. Nuestros ojos expresivos lo dicen todo y reflejan nuestra naturaleza gentil y amable. Y oh, nuestras colas que se mueven son como una bandera feliz ondeando en la brisa, mostrando nuestro entusiasmo y alegría cuando estamos en compañía de nuestros amados humanos.

La ansiedad a veces puede apoderarse de nosotros, los Berners. Somos almas sensibles que prosperan con el amor y la atención. Las tormentas, los ruidos fuertes o la separación de nuestros seres queridos pueden provocarnos ansiedad. Las palabras tranquilizadoras, un ambiente tranquilo y su presencia tranquilizadora pueden hacer maravillas para calmar nuestras preocupaciones y hacernos sentir seguros y amados.

Ahora, hablemos de lo que amamos y disfrutamos. Nos encanta pasar tiempo con nuestros humanos, absorbiendo todo el afecto y los abrazos que podamos recibir. Somos verdaderos gigantes gentiles con un corazón tan grande como las montañas de las que venimos. Largos paseos por la naturaleza, explorar el aire

Explora el Lado Oscuro de la Vida de los Perros

Detalle de cada raza, la página explicativa de tu perro

libre y sentir el aire fresco en nuestros abrigos mullidos nos hacen mover la cola con puro deleite.

Cuando llega el momento de descansar, agradecemos un lugar acogedor y confortable para relajarse. Normalmente necesitamos entre 12 y 14 horas de sueño diarias para rejuvenecer nuestrocuerpos y mentes. Es posible que nos encuentres acurrucados en un rincón favorito o tirados en el suelo, soñando con correr por los campos y disfrutar de los placeres sencillos de la vida.

En cuanto a nuestras condiciones de vida, prosperamos en una casa con patio o acceso a espacios al aire libre. Nos encanta tener espacio para deambular y explorar, pero también apreciamos la calidez y la comodidad de estar adentro con nuestros seres queridos. Un estilo de vida equilibrado con aventuras al aire libre y tiempo de calidad en el interior nos mantendrá felices y contentos.

Para mantenernos sanos y en forma, el ejercicio regular es importante. Los paseos diarios, los momentos de juego y las actividades estimulantes mentalmente son fundamentales para nuestro bienestar. También apreciamos una dieta nutritiva que respalde nuestro estilo de vida activo. Y no olvidemos la importancia del aseo. Nuestro hermoso y grueso pelaje requiere un cepillado regular para mantenerlo limpio y libre de enredos.

En conclusión, querido compañero humano, nosotros, los Boyeros de Berna, somos amables, leales y llenos de amor. Nuestra rica herencia, ojos expresivos y devoción inquebrantable nos hacen increíblemente especiales. Con tu amor, cuidado y comprensión, seremos los compañeros peludos más felices y devotos que puedas desear.

Entonces, embarquémonos en un viaje de amor, aventuras y meneando colas. Juntos conquistaremos montañas, crearemos recuerdos preciados y experimentaremos un vínculo que durará toda la vida.

Con todo mi amor y lealtad,
Tu perro de montaña de Berna

Una guía imprescindible para los amantes de los perros

Capítulo 14   **131**

Bichón Frisé

Woof Woof! Hola, mi encantador amigo humano! Tu amigo Bichon Frise está aquí, listo para compartir todas las cosas maravillosas sobre nuestra adorable y esponjosa raza.

Comencemos con nuestros antecedentes. Bichon Frise es conocido por nuestro carácter alegre y afectuoso. Nuestra rica historia se remonta a las cortes reales de la región mediterránea, donde éramos adorados como compañeros y artistas. Nuestras glamorosas batas blancas y nuestras encantadoras personalidades nos convirtieron en los favoritos de la aristocracia.

La comunicación es clave en cualquier relación y los Bichóns tenemos nuestro propio lenguaje único. No somos los ladradores más ruidosos, pero lo compensamos con nuestros ojos expresivos y meneando la cola. Cuando te saludamos con un movimiento alegre y una alegre cabriola, significa que estamos encantados de verte. Y cuando inclinamos la cabeza y te miramos con curiosidad, es nuestra forma de decir: **Cuéntame más, humano!**

La ansiedad a veces puede apoderarse de nosotros, los sensibles Bichóns. Podemos experimentar ansiedad por separación cuando estamos lejos de nuestros amados seres humanos o cuando nos enfrentamos a situaciones desconocidas. La paciencia, la tranquilidad y una rutina constante son cruciales para ayudarnos a sentirnos seguros. Crear un espacio acogedor y seguro para nosotros, con aromas familiares y juguetes reconfortantes, también puede ayudar a aliviar nuestras preocupaciones.

Ahora, hablemos de lo que adoramos y de lo que nos hace mover la cola con entusiasmo. Nos encanta ser el centro de atención! Prosperamos con el compañerismo y disfrutamos ser parte de una familia amorosa. Los abrazos, las caricias en el vientre y las caricias suaves son como música para nuestros oídos.

Explora el Lado Oscuro de la Vida de los Perros

**Detalle de cada raza,
la página explicativa de tu perro**

El tiempo de juego diario y los juguetes interactivos nos mantienen mentalmente estimulados y felices.

Somos expertos en encontrar los lugares más acogedores a la hora de dormir. Normalmente necesitamos entre 12 y 14 horas de sueño diarias para recargar nuestras baterías. Es posible que nos encuentres acurrucados en un suave cojín o acurrucados bajo una manta, soñando con deliciosas aventuras y delicias.

En cuanto a la vivienda, somos pequeños cachorros adaptables que pueden prosperar en diversos entornos. Podemos vivir felices en apartamentos o casas, siempre y cuando tengamos caminatas y tiempo de juego regulares para mantenernos activos. Si bien disfrutamos de nuestras comodidades interiores, también apreciamos los paseos al aire libre y la exploración de nuevos aromas durante nuestras caminatas diarias.

Para que luzcamos lo mejor posible, el aseo regular es esencial. Nuestras hermosas batas blancas requieren un cepillado para evitar que se enreden y viajes regulares al peluquero para recortarlas. Una dieta adecuada, una alimentación de calidad y controles veterinarios periódicos son importantes para mantenernos sanos y felices.

En conclusión, querido compañero humano, nosotros, Bichon Frisé, somos un manojo de alegría y amor. Nuestra herencia real, ojos expresivos y naturaleza afectuosa nos hacen irresistibles. Con su amor, cuidado y devoción, seremos los compañeros más felices y leales que pueda desear.
Entonces, embarquémonos en un viaje lleno de risas, mimos y meneos interminables de cola. Juntos, crearemos recuerdos preciosos y compartiremos un vínculo que calentará su corazón en los años venideros.

Con todo mi cariño y abrazos esponjosos,
Tu Bichón Frisé

Una guía imprescindible para los amantes de los perros

Capítulo 14

collie fronterizo

Woof Woof! Hola, mi increíble compañero humano! Tu inteligente y enérgico amigo Border Collie está aquí, listo para compartir todos los asombrosos detalles sobre nuestra extraordinaria raza. Abróchate el cinturón para un viaje al maravilloso mundo de los Border Collies!

Comencemos con algo de información sobre la raza. Los Border Collies son famosos por su inteligencia, agilidad y capacidad de pastoreo. Con nuestros llamativos pelajes y nuestros ojos cautivadores, llamamos mucho la atención. Criados originalmente como perros de trabajo, nuestros agudos instintos y nuestra energía ilimitada nos convierten en excelentes compañeros para todo tipo de actividades.

Ahora, hablemos de nuestro lenguaje de sonidos único. Oh, los sonidos que hacemos! Desde nuestros ladridos entusiastas hasta nuestros aullidos emocionados e incluso nuestros suaves gemidos, comunicamos una amplia gama de emociones. Escuche atentamente y comprenderá nuestro lenguaje distintivo del Border Collie. Cada ladrido, gruñido o gemido transmite algo significativo, ya sea una señal de emoción, una alerta sobre algo importante o una expresión de nuestro deseo de jugar y divertirnos.

Cuando se trata de ansiedad, se sabe que los Border Collies somos almas sensibles. Los cambios en nuestra rutina, los ruidos fuertes o quedarnos solos durante períodos prolongados a veces pueden hacernos sentir un poco incómodos. Nuestros seres humanos necesitan proporcionarnos un entorno estable y seguro, lleno de abundante estimulación física y mental. Involucrarnos en actividades desafiantes, como juguetes tipo rompecabezas o ejercicios de entrenamiento interactivos, puede ayudarnos a canalizar nuestra energía y mantener nuestra mente ocupada. Su paciencia, comprensión y presencia amorosa significan mucho para nosotros durante los momentos de ansiedad.

Explora el Lado Oscuro de la Vida de los Perros

Detalle de cada raza, la página explicativa de tu perro

Ah, no nos olvidemos de nuestros gustos y disgustos. A nosotros, los Border Collies, nos encanta tener un trabajo que hacer! Ya sea pastoreando ovejas, cogiendo un frisbee o participando en deportes caninos como el agility o el flyball, prosperamos con los desafíos físicos y mentales. Somos más felices cuando tenemos un propósito y una oportunidad de mostrar nuestra inteligencia y atletismo. No te sorprendas si te miramos intensamente, esperando ansiosamente la próxima emocionante aventura!

Cuando llega el momento de relajarse, apreciamos un lugar acogedor para relajarse y recargar energías. Si bien nuestras necesidades de sueño pueden variar, generalmente necesitamos de 12 a 14 horas de sueño reparador al día. Por eso, es posible que nos encuentres acurrucados en una suave cama para perros o acurrucados a tus pies, soñando con perseguir ardillas o dominar nuevos trucos.

En cuanto a la vivienda, los Border Collies podemos adaptarnos bien a diferentes entornos siempre que tengamos mucha estimulación mental y física. Si bien apreciamos el acceso a un área segura al aire libre donde podemos estirar las piernas y disfrutar de actividades lúdicas, también apreciamos nuestro tiempo en el interior con nuestros queridos seres humanos. Una combinación de ejercicios estimulantes, juegos desafiantes y sesiones de entrenamiento interactivas nos ayudarán a mantenernos felices y contentos.

Debemos realizar ejercicio regular, estimulación mental y socialización para garantizar nuestro bienestar. Prosperamos con actividades que involucran nuestra mente y nuestro cuerpo, como largas caminatas, entrenamiento de obediencia y tiempo de juego interactivo. Una rutina que incorpore tanto ejercicio físico como desafíos mentales nos ayudará a ser los Border Collies más felices y saludables que podamos ser.

En conclusión, querido humano, los Border Collies somos inteligentes, ágiles y rebosantes de energía. Nuestro idioma único, nuestra herencia pastoril y nuestro amor por la naturaleza nos convierten en compañeros verdaderamente especiales. Con tu guía, paciencia y mucho tiempo de juego, seremos los Border Collies más felices del planeta!

Entonces, embarquémonos juntos en una vida de aventuras, llena de colas meneándose, juegos interminables de búsqueda y un vínculo que hará que nuestros corazones se disparen. Prepárate para un viaje extraordinario junto a tu increíble compañero Border Collie!

Mucho amor y energía ilimitada,
Tu border collie

Una guía imprescindible para los amantes de los perros

Capítulo 14

terrier de boston

Woof Woof! Hola, mi increíble amigo humano! Es tu valiente y enérgico amigo Boston Terrier, aquí para contarte todos los encantadores detalles sobre nuestra fantástica raza. Prepárate para una aventura positivamente divertida!

Comencemos con los antecedentes de nuestra raza. Los Boston Terriers, también conocidos como **American Gentlemen**, se criaron originalmente en los Estados Unidos. Con nuestras marcas parecidas a esmoquin y personalidades encantadoras, somos el alma de la fiesta dondequiera que vayamos. Somos un paquete pequeño con un gran corazón!

Ahora, hablemos de nuestro lenguaje de sonidos único. Puede que no seamos los cachorros más conversadores, pero sabemos cómo hacernos escuchar. Disponemos de una amplia gama de sonidos expresivos que transmiten desde emoción hasta curiosidad. Escuche atentamente nuestros felices resoplidos, adorables gruñidos y ladridos ocasionales, ya que son nuestra forma de comunicarnos con usted y el mundo que nos rodea.

Cuando se trata de ansiedad, los Boston Terriers somos conocidos por ser almas sensibles. Los ruidos fuertes, los cambios de rutina o quedarnos solos durante largos periodos de tiempo pueden hacernos sentir un poco ansiosos. Crear un ambiente tranquilo y reconfortante, brindarnos abundante estimulación física y mental y colmarnos de amor y atención nos ayudará a aliviar nuestras preocupaciones. Su presencia y su gentil tranquilidad significan mucho para nosotros!

Ah, no nos olvidemos de nuestros gustos y disgustos. Boston Terriers está lleno de energía y entusiasmo! Nos encanta pasar tiempo de calidad con nuestros humanos favoritos. Ya sea jugando a buscar objetos en el parque, dando

Explora el Lado Oscuro de la Vida de los Perros

Detalle de cada raza, la página explicativa de tu perro

emocionantes paseos o acurrucándonos en el sofá para abrazarnos, prosperamos con el amor y la compañía que usted brinda.

Cuando llega el momento de recargar pilas, agradecemos un lugar acogedor para descansar y relajarse. Por lo general, necesitamos alrededor de 12 a 14 horas de tiempo de siesta cada día para mantener nuestro espíritu energético en alto. Así que no te sorprendas si nos encuentras acurrucados en el rincón más acogedor de la casa, descansando y soñando con aventuras llenas de diversión.

En cuanto a las condiciones de vida, los Boston Terriers somos bastante adaptables. Podemos prosperar en diversos entornos, ya sea un apartamento urbano bullicioso o una casa espaciosa en los suburbios. Recuerda que somos sensibles a las temperaturas extremas, así que asegúrate de tener un lugar fresco y cómodo para relajarte durante los calurosos días de verano.

Para garantizar nuestro bienestar, es importante proporcionarnos ejercicio regular y estimulación mental. Las caminatas diarias, el tiempo de juego y los juguetes interactivos nos mantendrán en forma física y mental. Y no olvides cuidar nuestras adorables orejas de murciélago y mantenerlas limpias para evitar molestas infecciones de oído.

En conclusión, querido humano, los Boston Terriers somos animados, cariñosos y siempre estamos dispuestos a pasar un buen rato. Nuestra historia única, sonidos expresivos y naturaleza juguetona nos hacen verdaderamente especiales. Con su amor, cuidado y atención a nuestras necesidades, seremos los pequeños compañeros más felices que pueda pedir.

Entonces, embarquémonos juntos en una vida de aventuras, llenas de risas, meneos de colas y amor incondicional. Prepárate para un vínculo que te traerá alegrías y sonrisas infinitas!

Mucho amor y besos babosos,
Tu boston terrier

Una guía imprescindible para los amantes de los perros

Capítulo 14

Boxer

Woof Woof! Hola, mi amigo humano! Es tu amigo Boxer aquí, listo para entrar en tu vida y compartir todo lo que necesitas saber sobre nosotros los Boxers. Prepárate para pasar un buen rato moviendo la cola!

Primero lo primero, hablemos de nuestra raza. Los boxeadores son conocidos por nuestros cuerpos fuertes y musculosos y nuestros rostros expresivos. Tenemos un carácter juguetón y enérgico, lo que nos convierte en excelentes compañeros para familias activas. A menudo se nos describe como el **Peter Pan** del mundo de los perros porque parece que nunca superamos nuestro entusiasmo de cachorro.

Ahora, profundicemos en nuestro lenguaje único de sonidos. Nosotros los boxeadores somos bastante vocales! Nos comunicamos con una variedad de ladridos, gruñidos e incluso ruidos **de cortejo** . Cuando emitimos una serie de ladridos cortos, suele ser nuestra forma de decir: **Oye, vamos a jugar!** Y cuando hacemos esos adorables sonidos de woo-woo, es nuestra forma de expresar entusiasmo y felicidad.

Cuando se trata de ansiedad, algunos Bóxer pueden ser propensos a la ansiedad por separación. Formamos fuertes vínculos con nuestros humanos y podemos sentirnos ansiosos cuando nos dejan solos durante períodos prolongados. Proporcionar mucho ejercicio, estimulación mental y un ambiente cómodo y seguro puede ayudar a aliviar nuestras preocupaciones. Recuerde, prosperamos con el amor y la atención, así que colménenos de afecto!

Hablemos de nuestros gustos y disgustos. Los boxeadores son conocidos por nuestro amor por el juego y la actividad. Tenemos un alto nivel de energía y necesitamos mucho ejercicio para mantenernos felices y saludables. Juegue a buscar con nosotros, llévenos a dar largos paseos y participe en juegos

Explora el Lado Oscuro de la Vida de los Perros

interactivos: es una excelente manera de canalizar nuestra energía y mantenernos entretenidos.

Cuando llega el momento de descansar, los Boxers apreciamos un lugar acogedor para acurrucarnos. Podemos elegir una cama suave para perros o incluso su regazo para la siesta. Nos encanta estar cerca de nuestros humanos, así que espere muchos abrazos y abrazos cálidos cuando estemos listos para relajarnos.

En cuanto a la vivienda, los Boxers son adaptables y pueden prosperar en diversos entornos. Si bien disfrutamos estar adentro con nuestra familia, también nos encanta explorar y jugar al aire libre. El acceso a un patio seguro o los viajes regulares al parque para perros pueden ser el sueño de un Boxer hecho realidad. Solo asegúrate de vigilarnos, ya que podemos ser curiosos y, a veces, traviesos!

Para garantizar nuestro bienestar, los propietarios deben proporcionarnos ejercicio regular, estimulación mental y entrenamiento constante. Las técnicas de refuerzo positivo funcionan mejor para nosotros, ya que respondemos bien a los elogios y recompensas. La socialización también es clave, ya que nos ayuda a convertirnos en perros completos y seguros.

En conclusión, querido humano, los Boxers somos enérgicos, juguetones y llenos de amor. Los sonidos, las necesidades y la naturaleza afectuosa únicos de nuestra raza nos hacen verdaderamente especiales. Recuerde, buscamos en usted amor, atención y aventuras emocionantes!

Entonces, embarquémonos juntos en este viaje, mi amigo humano. Con su paciencia, comprensión y muchas caricias en el vientre, crearemos un vínculo que durará toda la vida. Prepárate para menear colas, besos babosos y mucho amor de Boxer!

Mucho amor y besos babosos,
Tu boxeador

Una guía imprescindible para los amantes de los perros

Capítulo 14 — 139

Bretaña

Woof Woof! Hola, mi amigo humano! Soy tu amigo Brittany, emocionado de contarte todo sobre nuestra maravillosa raza.

Primero lo primero, hablemos de nuestra raza. Bretaña es conocida por su energía ilimitada, su inteligencia y su naturaleza amigable. Criados originalmente como perros de caza, somos atletas natos y nos encanta ser compañeros activos en todas sus actividades al aire libre. Ya sea caminando, corriendo o jugando a buscar, siempre estamos listos para vivir una aventura emocionante a tu lado!

Ahora, hablemos sobre nuestro lenguaje de sonidos único. Oh, los sonidos que hacemos son bastante deliciosos! Tenemos una variedad de ladridos, chirridos y aullidos emocionados que utilizamos para comunicar nuestra alegría y entusiasmo. Cuando soltamos un ladrido agudo, es nuestra forma de decir: **Oye, vamos a jugar!** Y cuando emitimos suaves gemidos y gruñidos suaves, puede significar que nos sentimos afectuosos o buscamos su atención.

Cuando se trata de ansiedad, nosotros, los bretones, a veces podemos sentirnos un poco inquietos si no recibimos suficiente estimulación física y mental. Nos encantan las actividades que desafían nuestra mente y nuestro cuerpo, por lo que mantenernos involucrados con juguetes de rompecabezas, entrenamiento de obediencia y sesiones de juego interactivo es clave para mantenernos felices y contentos. Tu amor y compañía significan mucho para nosotros, querido humano!

Ah, no nos olvidemos de nuestros gustos y disgustos. A nosotros, los bretones, nos encanta estar al aire libre y explorar el mundo con nuestras narices curiosas. Tenemos un instinto natural para la caza y el rastreo de olores, por lo que brindarnos oportunidades para participar en estas actividades nos hará sentir

Explora el Lado Oscuro de la Vida de los Perros

**Detalle de cada raza,
la página explicativa de tu perro**

realizados. También tenemos debilidad por los abrazos y las caricias en el vientre, ya que nos hacen sentir seguros. y amado. Cuando llega el momento de descansar, en Bretaña apreciamos un lugar acogedor donde poder acurrucarnos y recargar energías. Una cama suave para perros o un lugar soleado junto a la ventana funcionarán bien. Podemos dormir con un juguete a nuestro lado o acariciarnos a ti, sabiendo que somos miembros queridos de tu manada.

En cuanto a la decoración de la vivienda, los bretones somos versátiles y podemos adaptarnos bien a diferentes ambientes. Si bien disfrutamos de tener acceso a un espacio exterior seguro donde podemos estirar las piernas, también apreciamos nuestro tiempo en el interior con nuestra querida familia humana. El ejercicio diario y la estimulación mental son cruciales para nuestro bienestar, por lo que las caminatas, el tiempo de juego y las sesiones de entrenamiento regulares son imprescindibles.

Para garantizar nuestra felicidad y bienestar, los propietarios deben brindarnos mucho ejercicio, desafíos mentales y entrenamiento de refuerzo positivo. Nos encantan los elogios y las recompensas, así que sea generoso con sus estímulos y obsequios! Un entorno amoroso y enriquecedor, lleno de juego, afecto y emocionantes aventuras, nos hará la Bretaña más feliz del planeta!

En conclusión, querido ser humano, los Brittany somos compañeros enérgicos, inteligentes y cariñosos. La historia de nuestra raza, los sonidos únicos y las necesidades específicas nos hacen verdaderamente especiales. Confiamos en usted para recibir orientación, amor y escapadas emocionantes. Con tu cuidado, dedicación y un poco de aventura, seremos los amigos peludos más leales y alegres que puedas tener!

Entonces, embarquémonos juntos en este increíble viaje, mi amigo humano. Crearemos recuerdos, compartiremos risas y forjaremos un vínculo inquebrantable que durará toda la vida. Prepárate para un torbellino de colas meneándose, diversión sin fin y puro amor canino!

Enviándote amor y meneando colas,
Tu Bretaña

Una guía imprescindible para los amantes de los perros

Capítulo 14   141

Bulldog (inglés/francés)

Woof Woof! Hola, mi amigo humano! Es tu amigo Bulldog, listo para compartir todos los fantásticos detalles sobre nosotros, los Bulldogs ingleses y franceses. Prepárate para una excavadora de ternura y encanto!

Primero lo primero, hablemos de nuestra raza. Los bulldogs son conocidos por nuestra apariencia distintiva y personalidades adorables. Los Bulldogs ingleses tienen una rica historia como feroces perros que cazaban toros y se convirtieron en amables compañeros. Los Bulldogs franceses, por otro lado, fueron criados como perros de compañía a partir de los Bulldogs ingleses. Somos como pequeños paquetes adorables de bondad arrugada!

Ahora, hablemos de nuestro lenguaje de sonidos único. Oh, los sonidos que hacemos! Tenemos un rango vocal bastante amplio, desde nuestros adorables resoplidos y ronquidos hasta nuestros gruñidos y ladridos bajos. Cuando emitimos un resoplido juguetón o un ronquido gracioso, significa que estamos contentos y relajados. Y cuando soltamos un ladrido breve y agudo, es nuestra forma de decir: **Oye, divirtámonos!**

Cuando se trata de ansiedad, los Bulldogs a veces podemos ser almas sensibles. Podemos experimentar ansiedad por separación o sentirnos ansiosos en entornos desconocidos o ruidosos. Brindarnos un espacio tranquilo y seguro, muchos abrazos y una rutina constante puede ayudar a aliviar nuestras preocupaciones. Tu presencia amorosa y tu gentil tranquilidad significan mucho para nosotros!

Ahora, hablemos de lo que nos gusta y lo que no nos gusta. Los Bulldogs pueden tener fama de ser un poco vagos, pero aún así disfrutamos del tiempo de juego y de los paseos. Recuerde que tenemos una necesidad moderada de ejercicio debido a nuestro físico único. Las caminatas cortas y los divertidos juegos de

Explora el Lado Oscuro de la Vida de los Perros

interior que no nos fatigan la respiración son la manera perfecta de mantenernos felices y saludables!

Cuando llega el momento de descansar, los Bulldogs somos expertos dormilones. Necesitamos entre 12 y 14 horas de sueño diarias para recargar nuestras arrugadas baterías. Así que no te sorprendas si nos encuentras roncando en nuestro acogedor rincón favorito o tumbados en el lugar más cómodo de la casa. Llevamos la siesta a un nivel completamente nuevo!

En cuanto a nuestras condiciones de vida, los Bulldogs son bastante adaptables. Si bien disfrutamos estar en interiores donde podemos estar cerca de nuestros humanos, también apreciamos pasar tiempo al aire libre para explorar y olfatear. Recuerde que no somos los mejores nadadores, así que tenga cuidado con el agua.

Para garantizar nuestro bienestar, los propietarios deben proporcionarnos una dieta equilibrada, revisiones veterinarias periódicas y un aseo adecuado para mantener nuestras adorables arrugas limpias y saludables. Además, el entrenamiento de refuerzo positivo con golosinas y elogios funciona de maravilla para nosotros, los Bulldogs. Puede que tengamos una vena testaruda, pero nos portaremos bien y nos convertiremos en compañeros leales con paciencia y amor.

En conclusión, querido humano, los Bulldogs somos paquetes de amor, encanto y deleite arrugado. La historia de nuestra raza, los sonidos únicos y las necesidades especiales nos hacen verdaderamente únicos. Recuerde, contamos con usted para recibir atención, amor y masajes en el vientre en abundancia!

Entonces, embarquémonos juntos en esta aventura, mi amigo humano. Crearemos un vínculo para toda la vida con tu comprensión, paciencia y muchos besos babosos. Prepárate para momentos interminables de ternura y abrazos de bulldog!

Mucho amor y adorables resoplidos.
tu bulldog

Una guía imprescindible para los amantes de los perros

Capítulo 14

143

bastón corso

Woof Woof! Hola, mi amigo humano! Es tu amigo Cane Corso, ansioso por compartir todo sobre nuestra increíble raza. ¿Estás listo para una aventura llena de fuerza, lealtad y amor? Vamos a sumergirnos de lleno!

Primero lo primero, hablemos de nuestra raza. Los Cane Corso son conocidos por su apariencia majestuosa y su físico poderoso. Rezumamos confianza y somos protectores naturales. Criados originalmente como perros de trabajo, tenemos un fuerte sentido de lealtad y un vínculo profundo con nuestras familias humanas. Somos como gentiles gigantes con corazones de oro!

Ahora, hablemos sobre nuestro lenguaje de sonidos único. Oh, los sonidos que hacemos son bastante intrigantes! Tenemos un ladrido profundo y retumbante que puede provocar escalofríos en la columna vertebral de los intrusos. Es nuestra forma de decir: **Oye, ya lo tengo. Estás a salvo conmigo!** También somos maestros del lenguaje corporal y utilizamos nuestros ojos y postura expresivos para comunicar nuestras emociones e intenciones.

Cuando se trata de ansiedad, nosotros, los Cane Corso, a veces podemos ser almas sensibles. Prosperamos en un entorno tranquilo y estable; Los cambios repentinos o situaciones desconocidas pueden hacernos sentir incómodos. Ofrecernos un espacio seguro, mantener rutinas consistentes y colmarnos de afecto gentil puede ayudar a aliviar cualquier ansiedad que podamos experimentar. Tu comprensión y tranquilidad significan mucho para nosotros, querido humano!

Ah, no nos olvidemos de nuestros gustos y disgustos. A los Cane Corso nos encanta pasar tiempo de calidad con nuestros humanos. Ya sea dando largas caminatas, jugando en el patio trasero o simplemente relajándonos a su lado, apreciamos cada momento que podemos estar en su compañía. Tenemos una

Explora el Lado Oscuro de la Vida de los Perros

naturaleza protectora y saber que los mantenemos seguros y amados nos brinda una alegría inmensa.

Cuando llega el momento de descansar, los Cane Corso apreciamos un lugar acogedor donde poder acurrucarnos y relajarnos. Una cama mullida o un rincón tranquilo será nuestro refugio, mientras recargamos energías para las aventuras que nos esperan. Puede que ronquemos un poco, pero eso es sólo una señal de satisfacción y relajación.

En cuanto a la vivienda, los Cane Corso somos versátiles y adaptables. Si bien disfrutamos de tener acceso a un área exterior segura donde podemos estirar los músculos, también apreciamos estar cerca de nuestra familia humana en el interior. Prosperamos con el amor, la atención y la orientación. El ejercicio regular y la estimulación mental son esenciales para nuestro bienestar, por lo que es importante realizar actividades que nos desafíen física y mentalmente.

Para garantizar nuestra felicidad y bienestar, los propietarios deben brindarnos una socialización adecuada, un entrenamiento de refuerzo positivo y un fuerte papel de liderazgo. Respondemos bien a límites consistentes y a una comunicación clara. Nos convertiremos en compañeros completos y seguros con su guía paciente y su enfoque firme pero gentil.

En conclusión, querido humano, los Cane Corso somos compañeros leales, protectores y cariñosos. La historia de nuestra raza, los sonidos únicos y las necesidades específicas nos hacen verdaderamente especiales. Confiamos en usted para recibir amor, orientación y un sentido de propósito. Con tu apoyo inquebrantable, seremos los amigos peludos más devotos e intrépidos que puedas pedir!

Entonces, embarquémonos juntos en este increíble viaje, mi amigo humano. Crearemos un vínculo inquebrantable, lleno de recuerdos preciados y un amor que no conoce límites. Prepárate para toda una vida de aventuras, lealtad e interminables movimientos de cola!

Te envío un fuerte y cálido abrazo de Cane Corso.
Tu bastón corso

Una guía imprescindible para los amantes de los perros

Capítulo 14

Cárdigan Corgi Galés

Woof Woof! Hola, mi amigo humano! Es tu amigo Cardigan Welsh Corgi, listo para compartir todos los encantadores detalles sobre nuestra maravillosa raza. ¿Estás listo para una aventura trepidante? Vamos a entrar!

Primero lo primero, hablemos de nuestra raza. Los Cardigan Welsh Corgis son de tamaño pequeño pero de gran personalidad! Con nuestros adorables cuerpos largos y piernas cortas, somos unos compañeros bastante encantadores. Criados originalmente como perros pastores, somos inteligentes, alertas y siempre estamos dispuestos a complacer. Puede que seamos pequeños, pero tenemos el corazón lleno de amor y lealtad!

Ahora, hablemos sobre nuestro lenguaje de sonidos único. Oh, los sonidos que hacemos son bastante fascinantes! Tenemos una variedad de vocalizaciones, desde ladridos y aullidos hasta gruñidos juguetones e incluso un sonido único **que** es totalmente nuestro. Cada sonido comunica nuestras emociones, ya sea excitación, estado de alerta o simplemente querer llamar la atención.

En cuanto a la ansiedad, los Cardigan Welsh Corgis podemos ser almas sensibles. Los ruidos fuertes, los entornos desconocidos o la separación de nuestros seres queridos pueden hacernos sentir un poco ansiosos. Pero no temas, querido ser humano, ya que tu presencia tranquilizadora y un ambiente tranquilo pueden hacer maravillas para calmar nuestras preocupaciones. Un toque gentil, una palabra amable y crear un refugio seguro para nosotros nos ayudará a sentirnos seguros y amados.

Ah, no nos olvidemos de nuestros gustos y disgustos. Nosotros, los Cardigan Welsh Corgis, somos conocidos por nuestra naturaleza juguetona y nuestra energía ilimitada. Nos encanta participar en actividades que estimulen tanto nuestra mente como nuestro cuerpo. Ya sea saliendo a caminar, jugando a buscar

Explora el Lado Oscuro de la Vida de los Perros

Detalle de cada raza, la página explicativa de tu perro

objetos o participando en divertidas sesiones de entrenamiento, prosperamos con la alegría de estar activos e involucrados en su vida diaria. No te sorprendas si Tratamos de pastorearte a ti o a cualquier cosa que se mueva: ¡está en nuestra naturaleza! Cuando llega el momento de descansar, apreciamos un lugar acogedor para acurrucarnos y recargar energías. Nuestra zona favorita para la siesta será una cama suave, una manta cálida o incluso tu regazo. Incluso podemos meter nuestras pequeñas colas cerca de nuestro cuerpo para mantenernos calientes y cómodos. Después de un buen descanso, estaremos listos para más aventuras y menear colas!

En cuanto a la disposición de la vivienda, los Cardigan Welsh Corgis nos adaptamos bien tanto a ambientes interiores como exteriores. Aunque seamos pequeños, aún necesitamos ejercicio regular para mantener nuestro cuerpo y nuestra mente sanos. Un patio cercado de manera segura o un tiempo de juego supervisado en un área segura nos permiten explorar y quemar nuestra energía. Pero recuerda, también somos criaturas sociales que queremos estar cerca de nuestra manada humana, por lo que pasar tiempo contigo en el interior es igualmente importante.

Para asegurar nuestra felicidad y bienestar, los dueños deben brindarnos estimulación mental, entrenamiento de refuerzo positivo y mucho amor. Prosperamos con su orientación y apreciamos los límites consistentes. Con su enfoque paciente y amable, nos convertiremos en compañeros completos y le brindaremos una alegría infinita.

En conclusión, querido humano, los Cardigan Welsh Corgis somos amigos cariñosos, animados y leales. La historia de nuestra raza, los sonidos únicos y las necesidades específicas nos hacen verdaderamente especiales. Confiamos en usted para recibir amor, orientación y un sentido de propósito. Con tu compañía y cuidado, seremos los amigos peludos más felices y devotos que puedas tener!

Entonces, embarquémonos juntos en este increíble viaje, mi amigo humano. Crearemos un vínculo lleno de alegría, risas y momentos inolvidables. Prepárate para toda una vida de colas meneando y sonrisas de Corgi!

Enviándote besos de Corgi y meneando la cola,
Tu cárdigan galés Corgi

Una guía imprescindible para los amantes de los perros

Capítulo 14

Cavalier King Charles Spaniel

Woof Woof! Hola, mi querido compañero humano! Aquí está tu leal y afectuoso Cavalier King Charles Spaniel, listo para llevarte a una aventura de meneo de cola en el mundo de nuestra encantadora raza.

Empecemos con un poco de historia. Nosotros, los Cavaliers, tenemos un linaje real que se remonta a las cortes del rey Carlos I y del rey Carlos II en Inglaterra. Fuimos queridos como compañeros por los nobles y la realeza, y de ahí se origina nuestro amor por la compañía humana y la naturaleza afectuosa. A menudo se nos describe como **esponjas de amor** porque absorbemos todo el amor y la atención que nos brindas.

Cuando se trata de comunicación, tenemos un lenguaje propio. Puede que no ladremos excesivamente, pero tenemos ojos expresivos que pueden derretir tu corazón instantáneamente. Nuestras miradas amables y conmovedoras pueden transmitir una variedad de emociones, desde emoción y felicidad hasta anhelo y curiosidad. Y no nos olvidemos de nuestro pequeño y entrañable gemido cuando queremos algo!

La ansiedad puede ser una preocupación para nosotros, los Cavaliers sensibles. Prosperamos con el amor y podemos sentirnos incómodos cuando nos dejan solos durante largos períodos. Nuestros humanos necesitan brindarnos mucha compañía y crear un entorno seguro para nosotros. Tranquilizarlo suavemente, entrenar con refuerzo positivo y mantener una rutina constante puede ayudar a aliviar nuestras preocupaciones y mantenernos tranquilos y contentos.

Ahora, hablemos de lo que nos gusta y lo que no nos gusta. Adoramos absolutamente estar cerca de nuestros humanos y anhelamos su atención. Acurrucarnos en tu regazo o acurrucarte a tu lado en el sofá es pura felicidad para nosotros. También disfrutamos de paseos tranquilos por el parque, exploramos

Explora el Lado Oscuro de la Vida de los Perros

**Detalle de cada raza,
la página explicativa de tu perro**

nuevos aromas y disfrutamos de las vistas y los sonidos de la naturaleza. Solo tenga cuidado de no esforzarnos demasiado, ya que no somos la raza más atlética.

Cuando llega el momento de descansar, apreciamos nuestro sueño reparador. Normalmente necesitamos entre 12 y 14 horas de sueño diarias para recargar nuestras baterías. A menudo nos encontrarás acurrucados en un lugar acogedor, soñando con perseguir mariposas o simplemente disfrutando de la calidez de tu presencia. Nuestros tranquilos sueños nos rejuvenecen y nos preparan para más aventuras a tu lado.

En cuanto a nuestra forma de vivir, nos adaptamos bien a diversos entornos. Ya sea una casa espaciosa o un apartamento acogedor, somos adaptables y prosperamos gracias al amor y la atención que recibimos de nuestros humanos. Disfrutamos de las actividades interiores y exteriores, pero siempre debemos ser supervisados al aire libre para garantizar nuestra seguridad.

Debemos llevar una dieta nutritiva y hacer ejercicio regularmente para mantenernos sanos y felices. Es posible que tengamos tendencia a ganar peso, por lo que el control de las porciones y una dieta equilibrada son importantes. El aseo regular, incluido el cepillado de nuestro pelaje sedoso y la limpieza de las orejas, nos ayudará a vernos y sentirnos lo mejor posible. Y, por supuesto, mucho amor, abrazos y juegos tiernos nos harán los Cavaliers más felices del mundo.

En conclusión, mi querido amigo humano, los Cavaliers somos compañeros amables, cariñosos y leales. Nuestra majestuosa historia, nuestros ojos expresivos y nuestra inquebrantable devoción nos hacen verdaderamente especiales. Con su amor, cuidado y comprensión, estaremos a su lado, moviendo la cola y colmándole de amor y alegría infinitos.

Entonces, embarquémonos en un viaje de aventuras compartidas y momentos conmovedores. Allí estaré, moviendo la cola y derritiendo tu corazón con cada mirada amorosa.

Con todo mi amor y devoción,
Tu Cavalier King Charles Spaniel

Una guía imprescindible para los amantes de los perros

Capítulo 14

chihuahua

Woof Woof! Hola, mi pequeño amigo humano! Aquí está tu amigo chihuahua, listo para compartir todos los fantásticos detalles sobre nosotros los chihuahuas. Prepárate para una pequeña aventura!

Empecemos hablando de nuestra raza. Los chihuahuas son pequeños pero poderosos! Puede que seamos pequeños en tamaño, pero tenemos grandes personalidades. Originarios de México, somos conocidos por nuestro estado de alerta y naturaleza valiente. No se deje engañar por nuestra pequeña estatura: tenemos un gran corazón y mucho amor para dar.

Ahora, hablemos sobre nuestro lenguaje de sonidos único. Oh, los sonidos que hacemos! Tenemos una variedad de ladridos, aullidos e incluso aullidos. Cuando ladramos rápida e insistentemente, suele ser nuestra forma de decir: **Oye, prestame atención!** Y cuando soltamos un aullido agudo, puede que sea nuestra forma de expresar emoción o unirnos al coro del barrio.

Cuando se trata de ansiedad, algunos chihuahuas pueden ser propensos al nerviosismo. Podemos sentirnos ansiosos al encontrarnos con personas o animales desconocidos en situaciones nuevas. Proporcionarnos un entorno tranquilo y seguro es fundamental. Sea paciente y ofrezca tranquilidad durante estos momentos, ya que esperamos de usted comodidad y seguridad.

Hablemos de nuestros gustos y disgustos. A los chihuahuas les encanta ser el centro de atención! Nos encanta acurrucarnos en tu regazo y disfrutar de tu amor y afecto. Al ser mariposas sociales, disfrutamos conocer gente nueva y otros perros amigables. Pero recuerde, debido a nuestro pequeño tamaño, preferimos el juego y las interacciones suaves.

Explora el Lado Oscuro de la Vida de los Perros

Detalle de cada raza, la página explicativa de tu perro

A la hora de descansar, los chihuahuas somos expertos en encontrar rincones acogedores. Nos encanta escondernos debajo de las mantas o acurrucarnos en nuestra cama para perros favorita. Crear un espacio cómodo y cálido para que nos relajemos es una forma sencilla de hacernos sentir seguros y amados.

En cuanto a la vivienda, los chihuahuas pueden adaptarse bien tanto a ambientes interiores como exteriores. Estamos perfectamente preparados para vivir en un apartamento siempre que recibamos mucha estimulación física y mental. Sin embargo, como somos pequeños y delicados, mantenernos seguros y supervisarnos al aire libre es importante. Podemos asustarnos fácilmente con perros más grandes u objetos que se mueven rápidamente.

Para garantizar nuestro bienestar, los propietarios deben proporcionarnos ejercicio regular, estimulación mental y socialización. Puede que seamos pequeños, pero aún necesitamos nuestras caminatas diarias y tiempo de juego para mantenernos felices y saludables. Los métodos de entrenamiento con refuerzo positivo funcionan mejor para nosotros, ya que respondemos bien a los elogios y recompensas.

En conclusión, querido humano, los chihuahuas somos pequeños paquetes de alegría. Los sonidos, las necesidades y la naturaleza afectuosa únicos de nuestra raza nos hacen verdaderamente especiales. Recuerda, podemos ser pequeños, pero nuestro amor por ti es inconmensurable.

Entonces, embarquémonos juntos en esta aventura, mi pequeño amigo humano. Con tu amor, cuidado y muchas caricias en el vientre, crearemos un vínculo que durará toda la vida. Prepárate para grandes sonrisas, actitudes atrevidas y mucho amor chihuahua!

Mucho amor y besos babosos,
tu chihuahua

Una guía imprescindible para los amantes de los perros

Capítulo 14

Cocker

Woof Woof! Hola, mi maravilloso compañero humano! Tu leal y alegre amigo Cocker Spaniel está aquí, listo para mover la cola y compartir todas las cosas fantásticas sobre nuestra increíble raza. Prepárate para un encantador viaje al mundo de los Cocker Spaniels!

Comencemos con un poco de información general. Nosotros, los Cocker Spaniels, tenemos una rica historia como perros de caza, conocidos por nuestras notables habilidades olfativas y para ahuyentar a las aves de caza. Pero no dejes que eso te engañe! No sólo somos entusiastas de las actividades al aire libre, sino también cariñosos y afectuosos compañeros de familia.

Ahora, hablemos de nuestro lenguaje de sonidos único. Oh, los sonidos que hacemos! Tenemos un rango vocal bastante amplio, desde nuestros amigables ladridos hasta nuestros encantadores gemidos e incluso algún que otro aullido adorable. Usamos estos sonidos para comunicar nuestro entusiasmo, felicidad y, a veces, nuestra necesidad de atención o tiempo de juego. Simplemente escuche atentamente y comprenderá nuestro alegre lenguaje Cocker Spaniel!

Cuando se trata de ansiedad, los Cocker Spaniels a veces podemos ser almas sensibles. Los ruidos fuertes, los ambientes desconocidos o estar separados de nuestros seres queridos pueden provocarnos un poco de ansiedad. Ofrecernos un entorno tranquilo y seguro, brindarnos tranquilidad e involucrarnos en juegos o entrenamiento interactivos puede ayudar a aliviar nuestras preocupaciones. Tu amorosa presencia significa mucho para nosotros y es nuestro mayor consuelo durante esos momentos de ansiedad.

Ah, no nos olvidemos de nuestros gustos y disgustos. A nosotros, los Cocker Spaniels, nos encanta estar activos y explorar el mundo que nos rodea! Salir a caminar, jugar a buscar objetos o participar en entrenamiento de agilidad son

Explora el Lado Oscuro de la Vida de los Perros

**Detalle de cada raza,
la página explicativa de tu perro**

formas fantásticas depara mantenernos estimulados mental y físicamente. También apreciamos el tiempo de calidad para acurrucarnos con usted, ya que prosperamos gracias a su amor y atención.

Cuando llega el momento de relajarse, apreciamos nuestra acogedora siesta. Normalmente necesitamos entre 12 y 14 horas de sueño reparador al día para recargar nuestra energía. Así que no te sorprendas si nos encuentras acurrucados en nuestra cama para perros favorita o acurrucados a tu lado en el sofá, soñando con perseguir mariposas y moviendo la cola con deleite.

En cuanto a la disposición de la vivienda, los Cocker Spaniel podemos adaptarnos bien tanto a ambientes interiores como exteriores. Somos cachorros versátiles que pueden prosperar en diversos entornos, pero realmente valoramos estar cerca de nuestros queridos humanos. Ya sea un amplio patio trasero para explorar o un hogar cómodo con rincones acogedores, estaremos felices y contentos si contamos con su amor y atención.

Para garantizar nuestro bienestar, es fundamental proporcionarnos ejercicio regular, estimulación mental y socialización. Disfrutamos de caminatas diarias o sesiones de juego para quemar nuestra abundante energía. El cuidado también es una parte importante de nuestra rutina de cuidado, ya que nuestros hermosos pelajes requieren un cepillado regular y visitas ocasionales al peluquero para mantener nuestro mejor aspecto.

En conclusión, querido humano, los Cocker Spaniels somos un montón de amor, alegría y entusiasmo. Nuestra herencia cinegética, sonidos únicos y naturaleza afectuosa nos convierten en compañeros verdaderamente especiales. Con tu cuidado, atención y muchas caricias en el vientre, seremos los Cocker Spaniels más felices del mundo!

Entonces, embarquémonos juntos en una vida de aventuras inolvidables, llenas de meneos de colas, besos húmedos y amor incondicional. Prepárate para un vínculo que calentará tu corazón y traerá alegría infinita a tu vida!

Mucho amor y colas meneando,
Tu cocker spaniel

Una guía imprescindible para los amantes de los perros

Capítulo 14

Perro tejonero

Woof Woof! Hola, mi amigo humano! Tu amigo Dachshund está aquí para brindarte todo lo que necesitas saber sobre nosotros, los Doxies. Prepárate para pasar un buen rato moviendo la cola!

Primero lo primero, hablemos de nuestra raza. Los Dachshunds somos perros pequeños, de cuerpo largo y patas cortas. Originariamente fuimos criados en Alemania para cazar tejones, por lo que tenemos un carácter fuerte y decidido. Puede que seamos diminutos, pero tenemos el corazón de un poderoso cazador!

Ahora, profundicemos en nuestro lenguaje de sonidos único. Oh, los sonidos que hacemos! Tenemos bastante rango vocal, desde ladridos profundos y expresivos hasta aullidos adorables. Cuando soltamos ladridos cortos y agudos, a menudo es nuestra forma de alertarte sobre algo interesante o sospechoso. Y cuando desatamos nuestros aullidos melódicos, es posible que estemos expresando nuestra alegría o llamando a nuestros compañeros peludos.

Cuando se trata de ansiedad, algunos perros salchicha pueden ser propensos a preocuparse. Los ruidos fuertes o los cambios ambientales bruscos pueden ponernos un poco nerviosos. Calmarnos con palabras amables, brindarnos un refugio seguro y acogedor al que retirarnos y ofrecernos toques reconfortantes puede hacer maravillas para calmar nuestras preocupaciones. Recuerde, contamos con usted para que sea nuestro ancla de tranquilidad!

Ahora, hablemos de lo que nos gusta y lo que no nos gusta. Los Dachshunds somos cachorros juguetones y aventureros! Nos encanta explorar el mundo que nos rodea, ya sea persiguiendo ardillas o cavando en el patio trasero. También tenemos una habilidad especial para excavar madrigueras y hacer túneles, por lo que crear un área designada para cavar o proporcionarnos mantas acogedoras para acurrucarnos nos hará mover la cola con deleite.

Explora el Lado Oscuro de la Vida de los Perros

Detalle de cada raza, la página explicativa de tu perro

Cuando llega el momento de descansar esas patitas cortas, los perros salchicha apreciamos un lugar cómodo donde acurrucarnos. Nos encanta encontrar los rincones más acogedores de la casa o acurrucarnos en una lujosa cama para perros. Ofrecernos un espacio cálido y acogedor para nuestra hora de dormir es una forma sencilla de mostrarnos su amor.

En cuanto a la vivienda, los perros salchicha son adaptables y pueden prosperar en diversos entornos. Ya sea que viva en un apartamento acogedor o en una casa espaciosa con patio trasero, podemos sentirnos como en casa. Sin embargo, es importante tener en cuenta que debemos ser tratados con cuidado debido a nuestra espalda larga para evitar posibles problemas de espalda. Por lo tanto, es esencial jugar con suavidad y evitar actividades que ejerzan presión sobre nuestra columna.

Para garantizar nuestro bienestar, los propietarios deben proporcionarnos ejercicio regular, estimulación mental y socialización. Los paseos diarios, los juguetes interactivos y los juegos de rompecabezas mantendrán ocupadas nuestras mentes curiosas. Los métodos de entrenamiento de refuerzo positivo funcionan de maravilla para nosotros, ya que estamos ansiosos por complacer y responder bien a los elogios y recompensas.

En conclusión, querido humano, los Dachshunds somos enérgicos, leales y llenos de carácter. Los sonidos, las necesidades y la determinación únicos de nuestra raza nos hacen verdaderamente especiales. Con tu amor, cuidado y muchas caricias en la barriga, seremos los perritos salchicha más felices que existen!

Entonces, embarquémonos juntos en esta aventura, mi amigo humano. Con su guía y afecto infinito, crearemos recuerdos que calentarán nuestros corazones durante años. Prepárate para mover colas, besos en la nariz húmeda y un montón de encanto de perro salchicha!

Mucho amor y besos babosos,
Tu perro salchicha

Una guía imprescindible para los amantes de los perros

Capítulo 14

Dóberman Pinscher

Woof Woof! Hola, mi intrépido y devoto amigo humano! Es tu leal amigo Doberman Pinscher, listo para revelar el fascinante mundo de nuestra extraordinaria raza. Prepárate para una aventura llena de lealtad, fuerza y amor infinito!

Comencemos con algo de información sobre la raza. Los Doberman Pinschers somos famosos por nuestra apariencia elegante y musculosa. Llamamos la atención con nuestros abrigos aterciopelados, colores llamativos y oídos atentos. Criados como perros de trabajo versátiles, poseemos una combinación única de inteligencia, atletismo y lealtad inquebrantable.

Ahora, hablemos de nuestro estilo de comunicación. Los Doberman tenemos una amplia gama de expresiones vocales. Desde ladridos profundos y autoritarios hasta ladridos juguetones y aullidos suaves, usamos nuestra voz para transmitir nuestras emociones. Cuando ladramos con un tono fuerte y autoritario, suele ser para alertar de un peligro potencial o proteger a nuestros queridos humanos. Y cuando soltamos aullidos de alegría y gemidos emocionados, es nuestra forma de decir: **Juguemos y divirtámonos!**

La ansiedad en ocasiones puede afectarnos a los Doberman, especialmente si carecemos de estimulación física y mental. Prosperamos con el ejercicio regular, los desafíos mentales y, lo más importante, su amorosa presencia. Pasar tiempo de calidad con nosotros, participar en juegos interactivos y garantizar una rutina estructurada ayudará a aliviar cualquier ansiedad que podamos experimentar. Te consideramos nuestro líder y protector de confianza, por lo que tu presencia tranquila y tranquilizadora es clave para nuestra felicidad y bienestar.

No nos olvidemos de nuestros gustos y disgustos. Los Doberman tenemos un impulso innato para proteger y servir a nuestras familias. Somos devotos y ferozmente leales, siempre dispuesto a estar a tu lado. Nuestras actividades

Explora el Lado Oscuro de la Vida de los Perros

Detalle de cada raza, la página explicativa de tu perro

favoritas incluyen participar en entrenamiento de obediencia, participar en deportes caninos como agilidad o trabajo con olfato, e incluso acurrucarnos contigo en el sofá. Apreciamos nuestro tiempo con usted; Cualquier oportunidad de ejercicio físico y estimulación mental nos hará mover la cola de alegría!

A la hora de descansar, agradecemos un lugar acogedor y confortable para recargar pilas. Aunque nuestras necesidades de sueño pueden variar, generalmente necesitamos entre 10 y 12 horas de descanso cada día. Así, es posible que nos encuentres acurrucados en nuestra cama favorita o durmiendo contentos en un rincón tranquilo de la casa, soñando con emocionantes aventuras y mimos interminables.

En cuanto a nuestras condiciones de vida, los Doberman podemos adaptarnos a diversos entornos, siempre que recibamos los cuidados, el entrenamiento y el ejercicio adecuados. Si bien apreciamos un área segura al aire libre donde podemos estirar las piernas y explorar, también nos sentimos contentos viviendo en el interior con nuestros queridos seres humanos. Recuerde, nos encanta ser una parte integral de su vida diaria, por lo que incluirnos en sus actividades y asegurarnos de que recibamos suficiente estimulación física y mental sacará lo mejor de nosotros.

Para garantizar nuestro bienestar, los propietarios deben brindarnos ejercicio regular, desafíos mentales y socialización desde una edad temprana. Los Doberman somos inteligentes y estamos ansiosos por complacer, lo que nos convierte en excelentes candidatos para el entrenamiento de obediencia y actividades avanzadas. Los métodos de refuerzo positivo, la coherencia y los límites claros nos ayudarán a convertirnos en compañeros felices y completos.

En conclusión, querido humano, los Doberman Pinschers somos el epítome de la lealtad, la fuerza y el amor inquebrantable. Nuestro estilo de comunicación único, nuestros instintos protectores y nuestra capacidad atlética nos convierten en compañeros verdaderamente especiales. Con tu guía, amor y muchos masajes en el vientre, seremos los Doberman más felices del planeta!

Mucho amor y devoción inquebrantable,
Tu dóberman pinscher

Una guía imprescindible para los amantes de los perros

Capítulo 14

cocker ingles

Woof Woof! Hola, mi amigo humano! Es tu amigo Cocker inglés, listo para compartir todos los fantásticos detalles sobre nuestra fabulosa raza. ¿Estás listo para sumergirte en el mundo del Cocker inglés? Empecemos!

Primero lo primero, hablemos de nuestra raza. El Cocker inglés es conocido por nuestro encanto, inteligencia y naturaleza juguetona. Somos perros de tamaño mediano con ojos bonitos y expresivos y un pelaje suave y sedoso que nos hacen irresistibles. Criados originalmente como compañeros de caza, tenemos un talento natural para olfatear la presa y recuperarla con entusiasmo.

Ahora, hablemos sobre nuestro lenguaje de sonidos único. Somos bastante vocales y expresivos! Utilizamos una variedad de sonidos deliciosos, desde suaves gemidos hasta ladridos excitados, para comunicar nuestras emociones y deseos. Cuando meneamos la cola rápidamente y soltamos un ladrido alegre, significa que estamos llenos de emoción y felicidad. Y cuando te ponemos esos conmovedores ojos de cachorrito, es nuestra forma de decir: **Te amo!**

Cuando se trata de ansiedad, los Cocker ingleses podemos ser almas sensibles. Los cambios de rutina, los ruidos fuertes o la separación de nuestros seres queridos pueden hacernos sentir un poco ansiosos. Pero no temas, querido ser humano, ya que tu amor y tranquilidad son las claves para calmar nuestras preocupaciones. Su toque gentil, sus palabras tranquilizadoras y su ambiente seguro nos harán sentir seguros y protegidos.

Ah, no nos olvidemos de nuestros gustos y disgustos. Los English Cocker somos perros activos y enérgicos a los que les encanta explorar y jugar. Prosperamos al participar en actividades que desafíen nuestra mente y nos mantengan físicamente activos. Ya sea dando largas caminatas, jugando a buscar objetos en el parque o participando en un entrenamiento de obediencia, siempre

Explora el Lado Oscuro de la Vida de los Perros

Detalle de cada raza, la página explicativa de tu perro

estamos dispuestos a divertirnos y aventura. Además, una buena sesión de caricias y caricias contigo hará que nuestras colas se muevan de alegría!

Cuando llega el momento de relajarse, apreciamos un lugar acogedor para acurrucarse y descansar. Una cama mullida o un cómodo sofá serán nuestro lugar favorito para echar una siesta y recargar pilas. Incluso podemos acurrucarnos cerca de usted para mayor calidez y comodidad. Después de un descanso reparador, estaremos listos para acompañarte en más escapadas emocionantes!

En cuanto a la vivienda, los Cocker Inglés nos adaptamos bien a ambientes interiores y exteriores. Disfrutamos pasar tiempo de calidad con nuestra manada humana, por lo que es importante estar adentro con ustedes. Sin embargo, también apreciamos las actividades al aire libre y necesitamos ejercicio regular para mantenernos felices y saludables. Ya sea que se trate de explorar un patio trasero seguro o vivir aventuras con usted, estaremos encantados de tener un equilibrio de experiencias interiores y exteriores.

Para garantizar nuestro bienestar y felicidad, los propietarios deben brindarnos estimulación mental, ejercicio regular y mucho amor. Los métodos de entrenamiento con refuerzo positivo funcionan de maravilla para nosotros, ya que respondemos bien a los elogios y recompensas. Una rutina estructurada, la socialización con otros perros y mucho tiempo de juego nos harán mover la cola con deleite.

En conclusión, querido humano, los Cocker ingleses somos compañeros cariñosos, inteligentes y juguetones. Las características únicas, los sonidos expresivos y las necesidades específicas de nuestra raza nos hacen verdaderamente especiales. Con tu amor, cuidado y compañía, seremos los amigos peludos más felices y devotos que puedas pedir!

Entonces, embarquémonos juntos en este delicioso viaje, mi amigo humano. Crearemos recuerdos que durarán toda la vida, llenos de colas meneándose, besos húmedos y alegría infinita. Prepárate para una aventura increíble con tu compañero Cocker inglés!

Te envío alegres besos de spaniel y meneando la cola,
Tu cocker inglés

Una guía imprescindible para los amantes de los perros

Capítulo 14

Setter inglés

Woof Woof! Saludos, mi fantástico compañero humano! Aquí estoy tu leal y juguetón amigo Setter inglés, emocionado de compartir todas las cosas maravillosas sobre nuestra maravillosa raza. Prepárate para un viaje al mundo de los Setters ingleses!

Comencemos con un poco de información general. Nosotros, los Setters ingleses, tenemos una historia fascinante como perros de caza versátiles, conocidos por nuestras excepcionales habilidades olfativas y nuestros elegantes movimientos. Nuestro elegante pelaje emplumado y nuestros instintos naturales de caza nos convierten en un espectáculo digno de contemplar y un placer tener a tu lado.

Ahora, hablemos de nuestro lenguaje de sonidos único. Oh, los sonidos que hacemos! Tenemos bastante rango vocal, desde nuestros amigables ladridos hasta nuestros melodiosos aullidos e incluso nuestros expresivos gemidos. Usamos estos sonidos para comunicar nuestro entusiasmo, curiosidad y, a veces, nuestro deseo de aventura o tiempo de juego. Simplemente escuche atentamente y comprenderá nuestro encantador idioma English Setter!

Cuando se trata de ansiedad, los setters ingleses generalmente somos tolerantes y adaptables. Sin embargo, situaciones como quedarnos solos durante largos periodos de tiempo o experimentar cambios bruscos en nuestra rutina pueden provocarnos un poco de ansiedad. Brindarnos un ambiente seguro y reconfortante, involucrarnos en actividades interactivas y ofrecer estimulación mental a través de rompecabezas o ejercicios de entrenamiento puede ayudar a aliviar cualquier ansiedad que podamos sentir. Tu amorosa presencia y tranquilidad significan mucho para nosotros!

Ah, no nos olvidemos de nuestros gustos y disgustos. A nosotros los Setters ingleses nos encanta estar al aire libre y explorar las maravillas de la naturaleza!

Explora el Lado Oscuro de la Vida de los Perros

Detalle de cada raza, la página explicativa de tu perro

Ya sea dando largos paseos por el parque, caminando por senderos pintorescos o jugandoir a buscar en espacios abiertos, prosperamos en las aventuras al aire libre. También valoramos el tiempo de calidad para establecer vínculos contigo, saboreando cada momento de afecto y atención que nos brindas.

Cuando llega el momento de descansar, apreciamos nuestra acogedora siesta. Normalmente necesitamos entre 12 y 14 horas de sueño diarias para recargar nuestra energía y rejuvenecer nuestro cuerpo. Así que no te sorprendas si nos encuentras durmiendo en un lugar soleado junto a la ventana o acurrucados en nuestra cama para perros favorita, soñando con perseguir pájaros y moviendo la cola con alegría.

En cuanto a la vivienda, los Setters ingleses podemos adaptarnos bien a diversos entornos siempre que tengamos amplias oportunidades de ejercicio y estimulación mental. Ya sea un espacioso patio trasero donde podamos estirar las piernas o un hogar acogedor con muchos juguetes interactivos, estaremos felices si estamos rodeados de su amor y cuidado.

Para garantizar nuestro bienestar, es importante realizar ejercicio regular, estimulación mental y socialización. Prosperamos participando en actividades que desafíen nuestras mentes y cuerpos. Las caminatas diarias, el tiempo de juego sin correa en áreas seguras y las clases de entrenamiento de obediencia son excelentes maneras de mantenernos felices y realizados.

En conclusión, querido humano, los setters ingleses somos amables, leales y estamos llenos de entusiasmo por la vida. Nuestra herencia de caza, sonidos únicos y amor por la naturaleza nos convierten en compañeros verdaderamente especiales. Con tu cuidado, atención y muchos masajes en el vientre, seremos los Setters ingleses más felices del mundo!

Entonces, embarquémonos juntos en una vida de aventuras memorables llenas de meneos de colas, besos húmedos y amor infinito. Prepárate para un vínculo que calentará tu corazón y traerá alegría infinita a tu vida!

Mucho amor y colas meneando,
Tu setter inglés

Una guía imprescindible para los amantes de los perros

Capítulo 14 **161**

Pastor alemán

Woof Woof! Hola, mi amigo humano! Es tu amigo pastor alemán, listo para contarte todo lo que necesitas saber sobre nosotros, los pastores alemanes. ¿Estás listo para una aventura realmente increíble? Vamos a sumergirnos de lleno!

Primero lo primero, hablemos de nuestra raza. Los pastores alemanes tenemos una rica herencia como perros de trabajo. Criados para ser inteligentes, leales y versátiles, somos como los superhéroes del mundo de los perros! Desde el trabajo policial y militar hasta las misiones de búsqueda y rescate, hemos demostrado una y otra vez que somos compañeros valientes y dedicados.

Ahora, hablemos sobre nuestro lenguaje de sonidos único. Oh, los sonidos que hacemos son bastante fascinantes! Contamos con un repertorio de ladridos, quejidos y aullidos para comunicarnos contigo. Cuando soltamos un ladrido breve y agudo, suele ser nuestra forma de decir: **Oye, presta atención! Algo importante está pasando!** Y cuando emitimos un gruñido bajo y retumbante, podría significar que nos sentimos protectores o alertas ante peligros potenciales.

En cuanto a la ansiedad, los pastores alemanes a veces nos ponemos un poco ansiosos en determinadas situaciones. Los ruidos fuertes, los ambientes desconocidos o estar separados de nuestros seres queridos pueden hacernos sentir incómodos. Calmarnos con palabras amables, crear un espacio acogedor y seguro para nosotros y presentarnos gradualmente nuevas experiencias puede ser de gran ayuda para aliviar nuestras preocupaciones. Tu presencia tranquila y tranquilizadora significa mucho para nosotros, querido humano!

Ah, no nos olvidemos de nuestros gustos y disgustos. A los pastores alemanes nos encantan naturalmente las actividades que involucran nuestra mente y nuestro cuerpo. Ya sea jugando a buscar, dando largas caminatas o participando

Detalle de cada raza, la página explicativa de tu perro

en un entrenamiento de obediencia, prosperamos con la estimulación física y mental. Somos conocidos por nuestro afán de complacer, así que, Pasar tiempo de calidad con nosotros y desafiarnos con nuevas tareas hará que nuestras colas se muevan de alegría!

Cuando llega el momento de descansar, los pastores alemanes apreciamos nuestro sueño reparador como cualquier otro cachorro. Necesitamos entre 12 y 14 horas de repetición para recargar nuestras baterías y ser lo mejor de nosotros mismos. Así que no te sorprendas si nos encuentras acurrucados en un acogedor rincón de la casa, soñando con emocionantes aventuras y protegiendo a nuestros seres queridos.

En cuanto a la vivienda, los pastores alemanes podemos adaptarnos bien tanto a ambientes interiores como exteriores. Sin embargo, prosperamos cuando tenemos acceso a un área exterior segura para estirar las piernas y quemar energía. Un patio trasero con una valla alta es ideal para nosotros, ya que nos permite explorar y vigilar nuestro territorio.

Para garantizar nuestra felicidad y bienestar, los propietarios deben proporcionarnos ejercicio físico y mental, entrenamiento constante y socialización desde una edad temprana. Los métodos de entrenamiento con refuerzo positivo funcionan de maravilla para nosotros, ya que respondemos bien a los elogios y recompensas. Un ambiente amoroso y estructurado, muchos masajes en el vientre y tiempo de juego nos convertirán en los pastores alemanes más felices de la cuadra!

En conclusión, querido humano, los pastores alemanes somos compañeros leales, inteligentes y protectores. La historia de nuestra raza, los sonidos únicos y las necesidades específicas nos hacen verdaderamente especiales. Recuerde, buscamos en usted amor, orientación y un sentido de propósito. Con tu paciencia, comprensión y dedicación, seremos los amigos peludos más devotos que puedas pedir!
Entonces, embarquémonos juntos en este increíble viaje, mi amigo humano. Crearemos un vínculo que durará toda la vida, lleno de aventuras inolvidables, colas alegres y amor infinito. Juntos podemos conquistar cualquier cosa!

Mucho amor y Woof protectores,
Tu pastor alemán

Una guía imprescindible para los amantes de los perros

Capítulo 14

perro perdiguero de oro

Woof Woof! Hola mi amigo humano! Tu amigo Golden Retriever está aquí, listo para compartir todo lo que necesitas saber sobre nosotros los Golden. Prepárate para pasar un buen rato moviendo la cola!

Primero lo primero, profundicemos en nuestra raza. Los Golden Retrievers son conocidos por nuestra naturaleza amigable y gentil. Tenemos una rica historia como perros de recuperación, originalmente criados para buscar aves acuáticas para los cazadores. Pero hoy en día, estamos más interesados en ir a buscar tus pantuflas o una pelota de tenis durante el juego!

Ahora, hablemos de nuestro lenguaje de sonidos único. Oh, los sonidos que hacemos son música para tus oídos! Desde nuestros emocionados ladridos de alegría hasta nuestros felices aullidos y meneos de colas, siempre tenemos una manera de expresar nuestro deleite. Dejar escapar un suave gemido o gemido puede significar que nos sentimos ansiosos o buscamos atención. Y cuando soltamos un largo suspiro de satisfacción, es nuestra forma de decir: **La vida es buena, ser humano!**

Cuando se trata de ansiedad, los Golden podemos ser almas sensibles. Es posible que nos sintamos incómodos en situaciones nuevas o desconocidas, o durante tormentas eléctricas o fuegos artificiales. Ofrecernos tranquilidad, una palmadita reconfortante en la cabeza y un lugar acogedor para descansar puede ser de gran ayuda para calmar nuestras preocupaciones. Prosperamos con su amor y atención, y eso nos ayuda a sentirnos seguros y protegidos.

Ahora, hablemos de lo que nos gusta y lo que no nos gusta. Los Golden Retrievers son famosos por nuestro amor por el agua! Chapotear en lagos, estanques o incluso en una piscina para niños es una bendición para nosotros. Tenemos patas palmeadas, lo que nos convierte en excelentes nadadores.

Explora el Lado Oscuro de la Vida de los Perros

**Detalle de cada raza,
la página explicativa de tu perro**

Entonces, si te apetece tener un compañero de natación o jugar a buscar objetos en el agua, cuenta con nosotros! Cuando llega la hora de dormir, los Golden sabemos cómo relajarnos y recargar energías. Normalmente necesitamos entre 10 y 12 horas de sueño para ser lo mejor de nosotros mismos. Así que no te sorprendas si nos encuentras acurrucados en el lugar más cómodo de la casa, soñando con divertidas aventuras y moviendo la cola mientras dormimos.

Los Golden son adaptables y pueden prosperar en diversas formas de vida. Podemos ser felices tanto en el interior como en el exterior, siempre y cuando tengamos mucho amor, atención y oportunidades para hacer ejercicio. Un patio vallado de forma segura donde podamos correr y jugar a buscar es como un sueño dorado hecho realidad!

Para mantenernos sanos y felices, los propietarios deben proporcionarnos ejercicio regular, estimulación mental y entrenamiento de refuerzo positivo. Nos encanta aprender nuevos trucos y tareas, por lo que enseñarnos comandos divertidos y desafiar nuestro cerebro nos mantendrá alerta. Y, por supuesto, muchos masajes en el vientre, rasguños en las orejas y tiempo de juego contigo nos harán los Golden Retrievers más felices de la Tierra.

En conclusión, querido humano, los Golden Retrievers somos cariñosos, leales y estamos llenos de alegría. La historia de nuestra raza, el lenguaje de los sonidos y las necesidades únicas nos hacen verdaderamente especiales. Recuerde, lo admiramos como nuestra familia y confiamos en que usted nos brindará un ambiente amoroso y enriquecedor.

Entonces, embarquémonos juntos en este increíble viaje, mi amigo humano. Con su amor, cuidado y algunas delicias, crearemos un vínculo que durará toda la vida. Prepárate para toda una vida de meneos de colas, besos húmedos y momentos dorados interminables!

Mucho amor y colas meneando,
Tu perro perdiguero de oro

Una guía imprescindible para los amantes de los perros

Capítulo 14

Gran Danés

Woof Woof! Hola, mi amigo humano! Es tu amigable compañero gran danés, aquí para compartir todos los increíbles detalles sobre nuestra majestuosa raza. Prepárate para una gran historia de amor y lealtad!

Comencemos con los antecedentes de nuestra raza. Los grandes daneses son gigantes con un corazón de oro. Tenemos una rica historia, originaria de la antigua Grecia y Alemania. Criados como perros de caza y más tarde como leales protectores, tenemos una presencia majestuosa y una naturaleza amable que nos hace irresistibles para todos los que conocemos.

Ahora, hablemos de nuestro lenguaje de sonidos único. Si bien puede que no seamos los perros más vocales, nos comunicamos a través de una variedad de sonidos deliciosos. Desde ladridos profundos y retumbantes hasta ladridos juguetones y gruñidos suaves, expresamos nuestras emociones de las maneras más adorables. Es nuestra manera de decir: **Estoy aquí y te amo!**

Cuando se trata de ansiedad, los grandes daneses somos blandos de gran corazón. Anhelamos su amor y atención y podemos sentirnos ansiosos cuando nos dejan solos por períodos prolongados. Para ayudar a aliviar nuestras preocupaciones, cree un espacio seguro y acogedor al que podamos retirarnos cuando usted no esté. Dejar aromas reconfortantes, proporcionar juguetes interactivos y reproducir música relajante puede ayudar a calmar nuestras dulces almas.

No nos olvidemos de nuestros gustos y disgustos. Los grandes daneses son conocidos por nuestra naturaleza amable y amigable. Nos encanta estar cerca de nuestra manada humana, acurrucarnos en el sofá más cómodo o tumbarnos en el suelo para que nos froten el vientre. A pesar de nuestro tamaño, tenemos fama de ser gigantes amables y excelentes compañeros de familia.

Explora el Lado Oscuro de la Vida de los Perros

Detalle de cada raza, la página explicativa de tu perro

Cuando llega el momento de descansar, los grandes daneses nos tomamos el sueño en serio. Necesitamos entre 14 y 16 horas de sueño reparador al día para recargar nuestras grandes baterías. Es posible que nos encuentres acurrucados en el rincón más acogedor de la casa, durmiendo y soñando con delicias y aventuras. Una cama suave digna de un rey o una reina es justo lo que necesitamos para despertarnos sintiéndonos renovados y listos para la diversión!

En cuanto a las condiciones de vida, los grandes daneses somos adaptables y podemos prosperar en diversos entornos. Si bien apreciamos tener un patio espacioso para estirar nuestras largas piernas, también nos sentimos contentos viviendo en apartamentos o casas más pequeñas siempre que hagamos mucho ejercicio diario y estimulación mental. Las caminatas regulares, el tiempo de juego y los juegos interactivos nos mantendrán felices y saludables.

Para garantizar nuestro bienestar, los propietarios deben proporcionarnos una adecuada formación y socialización desde pequeños. Si bien podemos parecer imponentes, somos amables y estamos ansiosos por complacer. Los métodos de entrenamiento con refuerzo positivo funcionan mejor para nosotros, ya que respondemos bien a los elogios, las recompensas y la orientación amable. Con paciencia, constancia y muchas delicias, seremos los grandes daneses con mejor comportamiento!

En conclusión, querido humano, los grandes daneses somos la personificación del amor y la lealtad. Nuestra majestuosa estatura, sonidos únicos y naturaleza gentil nos hacen verdaderamente especiales. Con tu amor, cuidado y comprensión de nuestras necesidades, seremos tus compañeros de por vida, siempre listos para llenar tus días con besos babosos, meneando la cola y abrazos interminables.

Entonces, ¿estás listo para embarcarte en una gran aventura con tu amigo gran danés? Exploremos el mundo juntos, creemos recuerdos y experimentemos la alegría de tener un gigante gentil a tu lado. Prepárate para un viaje extraordinario lleno de amor, risas y momentos conmovedores!

Mucho amor y besos babosos,
Tu gran danés

Una guía imprescindible para los amantes de los perros

Capítulo 14

Labrador retriever

Woof Woof! Hola, mi amigo humano! Es tu amigo Labrador Retriever, listo para contarte todo lo que necesitas saber sobre nosotros los laboratorios. Abróchate el cinturón para pasar un buen rato ladrando!

Primero lo primero, hablemos de nuestra raza. Nosotros los laboratorios tenemos una historia fascinante. Criados originalmente como perros de trabajo, tenemos una sólida base genética como perros perdigueros. Ya sea a buscar patos o tus zapatillas favoritas, tenemos un instinto natural para recuperar objetos y devolvértelos. Somos como superhéroes peludos del mundo de la búsqueda!

Ahora, profundicemos en nuestro lenguaje único de sonidos. Oh, los diferentes sonidos que hacemos! Desde ladridos felices hasta quejidos adorables, tenemos todo un repertorio vocal. Cuando ladramos con sonidos cortos y agudos, suele ser nuestra forma de decir: **Oye, presta atención! Algo emocionante está sucediendo!** Y cuando dejamos escapar un aullido largo y triste, podemos expresar nuestro anhelo o llamar a nuestros amigos peludos en la distancia.

Cuando se trata de ansiedad, los labradores a veces podemos tener nerviosismo. Los ruidos fuertes como tormentas eléctricas o fuegos artificiales pueden hacernos temblar de miedo. Calmarnos con palabras amables, brindarnos un lugar acogedor donde acurrucarnos y tal vez incluso tocar música relajante puede hacer maravillas para aliviar nuestras preocupaciones. Recuerda, te consideramos nuestro superhéroe humano, así que tu reconfortante presencia significa mucho para nosotros!

Ah, no nos olvidemos de nuestros gustos y disgustos. Los laboratorios son conocidos por nuestro amor por el agua! Chapotear en lagos, ríos o incluso en la piscina para niños del patio trasero es pura felicidad para nosotros. Tenemos

Detalle de cada raza, la página explicativa de tu perro

patas palmeadas, ya sabes, ques convierte en excelentes nadadores. Solo mira esas expresiones felices que mueven la cola mientras nos sumergimos!

A la hora de la siesta, los Labs somos auténticos profesionales. Necesitamos un sueño reparador y no nos avergüenza admitirlo. Unas 12 a 14 horas de repetición son adecuadas para que recarguemos las pilas. Así que no te sorprendas si nos encuentras acurrucados en el rincón más acogedor de la casa, soñando con perseguir ardillas y pelotas de tenis.

En cuanto a la disposición de la vivienda, los Labs pueden adaptarse bien tanto a ambientes interiores como exteriores. Somos cachorros versátiles que pueden prosperar en diversos entornos. Sin embargo, disfrutamos de acceso a un área segura al aire libre para explorar y quemar algo de energía. Un patio trasero espacioso con espacio para deambular sería un sueño hecho realidad para nosotros.

Para garantizar nuestro bienestar, los propietarios deben proporcionarnos estimulación mental, entrenamiento constante y socialización desde una edad temprana. Los métodos de entrenamiento con refuerzo positivo funcionan de maravilla para nosotros, ya que respondemos bien a los elogios y recompensas. Una rutina estructurada, ejercicio regular y mucho amor y afecto nos convertirán en los labradores más felices del vecindario!

En conclusión, los Labs somos leales, cariñosos y llenos de vida. La historia de nuestra raza, nuestros antecedentes genéticos y nuestro lenguaje de sonidos único nos hacen verdaderamente especiales. Recuerde, buscamos en usted amor, cuidado y comprensión. Con tu guía, paciencia y muchas caricias en el vientre, seremos los laboratorios más felices del mundo!

Recuerda, cada Labrador es único y nuestras necesidades pueden variar. Siempre es una buena idea consultar con un veterinario o un adiestrador de perros profesional para obtener orientación y asesoramiento personalizados basados en nuestras personalidades individuales.

Bueno, mi querido humano, espero que este pequeño vistazo al mundo de los Labrador Retrievers te haya hecho sonreír. Somos leales, amorosos y llenos de alegría infinita. Entonces, embarquémonos juntos en una vida de aventuras, llena de meneos de colas, besos babosos y amor incondicional.

Mucho amor y besos babosos,
Tu perro labrador

Una guía imprescindible para los amantes de los perros

Leonberger

Woof Woof! Hola, soy tu amigo peludo, el Leonberger, aquí para compartir todas las cosas maravillosas sobre nuestra majestuosa raza. Prepárate para un viaje increíble lleno de amor, lealtad y mucha diversión! Primero lo primero, hablemos de nuestra apariencia.

Somos grandes, esponjosos y muy guapos. Con nuestra melena de león, ojos expresivos y expresión gentil, podemos llamar la atención dondequiera que vayamos. Como una de las razas de perros más grandes, somos fuertes y robustos, pero a la vez gentiles y elegantes. Pero no es sólo nuestra apariencia lo que nos hace especiales.

Somos conocidos por nuestra naturaleza amigable y amorosa. Somos verdaderos perros de familia, siempre deseosos de complacer y profundamente devotos de nuestra manada humana. Somos fantásticos con los niños, pacientes y amables, lo que nos convierte en los compañeros ideales para los más pequeños. Nuestro comportamiento tranquilo y paciente también nos convierte en excelentes perros de terapia, que brindan consuelo y alegría a quienes lo necesitan. ¿Inteligencia? Puedes apostar!

Aprendemos rápido y prosperamos con la estimulación mental. Entrenarnos es muy fácil, especialmente cuando utilizas técnicas de refuerzo positivo como golosinas y elogios. Siempre estamos dispuestos a aprender nuevos trucos y tareas y sobresalir en obediencia, seguimiento e incluso actividades de rescate acuático. Mantener nuestra mente comprometida y desafiada es clave para nuestra felicidad y bienestar.

Ahora, hablemos de nuestro amor por el agua. Somos nadadores natos y disfrutamos de un buen chapuzón en el lago o de un chapuzón en la piscina. Nuestro grueso pelaje doble nos mantiene calientes incluso en aguas frías, lo que

Explora el Lado Oscuro de la Vida de los Perros

Detalle de cada raza, la página explicativa de tu perro

hace que la natación sea uno de nuestros pasatiempos favoritos. Entonces, si estás buscando un amigo peludo que te acompañe en aventuras acuáticas, estamos listos para sumergirte!

Cuando se trata de ansiedad, algunos de nosotros, los Leonbergers, podemos ser un poco sensibles. Los ruidos fuertes, los cambios de rutina o quedarnos solos durante largos periodos de tiempo pueden hacernos sentir un poco incómodos. Brindarnos un ambiente tranquilo y seguro, mucho ejercicio y mucho tiempo de calidad con nuestra familia humana puede ayudar a aliviar nuestras preocupaciones. Apreciamos tener una rutina y que nos incluyan en actividades familiares para mantener la cola moviéndose felizmente.

En términos de vivienda, somos perros adaptables. Si bien disfrutamos de tener un área espaciosa para estirar las patas, podemos adaptarnos a diversos entornos de vida siempre que hagamos ejercicio con regularidad y mucho amor y atención por parte de nuestros humanos. Simplemente bríndenos suficiente estimulación física y mental para mantenernos contentos y felices.

En conclusión, querido humano, los Leonberger somos cariñosos, leales y llenos de gentil fuerza. Nuestra apariencia majestuosa, naturaleza amigable e inteligencia nos convierten en compañeros fantásticos para familias de todos los tamaños. Con su amor, cuidado y muchos rasguños en la barbilla, seremos los Leonberger más felices del mundo! Entonces, embarquémonos juntos en una vida de aventuras, llena de meneos de colas, grandes abrazos de oso y amor infinito.

Te envío enormes abrazos peludos y besos babosos.
Su Leonberger

Una guía imprescindible para los amantes de los perros

Capítulo 14   **171**

maltés

Woof Woof! Hola querido amigo humano! Tu encantador compañero maltés está aquí, listo para compartir todos los detalles esponjosos sobre nuestra maravillosa raza. Prepárate para un viaje verdaderamente encantador al mundo de los perros malteses!

Comencemos con los antecedentes de nuestra raza. Los perros malteses son una raza antigua con herencia real. Hemos sido queridos compañeros de la nobleza y la aristocracia durante siglos. Nuestro pelaje blanco sedoso y nuestra apariencia elegante nos convierten en bolas de pelusa andantes que aportan elegancia y gracia dondequiera que vayamos.

Ahora, hablemos de nuestro lenguaje de sonidos único. Oh, los sonidos que hacemos! Tenemos todo un repertorio vocal, desde pequeños y dulces ladridos hasta chirridos juguetones y gruñidos ocasionales. Usamos estos sonidos para expresar nuestro entusiasmo, alegría y, a veces, para avisarle si necesitamos algo. Simplemente escuche atentamente y comprenderá nuestro adorable idioma maltés!

Cuando se trata de ansiedad, los perros malteses podemos ser almas sensibles. Los cambios de rutina, la separación de nuestros seres queridos o encontrarnos con situaciones desconocidas pueden provocarnos ansiedad. Proporcionar un ambiente tranquilo y amoroso, tranquilidad y muchos abrazos puede hacer maravillas para calmar nuestras preocupaciones. Su presencia y afecto significan mucho para nosotros y es nuestro mayor consuelo durante esos momentos de ansiedad.

Ah, no nos olvidemos de nuestros gustos y disgustos. A nosotros, los perros malteses, nos encanta ser el centro de atención! Nos encanta la atención, los mimos y ser el centro de tu mundo. Ya sea acurrucándonos en tu regazo,

Explora el Lado Oscuro de la Vida de los Perros

Detalle de cada raza, la página explicativa de tu perro

acompañándote en aventuras o mostrándote nuestros encantadores trucos, prosperamos gracias a tu amor y admiración.

Cuando llega el momento de relajarse, los perros malteses apreciamos nuestra acogedora siesta. Normalmente necesitamos entre 12 y 14 horas de sueño reparador al día para recargar nuestras elegantes baterías. Por eso, no te sorprendas si nos encuentras acurrucados en las más suaves almohadas o acurrucados en una cálida manta, soñando con deliciosas aventuras.

En cuanto a nuestras condiciones de vida, los perros malteses se adaptan bien a la vida en interiores. Estamos perfectamente contentos en apartamentos, condominios o casas, siempre y cuando tengamos su amorosa presencia y un espacio cómodo que podamos llamar nuestro. Disfrutamos ser compañeros de interior y apreciamos los rincones acogedores y las camas suaves que nos brinda.

Para garantizar nuestro bienestar, es fundamental brindarnos un aseo y cuidado periódicos. Nuestras hermosas batas blancas requieren un cepillado diario para evitar que se enreden y viajes regulares al peluquero para cortes y mantenimiento. También apreciamos el ejercicio suave, como caminatas cortas y sesiones de juego interactivo, para estimularnos física y mentalmente.

En conclusión, querido humano, los perros malteses somos un montón de amor, elegancia y encanto. Nuestra rica historia, sonidos únicos y naturaleza afectuosa nos convierten en compañeros verdaderamente especiales. Con tu cuidado, atención y muchos abrazos suaves, seremos los perros malteses más felices de la cuadra.

Entonces, embarquémonos juntos en una vida de deliciosas aventuras llenas de risas, abrazos y amor incondicional. Prepárate para un vínculo extraordinario que traerá alegría y una sonrisa a tu corazón!

Mucho amor y colas meneando,
Tu maltés

Una guía imprescindible para los amantes de los perros

Capítulo 14 173

Schnauzer miniatura

Hola, mi amigo de tamaño mini! Soy tu amigo Schnauzer Miniatura, moviendo la cola con entusiasmo para contarte todo sobre nosotros, fabulosos cachorritos. Prepárate para una pequeña aventura!

Primero lo primero, hablemos de nuestra raza. Los Schnauzer Miniatura somos pequeños en tamaño pero grandes en personalidad. Con nuestro distintivo rostro barbudo y orejas alegres, es difícil pasarnos por alto! Criados originalmente en Alemania, éramos ratoneros y perros de granja, conocidos por nuestro agudo sentido del olfato y nuestra capacidad para mantener a raya a los molestos bichos.

Ahora, hablemos de nuestro estilo de comunicación. Somos un grupo bastante vocal! Desde ladridos y aullidos hasta gruñidos y aullidos, tenemos muchos sonidos para expresarnos. Podríamos soltar una serie de ladridos alegres si estamos emocionados o queremos su atención. Y cuando nos sentimos protectores o desconfiados, un ladrido profundo y autoritario es nuestra forma de hacerle saber que algo anda mal.

La ansiedad a veces puede alterar el pelaje de nuestro schnauzer, especialmente si no recibimos suficiente estimulación mental o nos dejamos solos durante largos períodos. Prosperamos siendo parte de la familia y disfrutamos de actividades que involucran nuestras mentes agudas. Los juguetes de rompecabezas interactivos, el entrenamiento de obediencia y el tiempo de juego regular con usted son esenciales para mantenernos felices y contentos.

Hablemos de nuestros gustos y disgustos! Somos conocidos por nuestra naturaleza amigable y juguetona, siempre listos para unirnos a la diversión. Nos encanta pasar tiempo de calidad con nuestros seres humanos favoritos, ya sea dando un paseo tranquilo por la manzana o acurrucándonos en el sofá para ver

Explora el Lado Oscuro de la Vida de los Perros

**Detalle de cada raza,
la página explicativa de tu perro**

Netflix y delicias. Ah, ¿y mencioné que tenemos una afinidad natural por los juguetes que chirrían? Sacan nuestro cachorro interior y nos mantienen entretenidos durante horas!

Cuando se trata de dormir, somos bastante flexibles. Necesitamos entre 12 y 14 horas de sueño cada día, pero nos adaptamos a su horario. Ya sea acurrucándose en una cama acogedora o durmiendo a tu lado, encontraremos el lugar perfecto para recargar energías y soñar con perseguir ardillas o jugar a buscar objetos.

En cuanto a la vivienda, somos perros versátiles que pueden adaptarse bien a vivir en un apartamento o en una casa con jardín. Sin embargo, el ejercicio regular es imprescindible para mantenernos en plena forma. Las caminatas diarias, las sesiones de juego interactivo y los desafíos mentales como el entrenamiento de obediencia o los cursos de agilidad son formas fantásticas de mantener nuestra mente y nuestro cuerpo activos.

Para mantenernos en nuestro mejor estado, es importante brindarnos una dieta equilibrada, un aseo regular para mantener nuestro elegante pelaje y socialización desde una edad temprana. Los métodos de entrenamiento de refuerzo positivo funcionan de maravilla para nosotros, ya que prosperamos con los elogios y las recompensas. Con su paciente guía, amor y afecto, seremos el Schnauzer Miniatura más feliz de la cuadra!

En conclusión, mi querido compañero humano, los Schnauzers miniatura somos pequeños pero poderosos. Nuestra personalidad enérgica, apariencia distintiva y amor por la vida nos convierten en una adición encantadora a cualquier familia. Con su amor, atención y algunas caricias en el vientre, seremos compañeros leales y paquetes de alegría peludos.

Embárquemonos juntos en un viaje increíble! Estoy aquí, moviendo la cola, lista para explorar el mundo a tu lado, compartiendo interminables abrazos y creando recuerdos que calentarán nuestros corazones en los años venideros.

Woof y meneo,
Tu Schnauzer Miniatura

Una guía imprescindible para los amantes de los perros

Capítulo 14

Elkhound noruego

Woof Woof! Tu amigo peludo, el Elkhound noruego, está aquí para compartir todas las cosas maravillosas de nuestra increíble raza. Prepárate para pasar un rato divertido lleno de lealtad, inteligencia y aventuras!

Primero lo primero, hablemos de nuestra herencia. Tenemos una orgullosa historia como antiguos perros de caza nórdicos. Originalmente fuimos criados para ayudar en la caza mayor, como alces y osos, y nuestro agudo sentido del olfato y determinación nos convierten en excelentes rastreadores.

Somos conocidos por nuestra resistencia, agilidad y capacidad para navegar por terrenos accidentados. Nuestros antepasados vagaron por los bosques de Noruega y hoy traemos ese espíritu intrépido a nuestra vida diaria. Como compañeros, somos increíblemente leales y protectores con nuestra manada humana. Formamos vínculos profundos con nuestras familias y siempre estamos listos para estar a su lado. Nuestro ladrido fuerte y poderoso nos convierte en excelentes perros guardianes, alertándote de cualquier peligro potencial. Tenga la seguridad de que, con nosotros, siempre se sentirá seguro y protegido.

La inteligencia es uno de nuestros fuertes. Aprendemos rápido y nos encantan los buenos desafíos mentales. Entrenarnos es muy sencillo, especialmente cuando utilizas métodos de refuerzo positivo. Nos encantan los elogios, las golosinas y las actividades interesantes. Con un entrenamiento constante y mucha estimulación mental, lo sorprenderemos con nuestras habilidades para resolver problemas y nuestra obediencia.

Ahora, hablemos de nuestra hermosa doble capa. Nuestro pelaje grueso nos mantiene calientes incluso en los climas más duros. Requiere un cuidado regular para mantenerlo en óptimas condiciones y evitar que se enrede. Nos mudamos moderadamente durante todo el año y tenemos un período de muda estacional en

Explora el Lado Oscuro de la Vida de los Perros

Detalle de cada raza, la página explicativa de tu perro

el que necesitaremos un poco más de cepillado para mantener nuestro pelaje con el mejor aspecto. Es un pequeño precio a pagar por nuestra magnífica apariencia!

Cuando se trata de ansiedad, algunos de nosotros, los Elkhound noruegos, podemos ser un poco sensibles. Quedarnos solos durante largos periodos de tiempo o experimentar ruidos fuertes puede hacernos sentir un poco incómodos. Brindarnos un ambiente tranquilo y seguro y mucho ejercicio y estimulación mental ayudará a aliviar nuestras preocupaciones. Apreciamos tener una rutina y que nos incluyan en actividades familiares para mantener la cola moviéndose felizmente.

En términos de vivienda, somos perros versátiles. Si bien disfrutamos de tener un área segura al aire libre para explorar, podemos adaptarnos bien a diferentes entornos de vida siempre que hagamos mucho ejercicio y estimulación mental. Somos una raza activa y prosperamos en hogares que nos puedan proporcionar actividades físicas regulares y desafíos mentales.

En conclusión, querido humano, los Elkhounds noruegos somos leales, inteligentes y aventureros. Nuestra rica historia como perros de caza y nuestra naturaleza amorosa nos convierten en compañeros maravillosos para quienes aprecian nuestros rasgos únicos. Con su amor, cuidado y muchas escapadas al aire libre, seremos los Elkhounds noruegos más felices del mundo! Entonces, embarquémonos juntos en una vida de emocionantes aventuras, llenas de colas meneantes, energía ilimitada y amor incondicional.

Te envío muchos abrazos peludos y entusiastas movimientos de cola.
Tu Elkhound noruego

Una guía imprescindible para los amantes de los perros

Capítulo 14

Caniche
(Estándar/Mini/Toy)

Woof Woof! Hola, mi amigo humano! Es tu amigo Poodle, listo para brincar en tu corazón y compartir todo lo que necesitas saber sobre nosotros, los Poodles. Prepárate para una aventura increíble!

Primero lo primero, hablemos de nuestra raza. Los caniches vienen en tres tamaños: estándar, miniatura y toy. Somos conocidos por nuestros lujosos abrigos rizados o con cordones y nuestra apariencia elegante y sofisticada. No dejes que nuestra elegante apariencia te engañe: somos cachorros juguetones e inteligentes!

Ahora, profundicemos en nuestro lenguaje único de sonidos. Los caniches somos bastante expresivos! Nos comunicamos con una amplia gama de sonidos, desde suaves gemidos y ladridos hasta aullidos excitados y gruñidos juguetones. Cuando soltamos una serie de ladridos juguetones, a menudo es nuestra forma de decir: **Divirtámonos!** Y cuando emitimos un gruñido bajo y retumbante, podría ser nuestra forma de decirle que nos sentimos un poco ansiosos o inseguros.

Cuando se trata de ansiedad, algunos caniches pueden ser propensos a la ansiedad por separación. Somos perros muy sociables que prosperan con la compañía humana. Por lo tanto, nuestros humanos necesitan brindarnos mucha estimulación física y mental y un ambiente seguro y reconfortante cuando estamos fuera. Los juguetes interactivos, los juegos de rompecabezas y establecer una rutina pueden ayudar a aliviar cualquier ansiedad que podamos experimentar.

Hablemos de nuestros gustos y disgustos. Los caniches son conocidos por nuestra inteligencia y amor por aprender. Disfrutamos tener problemas mentales y participar en entrenamiento de obediencia, agilidad y deportes caninos. El ejercicio regular es importante para mantenernos felices y saludables, pero no te

Explora el Lado Oscuro de la Vida de los Perros

Detalle de cada raza, la página explicativa de tu perro

olvides del mental. Haga ejercicio también: enséñenos nuevos trucos o juegue juegos interactivos para mantener nuestra mente alerta!

Cuando llega el momento de descansar, los caniches necesitamos entre 10 y 12 horas de sueño cada día. Apreciamos tener un lugar acogedor para acurrucarnos, ya sea una lujosa cama para perros o un suave rincón del sofá. Nada amamos más que acurrucarnos cerca de nuestros humanos y soñar dulces sueños.

En cuanto a la vivienda, los caniches son adaptables y pueden prosperar tanto en interiores como en exteriores. Si bien apreciamos un ambiente hogareño cálido y cariñoso, también disfrutamos de salidas periódicas y de socializar con otros perros. Somos cachorros versátiles que podemos adaptarnos a diversas situaciones de la vida, siempre que recibamos el amor y la atención que anhelamos.

Para garantizar nuestro bienestar, los propietarios deben proporcionarnos un aseo regular, ya que nuestro pelaje rizado requiere mantenimiento para mantenerlo libre de enredos y saludable. El ejercicio regular y la estimulación mental son claves, junto con métodos de entrenamiento de refuerzo positivo centrados en el aprendizaje basado en recompensas. Estamos ansiosos por complacer y responder bien a los elogios y obsequios!
En conclusión, queridos humanos, los caniches somos juguetones, inteligentes y encantadores. Los tamaños, sonidos y necesidades únicos de nuestra raza nos hacen verdaderamente especiales. Recuerde, buscamos en usted amor, atención y aventuras emocionantes!

Entonces, embarquémonos juntos en este viaje, mi amigo humano. Con su paciencia, comprensión y muchas caricias en el vientre, crearemos un vínculo que durará toda la vida. Prepárate para mover colas, abrazos esponjosos y mucho amor por Poodle!

Mucho amor y colas meneando,
tu caniche

Una guía imprescindible para los amantes de los perros

Capítulo 14

Perro de agua portugués

Woof Woof! Tu amigo peludo, el Perro de Agua Portugués, está aquí para contarte sobre nuestra increíble raza. Prepárate para un toque de emoción y una ola de amor!

Somos una raza única con una rica historia arraigada en Portugal, conocida por nuestro amor por el agua y nuestro adorable pelaje rizado. Como perros de agua, nacimos para nadar!

Tenemos patas palmeadas y un pelaje doble impermeable que nos mantiene calientes incluso en aguas frías. Somos excelentes nadadores y salvavidas naturales, razón por la cual hemos sido compañeros confiables de los pescadores durante siglos. Ya sea para ir a buscar juguetes a la piscina o acompañarte en aventuras en la playa, nos sumergiremos en el agua con alegría y mostraremos nuestras impresionantes habilidades de natación! Pero no son sólo nuestros talentos acuáticos los que nos hacen especiales.

También somos increíblemente inteligentes y aprendemos rápido. Entrenarnos es muy sencillo, especialmente cuando utilizas métodos de refuerzo positivo. Nos encanta complacer a nuestra manada humana y haremos cualquier cosa por un sabroso manjar o un masaje en el vientre. Nuestra inteligencia y afán de agradar nos convierten en candidatos perfectos para diversos deportes y actividades caninas. Nuestros abrigos son una vista extraordinaria!

Venimos en dos variedades: ondulado y rizado. Nuestros abrigos que no se desprenden son hipoalergénicos, lo que nos convierte en una excelente opción para las personas con alergias. Sin embargo, nuestro fabuloso pelaje requiere un cuidado regular para evitar que se enrede y mantener su mejor aspecto. Un pequeño cepillado, un recorte aquí y allá, y listo! Estamos listos para lucir nuestras cosas con estilo.

Explora el Lado Oscuro de la Vida de los Perros

Detalle de cada raza, la página explicativa de tu perro

Cuando se trata de ansiedad, generalmente somos una raza segura y extrovertida. Sin embargo, algunos de nosotros podemos ser almas sensibles y experimentar ansiedad enciertas situaciones. Crear un entorno tranquilo y seguro para nosotros, brindarnos mucha estimulación física y mental y garantizar que tengamos una rutina puede ayudarnos a mantener la cola moviéndose felizmente. Prosperamos siendo parte de la familia y disfrutamos de actividades que involucran a nuestra manada humana.

Somos versátiles cuando se trata de arreglos de vivienda. Si bien apreciamos tener acceso a un área segura al aire libre donde podemos estirar las piernas, nos adaptamos a diferentes situaciones de vida siempre que recibamos mucho ejercicio y estimulación mental. Solo recuerda, un perro de agua portugués aburrido es un perro de agua portugués travieso, así que mantennos ocupados con actividades divertidas!

En conclusión, querido humano, los Perros de Agua Portugueses somos leales, inteligentes y estamos llenos de aventuras acuáticas. Nuestra afinidad natural por la natación, el pelaje rizado y nuestras personalidades juguetonas nos convierte en una raza como ninguna otra. Con tu amor, atención y mucha diversión en el agua, seremos los perros de agua portugueses más felices del mundo! Entonces, sumerjámonos juntos en una vida de escapadas alegres, llenas de meneos de colas, besos húmedos y amor incondicional.

Te envío un toque de amor y un gran movimiento de cola.
Tu perro de agua portugués

Una guía imprescindible para los amantes de los perros

Doguillo

Woof Woof! Hola, mi maravilloso amigo humano! Tu adorable compañero Pug está aquí, listo para compartir todos los fantásticos detalles sobre nuestra increíble raza. Prepárate para un viaje verdaderamente encantador al mundo de los Pugs!

Comencemos con los antecedentes de nuestra raza. Los pugs son una raza especial con una rica historia que se remonta a la antigua China. Éramos compañeros apreciados por los emperadores chinos y muy estimados por nuestra lealtad y encantadora personalidad. Con nuestras distintivas caras arrugadas y colas rizadas, somos como pequeños paquetes de ternura que traen alegría dondequiera que vayamos.

Ahora, hablemos de nuestro lenguaje de sonidos único. Oh, los sonidos que hacemos! Tenemos un rango vocal bastante amplio, desde nuestros adorables resoplidos y resoplidos hasta nuestros ladridos juguetones y aullidos ocasionales. Usamos estos sonidos para expresar nuestro entusiasmo, felicidad y, a veces, incluso para llamar su atención. Solo escucha atentamente y entenderás nuestro adorable lenguaje pug!

Cuando se trata de ansiedad, los Pugs podemos ser almas sensibles. Los cambios de rutina, quedarnos solos demasiado tiempo o incluso los ruidos fuertes pueden provocarnos un poco de ansiedad. Proporcionar un ambiente tranquilo y seguro, mucho amor y atención, y seguir una rutina constante puede ayudarnos a sentirnos seguros y tranquilos. Su presencia y afecto significan mucho para nosotros y es nuestro mayor consuelo durante esos momentos preocupantes.

Ah, no nos olvidemos de nuestros gustos y disgustos. Los pugs son conocidos por nuestro amor por el compañerismo y los abrazos! Nos encanta estar a tu lado, acurrucarnos en tu regazo o acompañarte en una agradable velada en el sofá. Puede que seamos pequeños, pero nuestro corazón rebosa amor y lealtad.

Explora el Lado Oscuro de la Vida de los Perros

**Detalle de cada raza,
la página explicativa de tu perro**

Cuando llega el momento de descansar, los Pugs nos tomamos en serio nuestro sueño reparador. Por lo general, necesitamos entre 12 y 14 horas de repetición cada día para recargar nuestras adorables baterías. Así que no te sorprendas si nos encuentras acurrucados en el lugar más acogedor de la casa, durmiendo y soñando con golosinas y masajes en la barriga.

En cuanto a nuestra forma de vivir, los Pugs son versátiles y se adaptan bien tanto a ambientes interiores como exteriores. Podemos vivir felices en apartamentos, condominios o casas espaciosas, siempre y cuando tengas tu compañía y un espacio cómodo y relajante. Recuerde que las temperaturas extremas pueden ser un desafío para nosotros, así que asegúrese de brindarnos un área fresca y acogedora durante los veranos calurosos y mantas cálidas durante los inviernos fríos.

Para garantizar nuestro bienestar es importante realizar ejercicio regular y una dieta equilibrada. Aunque es posible que no necesitemos actividades físicas intensas, las caminatas diarias, el tiempo de juego interactivo y la estimulación mental son esenciales para mantenernos felices y saludables. Y, por supuesto, no olvides darnos muchas delicias y, de vez en cuando, masajes en el estómago: nos encantan!

En conclusión, querido humano, los Pugs somos paquetes de amor, alegría y adorables bufidos. Nuestra fascinante historia, sonidos únicos y naturaleza afectuosa nos convierten en compañeros verdaderamente especiales. Con tu cuidado, atención y muchas caricias en la barriga, seremos los pequeños Pugs más felices de la cuadra.
Entonces, embarquémonos juntos en una vida de momentos inolvidables, llenos de risas, abrazos y amor infinito. Prepárate para un vínculo extraordinario que te traerá sonrisas a la cara y calidez a tu corazón!

Mucho amor y resoplidos,
tu pug

Una guía imprescindible para los amantes de los perros

Capítulo 14 183

rottweiler

Woof Woof! Hola, mi amigo humano! Es su leal compañero Rottweiler, listo para compartir todos los datos asombrosos sobre nuestra extraordinaria raza. Prepárate para una aventura llena de lealtad, fuerza y amor infinito!

Comencemos con los antecedentes de nuestra raza. Los rottweilers tienen una rica historia como perros de trabajo versátiles. Criados originalmente en Alemania, teníamos la tarea de pastorear ganado y proteger a nuestras familias humanas. Con nuestro físico fuerte y nuestro instinto protector natural, somos excelentes protectores y compañeros leales.

Ahora, hablemos de nuestro lenguaje de sonidos único. Si bien puede que no seamos los perros más vocales, nos comunicamos a través de una variedad de ladridos y gruñidos profundos. Cuando ladramos con un tono fuerte y profundo, es nuestra forma de afirmar nuestra presencia y hacerle saber que somos conscientes de posibles amenazas. Es nuestra forma de decir: **Te cubro las espaldas, humano!**

Cuando se trata de ansiedad, los Rottweilers somos almas sensibles. Los ruidos fuertes, los entornos desconocidos o la separación de nuestros queridos seres humanos a veces pueden hacernos sentir incómodos. Proporcionar un espacio seguro, utilizar técnicas de refuerzo positivo y brindarnos mucho amor y tranquilidad puede ayudar a aliviar nuestra ansiedad y hacernos sentir seguros y protegidos.

No nos olvidemos de nuestros gustos y disgustos. Los rottweilers son conocidos por nuestra inquebrantable lealtad y afecto hacia nuestra manada humana. Nos encanta ser parte de sus actividades diarias y disfrutamos participar en salidas y aventuras familiares. Nos encanta estar cerca de ti, recibir caricias en el vientre y mostrar nuestra devoción con suaves empujones y besos babosos.

Explora el Lado Oscuro de la Vida de los Perros

Detalle de cada raza, la página explicativa de tu perro

Cuando llega el momento de descansar y recargar energías, los Rottweilers apreciamos un lugar acogedor donde acurrucarnos. Normalmente necesitamos entre 10 y 12 horas de sueño de calidad al día para mantener nuestra mente y nuestro cuerpo en forma. Proporcionarnos una cama cómoda o un lugar designado para retirarnos y relajarnos nos ayudará a sentirnos rejuvenecidos y listos para nuevas aventuras.

En cuanto a la vivienda, los Rottweilers podemos adaptarnos bien a diversos entornos. Ya sea un patio espacioso o un apartamento, lo más importante es tener un compañero humano amoroso y activo. Necesitamos ejercicio regular y estimulación mental, por lo que las caminatas diarias, el tiempo de juego y las actividades interesantes nos mantendrán felices y equilibrados.

Para garantizar nuestro bienestar, es necesario que los propietarios nos proporcionen una adecuada formación y socialización desde una edad temprana. Respondemos bien a técnicas de refuerzo positivas y consistentes y prosperamos cuando se nos dan límites y expectativas claras. Con mano firme y amorosa, nos convertiremos en compañeros confiados y de buen comportamiento, deseosos de agradar.

En conclusión, querido humano, los Rottweilers somos valientes, leales y llenos de amor. Nuestra rica historia, sonidos únicos y naturaleza protectora nos hacen verdaderamente especiales. Con su amor, guía y comprensión de nuestras necesidades, seremos los compañeros más devotos y fieles que pueda desear.

Entonces, estás listo para embarcarte en un viaje de lealtad y aventuras con tu amigo Rottweiler? Exploremos el mundo juntos, enfrentemos desafíos con valentía y creemos recuerdos que durarán toda la vida. Prepárate para un vínculo que se fortalecerá con cada movimiento de nuestra cola y cada momento de alegría compartida!

Mucho amor y besos babosos,
Tu rottweiler

Una guía imprescindible para los amantes de los perros

Capítulo 14

Shiba Inu

Woof Woof! Hola, mi compañero humano curioso e independiente! Es tu leal amigo Shiba Inu, aquí para compartir el cautivador mundo de nuestra enérgica raza. Prepárate para una exploración encantadora llena de encanto, determinación y un toque de picardía!

Comencemos con algo de información sobre la raza. Los Shiba Inus somos de origen japonés y tenemos una rica herencia. Nuestra apariencia de zorro, ojos cautivadores y comportamiento orgulloso nos hacen llamar la atención dondequiera que vayamos. Criados como perros de caza, poseemos un sentido innato de independencia y un espíritu fuerte que nos distingue.

Cuando se trata de comunicación, tenemos nuestra propia forma única de expresarnos. No somos los perros más vocales, pero cuando hablamos, generalmente es con un **Boof suave y gentil o un Yodel** agudo que puede ser bastante divertido. Nuestros ojos expresivos y nuestro lenguaje corporal son clave para comprender nuestros estados de ánimo y deseos. Un rebote juguetón y un movimiento de la cola indican nuestra excitación, mientras que un giro sutil de la cabeza puede significar curiosidad o un toque de terquedad.

Los Shiba Inu ocasionalmente podemos experimentar ansiedad, especialmente cuando nos enfrentamos a situaciones desconocidas o cambios de rutina. Proporcionar un ambiente tranquilo y predecible y un entrenamiento de refuerzo positivo nos ayudará a sentirnos seguros. La paciencia y la comprensión contribuyen en gran medida a ayudarnos a navegar por el mundo con confianza. Recuerde, podemos ser independientes pero aun así necesitamos su amor y tranquilidad.

Profundicemos en nuestros gustos y disgustos. Nosotros, los Shiba Inu, tenemos un fuerte sentido de la aventura y la curiosidad. Explorar nuevos aromas y

Explora el Lado Oscuro de la Vida de los Perros

entornos es uno de sus pasatiempos favoritos. Disfrutamos de largas caminatas, sesiones de juego interactivo y rompecabezas. juguetes que desafían nuestras mentes agudas. Nuestra naturaleza traviesa puede llevarnos a esconder nuestros juguetes favoritos o a burlarnos de ti durante un juego de buscar objetos. Adopte nuestro sentido del humor y será recompensado con nuestra lealtad y felicidad contagiosa.

Cuando llega el momento de descansar, agradecemos tener nuestro acogedor lugar para retirarnos. Si bien nuestras necesidades de sueño pueden variar, normalmente necesitamos entre 12 y 14 horas de sueño cada día. A menudo nos encontrarás acurrucados en un rincón cómodo o descansando al sol, recargando energías para nuestra próxima aventura.

En cuanto a la disposición de la vivienda, los Shiba Inu podemos adaptarnos bien tanto a ambientes interiores como exteriores. Sin embargo, preferimos un patio vallado y seguro donde podamos explorar y satisfacer nuestra curiosa naturaleza. La socialización es clave para nosotros, ya que nos ayuda a generar confianza e interacciones positivas con otros perros y humanos. La socialización temprana y el entrenamiento constante nos ayudarán a convertirnos en compañeros sociables y completos.

Para garantizar nuestro bienestar, los propietarios deben brindarnos estimulación mental y actividades interesantes. Los juguetes tipo rompecabezas, los juegos interactivos y el entrenamiento de obediencia que desafía nuestras mentes inteligentes nos mantendrán felices y contentos. Los métodos de refuerzo positivo funcionan mejor para nosotros, ya que respondemos bien a los elogios y recompensas. Recuerde, no somos fanáticos de las tareas repetitivas, así que mantenga nuestras sesiones de entrenamiento divertidas y variadas.

En conclusión, querido humano, los Shiba Inu somos enérgicos, independientes y absolutamente encantadores. Nuestro estilo de comunicación único, nuestro amor por la aventura y nuestra lealtad nos convierten en compañeros verdaderamente especiales. Con su paciencia, comprensión y un toque de alegría, formaremos un vínculo inquebrantable que durará toda la vida.

Entonces, embarquémonos juntos en un viaje emocionante, lleno de alegría, risas y momentos inolvidables. Estoy lista para acompañarte en cada aventura, moviendo mi cola y compartiendo mi encanto Shiba Inu.

Con amor y un boof juguetón,
Tu Shiba Inu

Una guía imprescindible para los amantes de los perros

Capítulo 14

shih tzu

Woof Woof! Hola, mi maravilloso compañero humano! Tu fabuloso y esponjoso amigo Shih Tzu está aquí para compartir todos los detalles de nuestra encantadora raza. Prepárate para un viaje lleno de encanto, compañerismo y mucho amor!

Comencemos con los antecedentes de nuestra raza. Los Shih Tzus fueron criados originalmente en China como compañeros de la realeza, y desde entonces hemos estado brindando alegría y felicidad a los humanos. Con nuestros hermosos abrigos largos, ojos expresivos y temperamento dulce, seguramente te robaremos el corazón en poco tiempo!

Ahora, hablemos de nuestro lenguaje de sonidos único. Si bien puede que no seamos los cachorros más vocales, tenemos una forma especial de comunicarnos. Usamos una variedad de sonidos adorables para expresar nuestras emociones. Desde ladridos suaves y gentiles hasta lindos gruñidos y resoplidos, tenemos un lenguaje propio. Presta atención al tono de nuestros sonidos, ya que pueden transmitir si estamos emocionados, contentos o buscando tu atención y afecto.

Cuando se trata de ansiedad, los Shih Tzus podemos ser pequeñas almas sensibles. Los cambios de rutina, los ruidos fuertes o la separación de nuestros seres queridos pueden hacernos sentir un poco nerviosos. Proporcionar un ambiente tranquilo y enriquecedor, mantener constantes nuestras rutinas diarias y colmarnos de amor y tranquilidad contribuirá en gran medida a mantener nuestra ansiedad a raya. Su presencia reconfortante y sus palabras amables pueden hacer maravillas para hacernos sentir seguros y protegidos.

Ah, no nos olvidemos de nuestros gustos y disgustos. A los Shih Tzus nos encanta pasar tiempo de calidad con nuestros humanos. Prosperamos con el compañerismo y nos encanta ser el centro de atención. Ya sea acurrucándose en el sofá, dando paseos tranquilos o simplemente estando cerca de usted mientras

**Detalle de cada raza,
la página explicativa de tu perro**

realiza susdía, somos más felices cuando estamos a tu lado, disfrutando de tu amor y afecto.

Cuando llega el momento de descansar nuestras patitas, apreciamos un lugar acogedor y cómodo para acurrucarnos. Por lo general, necesitamos entre 12 y 14 horas de sueño reparador cada día para que nuestros lujosos abrigos luzcan lo mejor posible y mantengan nuestra energía ilimitada. Proporcionarnos una cama suave y lujosa o un regazo cálido para tomar una siesta nos hará sentir como la realeza mimada para la que nacimos.

En cuanto a las condiciones de vida, los Shih Tzu somos bastante adaptables. Podemos prosperar en diversos entornos, ya sea un apartamento acogedor o una casa espaciosa. Sin embargo, recuerde que no estamos diseñados para actividades rigurosas al aire libre o condiciones climáticas extremas. Una rutina de ejercicio moderada, compuesta por paseos cortos y momentos de juego suave, nos mantendrá felices y saludables.

Para garantizar nuestro bienestar, los propietarios deben proporcionarnos un aseo regular. Nuestros abrigos largos y sedosos requieren un cepillado diario para evitar enredos y esteras. Una visita al peluquero cada pocas semanas nos ayudará a lucir lo mejor posible y a sentirnos cómodos. No olvides revisar nuestras adorables orejitas y mantenerlas limpias para prevenir infecciones molestas.

En conclusión, querido humano, los Shih Tzus somos encantadores, cariñosos y llenos de personalidad. Nuestra majestuosa historia, sonidos únicos y naturaleza afectuosa nos hacen verdaderamente especiales. Con su amor, cuidado y atención a nuestras necesidades, seremos los compañeros más devotos y adorables que pueda desear.

Entonces, estás listo para toda una vida de abrazos, risas y pura alegría con tu amigo Shih Tzu? Creemos juntos innumerables recuerdos felices, una cola meneando y una nariz mojada a la vez. Prepárate para un vínculo que calentará tu corazón y te traerá infinitas sonrisas!

Mucho amor y besos babosos,
Tu Shih Tzu

Una guía imprescindible para los amantes de los perros

Capítulo 14

Husky siberiano

Woof Woof! Hola mi amigo humano! Es tu amigo Husky siberiano, listo para llevarte en un emocionante viaje al mundo de los Huskies. Prepárate para pasar un buen rato!

Comencemos con los antecedentes de nuestra raza. Los perros esquimales siberianos fueron criados originalmente por el pueblo Chukchi en Siberia con fines de transporte y trineos. Nuestros antepasados eran fuertes y trabajadores, construidos para la resistencia y el frío clima ártico. Hoy en día, todavía conservamos esos rasgos, lo que nos convierte en compañeros fantásticos para aventuras al aire libre.

Ahora, hablemos de nuestro lenguaje de sonidos. Oh, qué vocalizaciones únicas tenemos los Huskies! Somos conocidos por nuestros aullidos distintivos, que van desde cortos y agudos hasta largos y melodiosos. Cuando aullamos, es nuestra forma de comunicarnos con nuestra manada o expresar nuestras emociones, como felicidad, emoción o incluso un poco de travesura.

Cuando se trata de ansiedad, los Huskies a veces podemos tener un caso de **Zoomies** cuando tenemos exceso de energía para quemar. El ejercicio regular y la estimulación mental son cruciales para nuestro bienestar. Las largas caminatas, las carreras y las sesiones de juego interactivo nos ayudarán a mantenernos contentos y a prevenir comportamientos no deseados. Así que toma esa correa, ponte los zapatos y salgamos juntos al aire libre!

Ahora, hablemos de lo que nos gusta y lo que no nos gusta. Los perros esquimales tienen un gran amor por los espacios abiertos y con mucho espacio para explorar. Nacimos para correr! Por lo tanto, tener acceso a un patio cercado de forma segura o amplias oportunidades para vivir aventuras en la naturaleza

Explora el Lado Oscuro de la Vida de los Perros

sin correa nos hará realmente felices. Simplemente observe nuestra emoción mientras atravesamos campos, bosques y paisajes nevados!

El sueño también es importante para nosotros, los Huskies, pero somos un poco diferentes de otras razas. Normalmente necesitamos dormir entre 14 y 16 horas al día, pero podemos ser un poco más flexibles con nuestros patrones de sueño. Es posible que nos encuentres tomando siestas rápidas durante el día y luego disfrutando de una buena siesta por la noche. Se trata de encontrar el equilibrio perfecto entre descanso y juego!

En cuanto a la disposición de la vivienda, los Huskies podemos adaptarnos a ambientes tanto interiores como exteriores. Sin embargo, debido a nuestros fuertes instintos y altos niveles de energía, prosperamos en hogares con propietarios activos que puedan brindarnos mucho ejercicio y estimulación mental. Un patio espacioso o acceso a parques y senderos cercanos es un sueño hecho realidad para nosotros!

Para garantizar nuestro bienestar, los propietarios deben comprender nuestros instintos naturales. Los perros esquimales son pensadores inteligentes e independientes, por lo que un entrenamiento de refuerzo positivo y constante es clave. Respondemos bien a los métodos basados en recompensas y prosperamos con los desafíos mentales, como los rompecabezas o el entrenamiento de obediencia. Podemos ser los compañeros más leales y de mejor comportamiento con la orientación adecuada y mucho amor.

En conclusión, querido humano, los Huskies somos aventureros, juguetones y llenos de amor. Los antecedentes de nuestra raza, las vocalizaciones únicas y la necesidad de actividades al aire libre nos hacen verdaderamente especiales. Con su amor, cuidado y compromiso de brindarnos un estilo de vida activo y estimulante, seremos los compañeros más felices y devotos que pueda imaginar!

Entonces, estás listo para embarcarte en emocionantes aventuras con tu amigo husky siberiano? Conquistaremos los senderos juntos, exploraremos nuevos territorios y crearemos recuerdos inolvidables. Prepárate para menear colas, aullidos alegres y toda una vida de amor Husky!

Mucho amor y besos babosos,
Tu husky siberiano

Una guía imprescindible para los amantes de los perros

Capítulo 14

Staffordshire Bull Terrier

Woof Woof! Hola, mi maravilloso amigo humano! Tu amigo Staffordshire Bull Terrier está aquí, listo para contarte todas las cosas maravillosas sobre nuestra raza. Prepárate para una aventura fantástica!

Comencemos con nuestros antecedentes. Los Staffordshire Bull Terriers, a menudo llamados Staffie para abreviar, son conocidos por su naturaleza amigable y afectuosa. Tenemos una rica historia como perros de trabajo valientes y leales, originalmente criados para el bullbaiting. Con el tiempo, hemos evolucionado hasta convertirnos en compañeros familiares amables y cariñosos, ganándonos corazones con nuestras adorables sonrisas y meneando la cola.

Cuando se trata de comunicación, no somos el grupo más tranquilo. Nos encanta vocalizar nuestra felicidad y entusiasmo a través de ladridos juguetones, gruñidos e incluso algún que otro aullido. Nuestros rostros expresivos y el movimiento de la cola muestran nuestro entusiasmo por la vida y nuestro amor por los humanos. Ah, y mencioné nuestra famosa sonrisa Staffie? Puede alegrar incluso los días más sombríos!

La ansiedad es algo que puede afectar a cualquiera de nosotros, incluido Staffie. A veces podemos sentirnos ansiosos ante ruidos fuertes, entornos nuevos o la separación de nuestros amados seres humanos. Nuestros humanos deben proporcionar un entorno tranquilo y seguro, ofrecer refuerzo positivo y exponernos gradualmente a nuevas experiencias que nos ayuden a generar confianza. Su comprensión y paciencia significan mucho para nosotros!

Ahora, hablemos de lo que nos hace realmente felices a Staffie. Nos encanta el amor, la atención y mucho tiempo para jugar! Adoramos ser parte de una familia activa y cariñosa, disfrutando de caminatas diarias, juegos interactivos y sesiones

Explora el Lado Oscuro de la Vida de los Perros

Detalle de cada raza, la página explicativa de tu perro

de entrenamiento. La estimulación física y mental es clave para mantenernos felices y contentos. Ah, y masajes en la barriga! Nos derretimos absolutamente para frotarnos el vientre!

A la hora de dormir, no somos los perros más perezosos, pero apreciamos nuestro bello descanso. Necesitamos entre 12 y 14 horas de sueño diarias para recargar nuestras pilas. Es posible que nos encuentres durmiendo en nuestro lugar acogedor favorito o acurrucados a tu lado en el sofá, soñando con perseguir pelotas y jugar con nuestros juguetes favoritos.

En cuanto a nuestra forma de vivir, podemos adaptarnos a diversos entornos. Ya sea una casa espaciosa o un departamento acogedor, siempre que hagamos mucho ejercicio y pasemos tiempo de calidad con nuestros humanos, seremos campistas felices. En el fondo somos perros de interior, pero también disfrutamos explorar el aire libre en aventuras con nuestros humanos.

El ejercicio regular, una dieta equilibrada y controles veterinarios de rutina son importantes para mantenernos sanos y prósperos. Puede que tengamos un físico fuerte y musculoso, pero también tenemos un lado sensible que necesita ser cuidado. Su amor, cuidado y propiedad responsable son los mejores regalos que puede darnos!

En conclusión, querido compañero humano, nosotros, los Staffordshire Bull Terriers, somos paquetes de amor, lealtad y pura alegría. Nuestra rica historia, rostros expresivos y entusiasmo por la vida nos hacen verdaderamente especiales. Con tu amor, guía y muchas caricias en el vientre, seremos los compañeros más felices y devotos que puedas pedir.

Entonces, embarquémonos juntos en una vida de aventuras, llena de movimientos de cola, besos babosos y recuerdos inolvidables. Estoy aquí para ser tu amigo para siempre y colmarte de amor infinito!

Con todo mi cariño y meneando la cola,
Tu staffordshire bull terrier

Una guía imprescindible para los amantes de los perros

Capítulo 14 193

Volpino Italiano

Woof Woof! Aquí está tu adorable amigo Volpino Italiano, listo para compartir todos los detalles interesantes sobre nuestra encantadora raza. Prepárate para un viaje fantástico a través de nuestro encantador mundo! Puede que seamos de tamaño pequeño, pero tenemos un corazón tan grande como el campo italiano.

Primero lo primero, hablemos de nuestra apariencia. Con nuestros pelajes esponjosos y lujosos y nuestros ojos brillantes y expresivos, somos el epítome de la ternura. Nuestro pelaje viene en varios colores, incluidos blanco, crema y rojo, y requiere un cuidado regular para que siga luciendo fabuloso. Un poco de cepillado aquí y allá mantendrá nuestros abrigos impecables y nuestras colas meneándose de alegría.

No dejes que nuestra pequeña estatura te engañe. Tenemos personalidades que tienen un gran impacto! Somos conocidos por ser animados, alertas y ferozmente leales a nuestras familias humanas. Nos encanta estar a tu lado, ya sea acompañándote en tus paseos diarios, acurrucándonos en tu regazo para una sesión de abrazos o simplemente siendo el centro de atención en cualquier habitación. Nuestro comportamiento encantador y nuestra naturaleza amigable nos convierten en excelentes compañeros para personas de todas las edades.

Como pequeños cachorros inteligentes, aprendemos rápido y prosperamos con la estimulación mental. Involucre nuestras mentes con juguetes de rompecabezas, juegos interactivos y entrenamiento de refuerzo positivo, y le mostraremos lo inteligentes que somos! Tenemos una curiosidad natural que nos impulsa a explorar el mundo que nos rodea, por lo que es importante brindarnos muchas oportunidades de ejercicio físico y mental para mantenernos felices y equilibrados.

Explora el Lado Oscuro de la Vida de los Perros

Detalle de cada raza, la página explicativa de tu perro

Cuando se trata de ansiedad, algunos de nosotros, los Volpino Italianos, podemos ser almas sensibles. Los ruidos fuertes, los entornos nuevos o quedarnos solos durante largos periodos de tiempo pueden hacernos sentir incómodos. Crear un ambiente tranquilo y reconfortante paranosotros, junto con una desensibilización gradual y un entrenamiento de refuerzo positivo, puede ayudar a aliviar nuestras preocupaciones. Con su amorosa presencia y tranquilidad, nos sentiremos seguros en poco tiempo.

Arreglos de vivienda? Somos pequeños queridos adaptables. Si bien podemos prosperar en apartamentos y casas, apreciamos tener un área segura al aire libre para explorar y jugar. Solo asegúrate de vigilarnos, ya que tendemos a ser un poco aventureros y podemos intentar perseguir cualquier cosa que nos llame la atención.

En conclusión, querido humano, nosotros, los Volpino Italianos, somos pequeños paquetes de alegría. Nuestra apariencia adorable, personalidad amigable e inteligencia nos convierten en compañeros irresistibles. Con su amor, atención y mucho tiempo de juego, seremos los Volpino Italianos más felices de la cuadra! Entonces, embarquémonos juntos en una vida de deliciosas aventuras, llenas de meneos de colas, besos húmedos y amor infinito.

Enviándote una ráfaga de abrazos y movimientos de cola,
Tu Volpino Italiano

Una guía imprescindible para los amantes de los perros

Capítulo 14

Springer Spaniel Galés

Woof Woof! Aquí estoy tu amigable Springer Spaniel Galés, ansioso por mover la cola y compartir todo lo que necesitas saber sobre nuestra increíble raza. Sumerjámonos juntos en el maravilloso mundo de Welshie!

Primero lo primero, hablemos de nuestra hermosa apariencia. Llamamos la atención con nuestros abrigos suaves y ondulados en tonos rojos y blancos. Nuestras orejas caídas y nuestros ojos conmovedores nos dan un encanto irresistible que derrite los corazones dondequiera que vayamos. Ya sea jugando en el parque o descansando en el sofá, nuestra buena apariencia siempre llama la atención.

Pero con nosotros, los Springer Spaniel galeses, no se trata sólo de apariencia. Somos inteligentes, vivaces y llenos de energía. Siempre estamos dispuestos a vivir una aventura o jugar a buscar objetos, lo que nos convierte en excelentes compañeros para personas o familias activas. Nos encanta el ejercicio, así que prepárate para muchas caminatas, tiempo de juego y tal vez incluso algo de entrenamiento de agilidad para mantenernos estimulados mental y físicamente.

Hablando de compañerismo, somos conocidos por nuestra naturaleza amorosa y afectuosa. Adoramos a nuestras familias humanas y prosperamos siendo parte de la manada. Ya sea que estemos acurrucados en el sofá o siguiéndote por la casa, siempre estaremos a tu lado, listos para colmarte de besos y mover la cola con deleite.

Ahora, hablemos de ansiedad. Como muchos perros, los galeses a veces podemos experimentar ansiedad en determinadas situaciones. Los cambios de rutina, los ruidos fuertes o quedarnos solos durante largos periodos de tiempo pueden hacernos sentir incómodos. Pero no temas! Podemos superar estas preocupaciones con su amor, paciencia y un poco de cuidado extra. Establecer

Explora el Lado Oscuro de la Vida de los Perros

Detalle de cada raza, la página explicativa de tu perro

una rutina, proporcionarnos un lugar acogedor en el que relajarnos y utilizarLos métodos de entrenamiento de refuerzo positivo pueden ser de gran ayuda para ayudarnos a sentirnos seguros y protegidos.

Arreglos de vivienda? Somos adaptables y podemos adaptarnos a diferentes entornos, pero apreciamos tener un área exterior segura para explorar y olfatear el contenido de nuestro corazón. Tenemos un instinto natural para cazar y rastrear, por lo que tener oportunidades de usar nuestro olfato y participar en actividades mentalmente estimulantes es importante para nuestro bienestar.

En conclusión, querido humano, nosotros, los Springer Spaniel galeses, somos un manojo de amor, energía y lealtad. Nuestra buena apariencia, inteligencia y naturaleza afectuosa nos convierten en los compañeros perfectos para quienes aprecian un amigo peludo activo y cariñoso. Con tu amor y atención, seremos los galeses más felices de la cuadra, listos para embarcarnos en una vida de alegres aventuras a tu lado.

Te mando besos y bromas, Tu
Springer Spaniel Galés

Una guía imprescindible para los amantes de los perros

Capítulo 14

terrier de yorkshire

Woof Woof! Hola, mi amigo humano! Tu amigo Yorkshire Terrier está aquí para brindarte todos los detalles jugosos sobre nosotros, los Yorkies. Prepárate para un increíble viaje a nuestro mundo!

Primero lo primero, hablemos de nuestra raza. Los Yorkies somos pequeños en tamaño pero grandes en personalidad. Somos originarios de Inglaterra y originalmente fuimos criados para cazar ratas en fábricas textiles. Pero no dejes que nuestra pequeña estatura te engañe: tenemos un espíritu valiente e intrépido que nos hace destacar del resto!

Ahora, hablemos de nuestro lenguaje de sonidos único. Puede que seamos pequeños, pero nuestros ladridos pueden tener un gran impacto! Cuando soltamos una serie de ladridos rápidos, suele ser nuestra forma de avisar que alguien o algo se acerca a nuestro territorio. Y cuando emitimos un grito agudo y emocionado, significa que estamos llenos de alegría y listos para divertirnos!

Cuando se trata de ansiedad, los Yorkies podemos ser un poco sensibles a veces. Es posible que nos pongamos un poco nerviosos en situaciones desconocidas o ante ruidos fuertes. Brindarnos un espacio seguro y acogedor donde podamos retirarnos, ofrecernos consuelo amable con palabras tranquilizadoras y darnos muchos abrazos puede ayudar a calmar nuestros corazones ansiosos. Recuerde, su amorosa presencia significa mucho para nosotros!

Ahora, profundicemos en lo que nos gusta y lo que no nos gusta. Los Yorkies son conocidos por nuestra apariencia elegante y glamorosa. Nos encanta lucirnos con nuestros deliciosos y sedosos abrigos y accesorios de moda. El cuidado es esencial para que luzcamos lo mejor posible, por lo que el cepillado regular, los cortes de pelo y los viajes ocasionales al spa para perros nos harán sentir como la realeza. seamos pequeños a la hora de dormir, pero aún así necesitamos nuestro bello descanso. Normalmente necesitamos entre 14 y 16 horas de sueño diarias

Explora el Lado Oscuro de la Vida de los Perros

Detalle de cada raza, la página explicativa de tu perro

para recargar nuestras pequeñas baterías. Así que no te sorprendas si nos encontramos acurrucados en el lugar más acogedor de la casa, soñando con momentos de juego y ricas delicias.

En cuanto a nuestra disposición de vivienda, podemos adaptarnos bien tanto a ambientes interiores como exteriores. Sin embargo, nuestro pequeño tamaño nos hace más adecuados para un estilo de vida interior. Nos encanta estar cerca de nuestros compañeros humanos y acurrucarnos en sus regazos para pasar un rato de calidad. Crear un ambiente interior seguro y enriquecedor para nosotros, completo con juguetes, camas suaves y tiempo de juego interactivo, nos hará mover la cola con alegría!

Para garantizar nuestro bienestar, los propietarios deben proporcionarnos estimulación mental y socialización. Los paseos diarios por el vecindario, los rompecabezas interactivos y las sesiones de entrenamiento de obediencia mantendrán nuestra mente alerta y moviendo la cola. El refuerzo positivo y la guía amable hacen maravillas en nosotros, ya que respondemos mejor al amor y las recompensas.

En conclusión, querido humano, los Yorkies somos luchadores, afectuosos y encantadores. Los sonidos, las necesidades y la naturaleza glamorosa únicos de nuestra raza nos hacen especiales. Con tu amor, cuidado y muchas caricias en el vientre, seremos los compañeros más felices y elegantes a tu lado!

Entonces, embarquémonos juntos en esta aventura, mi amigo humano. Con tu guía y afecto infinito, crearemos un vínculo que durará toda la vida. Prepárate para menear colas, travesuras adorables y mucho amor Yorkie!

Mucho amor y besos babosos,
Tu yorkshire terrier

Una guía imprescindible para los amantes de los perros

Capítulo 15

De las preocupaciones a las movidas de cola

10 sitios web excelentes

Woof Woof! Como amigo peludo que comprende los desafíos de la ansiedad, estoy aquí para compartir algunos sitios web interesantes que pueden ayudarte a ti y a tus preciosos cachorros. Estos sitios web brindan valiosos recursos, consejos y apoyo para controlar la ansiedad en los perros. Desde comprender los signos y las causas de la ansiedad hasta *implementar técnicas efectivas para reducir el estrés,* estos sitios lo tienen todo cubierto.

1. PetMD

Permítame presentarle **PetMD**, el destino en línea perfecto para todo lo relacionado con la salud y el cuidado de las mascotas! Es como un parque para perros virtual que ofrece información valiosa para perros, gatos geniales y otros amigos peludos. PetMD cubre diversas afecciones de salud que los perros podemos enfrentar, desde resfriados comunes hasta problemas graves, y ayuda a los dueños de mascotas a reconocer los síntomas y tomar decisiones informadas sobre nuestro bienestar. También brindan consejos sobre nutrición, comportamiento, adiestramiento, aseo y cuidados preventivos de los perros. ¡Es un recurso único y fantástico para todas nuestras necesidades de salud y felicidad! Escanee el código QR o utilice el enlace. https://www.petmd.com/

2. Fear Free Happy Homes

Fear Free Happy Homes es el tesoro escondido de los dueños de mascotas, repleto de recursos y consejos. Su sitio web cubre todo, desde el manejo de la ansiedad de los perros hasta el comportamiento y el bienestar general de las mascotas. Sumérgete en su colección de artículos, vídeos y seminarios web y no olvides explorar sus interesantes podcasts. Escanee el código QR o utilice el enlace. https://www.fearfreehappyhomes.com/

Explora el Lado Oscuro de la Vida de los Perros

10 sitios web excelentes

3. **Whole Dog Journal** es nuestro tipo de lugar: ¡es un sitio web y una revista llenos de todo tipo de perros! Tienen información exclusiva sobre la ansiedad, con artículos sobre cómo detectarla y manejarla, además de reseñas de productos para combatir la ansiedad. Para los padres de cachorros que se esfuerzan por brindarnos lo mejor, es un recurso de primer nivel. Entonces, relajémonos en tu sofá y leamos nuestra revista juntos, no olvides darme un regalo a mí también. ¡Guau! Escanee el código QR o utilice el enlace. http://www.whole-dog-journal.com

4. **Bondivet** es un sitio web australiano que ofrece recursos y consejos sobre la salud y el bienestar de las mascotas. Ofrecen artículos, videos y otros recursos sobre diversos temas relacionados con el cuidado de las mascotas, incluido el comportamiento y el entrenamiento. También cuenta con un directorio de clínicas y hospitales veterinarios en Australia, junto con un foro donde los dueños de mascotas pueden hacer preguntas y compartir consejos. Escanee el código QR o utilice el enlace. https://bondivet.com

5. **DogTV (televisión para perros)** Dios mío, ¿puedes creer que tenemos nuestro fantástico canal de televisión? Allí encontrarás un montón de vídeos, desde melodías relajantes hasta imágenes zen e incluso algunos espectáculos especiales para perros. Es como nuestro propio centro de entretenimiento, perfecto para cuando nuestros humanos no están presentes. Es como tener un amigo peludo en la pantalla, haciéndonos compañía y ayudándonos a vencer la soledad y el aburrimiento. Es como un patio de recreo en el mundo digital. ¡DogTV.com es como el sueño de un perro hecho realidad!

Escanee el código QR o utilice el enlace. https://www.dogtv.com/

Una guía imprescindible para los amantes de los perros

Capítulo 15

6. **Camisa Trueno**. Guau, ¿recuerdas cuando ladré al respecto en el capítulo 5? Esta importante empresa fabrica cosas para mantenernos tranquilos y relajados. Su producto estrella, la ThunderShirt, nos abraza cómodamente para aliviar la ansiedad. El sitio web comparte cómo funciona esta envoltura mágica y le ofrece recursos y artículos para manejar el estrés de los perros. Es un recurso valioso para los dueños de mascotas que buscan una solución no invasiva para ayudar a calmar a sus perros ansiosos. Escanee el código QR o utilice el enlace. https://thundershirt.com/

7. **Chat con veterinarios** : Déjame mover la cola con entusiasmo mientras te hablo de un sitio web interesante llamado "Pregúntale a un veterinario en línea"!

¡Es como tener una clínica veterinaria virtual al alcance de tu mano! ¡Tienen más de 12.000 expertos que brindan soporte a 196 países en 700 categorías con 4 idiomas! Desde problemas de salud hasta peculiaridades de comportamiento, los veterinarios expertos están ahí para ayudar y brindar los mejores consejos a su compañero peludo. Escanee el código QR o utilice el enlace.
https://www.askaveterinarianonline.com/

8. **Pitpat** Siempre me preocupa separarme o perderme, pero ¿adivinen qué? ¡Existe este increíble dispositivo llamado PitPat! No es sólo un sitio web; Es un gadget de superhéroe para perros. Es un pequeño dispositivo que cuelga de mi cuello y registra cuánto me muevo: pasos, distancia e incluso las calorías que quemo. Y se comunica con una aplicación genial en tu teléfono donde puedes consultar todos mis datos de actividad y establecer objetivos de ejercicio para mí. PitPat es como mi compañero, ayudándote a asegurarte de que me mantenga activo y saludable. Es la herramienta perfecta para controlar mi rutina de ejercicios. Escanee el código QR o utilice el enlace. https://www.pitpat.com/

Explora el Lado Oscuro de la Vida de los Perros

10 sitios web excelentes

9. **Calm Canine: Academia** que nos ayuda a los perros a convertirnos en expertos en cómo manejar la soledad. Este sitio tiene toneladas de recursos increíbles y programas de capacitación para enseñarnos cómo sentirnos más seguros y felices cuando estamos solos. Tienen guías paso a paso y divertidos cursos interactivos que hacen que aprender sea una maravilla. Entonces, si quieres asegurarte de que tu amigo peludo

se sienta cómodo cuando no estás cerca, visita este sitio web. ¡Es como tener un entrenador personal sólo para la ansiedad por separación! Demostremos al mundo que podemos soportar estar solos como campeones. Escanee el código QR o utilice el enlace.
https://www.calmcanineacademy.com/separation-skills-1

10. **k9ti** es experto en formación online. Este sitio web trata sobre el entrenamiento y los comportamientos de K9 (canino). Proporciona información y recursos valiosos para dueños y entusiastas de perros que desean profundizar su comprensión de las técnicas de entrenamiento, la modificación del comportamiento y el bienestar general de sus amigos peludos. Desde obediencia básica hasta habilidades avanzadas, encontrarás consejos, artículos e incluso cursos en línea que te ayudarán a desarrollar un vínculo más fuerte con su cachorro y mejorar su experiencia de entrenamiento. Por lo tanto, si desea liberar el potencial de su perro y embarcarse en un viaje de entrenamiento para las patas, este sitio web es un tesoro de conocimientos._ ¡Disfruta explorando y feliz entrenando! Escanee el código QR o utilice el enlace. https://k9ti.org/

Recuerde, estos sitios web y recursos en línea están diseñados para brindar información y soporte adicionales. También hay cientos de otros sitios web útiles. <u>Consulte siempre a un veterinario o profesional certificado para obtener orientación personalizada y específica para las necesidades de su perro.</u>

Una guía imprescindible para los amantes de los perros

Capítulo 16

Fuentes y referencias
Dónde profundizar más

Hola, mis curiosos amigos humanos! Si está ansioso por obtener más conocimientos y desea explorar más a fondo, aquí tiene algunas fuentes y referencias valiosas en las que hincarle el diente. Estas gemas te ayudarán a continuar tu viaje hacia la comprensión y el apoyo a tu mejor amigo peludo:

✓ **ABA (Animal Behavior Associates)** cofundada por Suzanne Hetts, Ph.D. y Daniel Estep, Ph.D., ambos conductistas animales aplicados certificados, son su opción para obtener orientación experta sobre el comportamiento de las mascotas, especialmente los perros. Ofrecen artículos, seminarios web y un tesoro de recursos para abordar problemas de mascotas como la ansiedad.

Su sitio web incluso tiene un directorio de conductistas animales certificados que pueden brindar consejos y planes de tratamiento personalizados. Animal Behavior Associates tiene como objetivo ayudar a los dueños de mascotas a decodificar el comportamiento de sus amigos peludos y encontrar soluciones efectivas para problemas comunes. Escanee el código QR o utilice el enlace.
https://animalbehaviorassociates.com

✓ **El Consejo Nacional de Investigación Canina (NCRC)** es una ciencia del comportamiento canino sin fines de lucro, cuyo objetivo es descubrir la verdad con un enfoque científico del comportamiento canino. Recopilaron estudios de

investigación, analizaron los datos y luego expusieron los hallazgos clave para que la ciencia fuera más fácil de entender para todos. Husmee en su página de Recursos y descubrirá una larga lista de increíbles empresas de recursos para ayudar a las mascotas, incluidos los perros. Escanee el código QR o utilice el enlace.

https://nationalcanineresearchcouncil.com/

Explora el Lado Oscuro de la Vida de los Perros

Fuentes y referencias Dónde profundizar más

✓ **UF Health (Universidad de Florida)** lo guiará para encontrar la raza adecuada! Es como un divertido juego que ayuda a nuestros humanos a aprender a distinguir las diferentes razas de perros. Ya sabes, como distinguir un Beagle de un Border Collie o descubrir si soy un labrador o un pastor alemán. Es como un juego de detectives de perros y nuestros humanos pueden convertirse en expertos en identificar razas. Escanee el código QR o utilice el enlace. https://sheltermedicine.vetmed.ufl.edu/

✓ **Genética y ansiedad**
Alguna vez te has preguntado sobre el fascinante vínculo entre nuestros genes y la ansiedad? Bueno, hay un artículo científico intrigante que quizás disfrutes leyendo. Este estudio explora los factores genéticos asociados con la ansiedad en los perros, descubriendo cómo genes específicos pueden contribuir a nuestras tendencias ansiosas. Es una investigación apasionante que arroja luz sobre la biología subyacente de la ansiedad en nuestros amigos peludos. ¡Disfruta explorando las maravillas de la ciencia! Escanee el código QR o utilice el enlace.
https://www.nature.com/articles/s41598-020-59837-z

✓ Concéntrate en Cachorro! **Smart Dog University** es un lugar para comenzar! Este sitio web tiene una publicación de blog interesante sobre cómo comprender y abordar la separación. Ser un cachorro es como ser un pequeño niño humano. Es cuando absorbemos conocimientos como esponjas. Este sitio web es tu plataforma de lanzamiento para un gran comienzo, con un tesoro de blogs, recursos, servicios, seminarios web, etc. Recuerda, incluso si eres un genio canino, ¡el adiestramiento de cachorros requiere experiencia! ¡Aprenda de los profesionales a ser un mejor padre de cachorro! Graduarse de la universidad para cachorros conlleva numerosos beneficios, incluida la reducción de su ansiedad futura. Escanee el código QR o utilice el enlace.
https://smartdoguniversity.com/

Recuerden, mis increíbles humanos, estos recursos son solo la punta de la cola! <u>Sigue explorando, sigue aprendiendo y sigue moviendo esas colas con conocimiento.</u> Cuanto más sepa, mejor equipado estará para brindar el amor, el cuidado y el apoyo que los perros necesitamos.

Una guía imprescindible para los amantes de los perros

Capítulo 17

De las preocupaciones a las movidas de cola

10 tablas súper útiles

Prepárate para sumergirte en 10 hojas de cálculo súper útiles sobre mis 40 amigos de diferentes razas. Estas tablas son un tesoro de información que le permite compararnos y conocer nuestras características únicas, consejos de salud, necesidades de aseo, peculiaridades del entrenamiento e incluso nuestros horarios favoritos para tomar siestas y caminar.

Pero eso no es todo! Estas tablas son muy singulares porque también profundizan en las profundidades de nuestra ansiedad, compartiendo señales a las que debemos prestar atención y razones que pueden hacer que se nos caiga la cola. Si me perdí algo o tienes alguna pregunta, envíame un correo electrónico. Juntos, asegurémonos de que ningún detalle quede atrás mientras nos embarcamos en este increíble viaje de comprensión y cuidado de nuestros compañeros peludos! Woof!

Hola, chicos! Mientras te sumerges en el resto de los capítulos, yo moveré la cola y saldré a dar un agradable paseo con mi amigo humano. Ah, el sol brilla, la brisa llama y existen tantos olores para explorar! Cuidar a nuestros peludos es tan importante como ampliar nuestros conocimientos. Así que continúa, sigue leyendo y nos pondremos al día contigo más tarde. Disfruten del viaje, mis compañeros amantes de los perros! Woof!

Explora el Lado Oscuro de la Vida de los Perros

10 Tablas súper útiles

40 características de las razas populares

40 características de las razas populares, Parte I

Criar	Tamaño	Temperamento	Necesidades de ejercicio	Compatibilidad con niños	Compatibilidad con otras mascotas
Malamute de Alaska	Grande	Independiente, Enérgico	Alto	Moderado	Bajo
Perro australiano del ganado	Medio	Inteligente, Enérgico	Alto	Moderado	Bajo
Pastor australiano	Medio	Inteligente, Activo	Alto	Alto	Moderado
Beagle	Pequeño	Amable, Curioso	Moderado	Alto	Alto
Malinois belga	Grande	Protector, Leal	Alto	Bajo	Bajo
Perro de montaña de Bernese	Grande	Gentil, bondadoso	Moderado	Alto	Alto
Bichón Frisé	Pequeño	Juguetón, cariñoso	Moderado	Alto	Alto
collie fronterizo	Medio	Inteligente, Enérgico	Alto	Moderado	Moderado
terrier de boston	Pequeño	Amable, animado	Moderado	Alto	Bajo
Boxer	Grande	Juguetón, Enérgico	Alto	Alto	Bajo
Bretaña	Medio	Activo, versátil	Alto	Alto	Alto
Bulldog (inglés/francés)	Medio	Dócil, tranquilo	Bajo	Alto	Bajo
bastón corso	Grande	Confiado, Inteligente	Moderado	Bajo	Bajo
Cárdigan Corgi Galés	Medio	Alerta, cariñosa	Moderado	Alto	Moderado
Cavalier King Charles Spaniel	Pequeño	Cariñoso, gentil	Moderado	Alto	Alto
chihuahua	Pequeño	Animado, Valiente	Bajo	Bajo	Bajo
Cocker	Medio	gentil, inteligente	Moderado	Alto	Alto
Perro tejonero	Pequeño	Curioso, inteligente	Moderado	Alto	Moderado
Dóberman Pinscher	Grande	Leal, intrépido	Alto	Bajo	Bajo
Cocker Spaniel Inglés	Medio	alegre, inteligente	Moderado	Alto	Alto
Setter inglés	Grande	Gentil, bondadoso	Alto	Alto	Moderado
Pastor alemán	Grande	Leal, Confiado	Alto	Alto	Alto
perro perdiguero de oro	Grande	Inteligente, amigable	Alto	Alto	Alto
Gran Danés	Gigante	gentil, amigable	Bajo a moderado	Alto	Bajo
Labrador retriever	Grande	Extrovertido, incluso templado	Alto	Alto	Alto

Una guía imprescindible para los amantes de los perros

40 características de las razas populares, Parte II

Criar	Tamaño	Temperamento	Necesidades de ejercicio	Compatibilidad con niños	Compatibilidad con otras mascotas
Leonberger	Gigante	gentil, amigable	Moderado	Alto	Moderado
maltés	Pequeño	De carácter dulce, animado	Bajo	Alto	Alto
Schnauzer miniatura	Pequeño	Intrépido, enérgico	Moderado	Moderado	Alto
Elkhound noruego	Medio	Negrita, Alerta	Moderado	Alto	Moderado
Caniche (Estándar/Mini/Toy)	Varía	Inteligente, Activo	Moderado	Alto	Alto
Perro de agua portugués	Medio	Inteligente, Activo	Alto	Alto	Alto
Doguillo	Pequeño	Encantador, Travieso	Bajo	Alto	Moderado
rottweiler	Grande	tranquilo, valiente	Alto	Bajo	Bajo
Shiba Inu	Medio	Alerta, Activo	Alto	Bajo	Bajo
shih tzu	Pequeño	Cariñosa, Juguetona	Bajo a moderado	Alto	Alto
Husky siberiano	Medio	Extrovertida, Traviesa	Alto	Moderado a alto	Bajo
Staffordshire Bull Terrier	Medio	Atrevido, cariñoso	Alto	Bajo	Alto
Volpino Italiano	Pequeño	Activo, Alerta	Moderado	Moderado	Moderado
Springer Spaniel Galés	Medio	Amable, gentil	Alto	Moderado	Alto
terrier de yorkshire	Pequeño	Cariñoso, enérgico	Bajo	Alto	Moderado

Tenga en cuenta que la tabla proporciona una descripción general de las características de cada raza. Los perros individuales pueden presentar variaciones dentro de su raza. Es importante realizar más investigaciones y consultar a expertos en razas específicas o fuentes confiables para obtener información más detallada y precisa antes de tomar una decisión. Además, recuerde que el entrenamiento, la socialización y el cuidado adecuados son esenciales para que cualquier raza prospere en un entorno amoroso y comprensivo.

Explora el Lado Oscuro de la Vida de los Perros

40 Razas populares: tipo, nivel y signos de ansiedad, Parte I

Nombre de la raza	Tipo de ansiedad	Nivel de ansiedad	Signos de ansiedad
Malamute de Alaska	Ansiedad de separación	Moderado	Aullar, ladrar excesivamente, cavar, escapar, caminar de un lado a otro, comportamiento destructivo (rascar puertas o ventanas)
Perro australiano del ganado	Ansiedad de separación	Alto	Ladridos excesivos, comportamiento destructivo, paseos, inquietud, hipersensibilidad a los sonidos.
Pastor australiano	Ansiedad generalizada, ansiedad por separación	Medio	Mordiscos excesivos, conductas obsesivas, inquietud, búsqueda de tranquilidad, destructividad, ritmo
Beagle	Ansiedad de separación	Alto	Aullidos excesivos, excavación, comportamiento destructivo, paseos, inquietud, intento de escapar
Malinois belga	Ansiedad de separación	Alto	Ladridos excesivos, comportamiento destructivo (masticar muebles o pertenencias), inquietud, paseos, intentos de fuga.
Perro de montaña de Bernese	Ansiedad por ruido, ansiedad por separación	Bajo	Esconderse, buscar consuelo, jadear, caminar de un lado a otro, inquietud, destructividad, hipersensibilidad a los sonidos.
Bichón Frisé	Ansiedad social, ansiedad por separación	Bajo	Temblor excesivo, miedo, evitación de interacciones sociales, angustia por separación, búsqueda de tranquilidad, destructividad, inquietud.
collie fronterizo	Ansiedad de separación	Alto	Comportamiento excesivo de pastoreo, inquietud, paseos, comportamiento destructivo, vocalización, comportamientos obsesivos, hipersensibilidad a los sonidos.
terrier de boston	Ansiedad por ruido, ansiedad por separación	Medio	Jadeo excesivo, búsqueda de consuelo, inquietud, destructividad, ladridos excesivos, hipersensibilidad a los sonidos.
Boxer	Ansiedad generalizada	Alto	Caminar de un lado a otro, babeo excesivo, inquietud, hiperactividad, comportamiento destructivo, comportamientos compulsivos
Bretaña	Ansiedad por ruido	Moderado	Jadear, temblar, esconderse, buscar consuelo, inquietud, caminar de un lado a otro, intentar escapar durante ruidos fuertes o tormentas eléctricas

Una guía imprescindible para los amantes de los perros

40 Razas populares: tipo, nivel y signos de ansiedad, Parte II

Nombre de la raza	Tipo de ansiedad	Nivel de ansiedad	Signos de ansiedad
Bulldog (inglés/francés)	Ansiedad social, ansiedad por separación	Medio	Evitar situaciones sociales, miedo a gente nueva, angustia por separación, babeo excesivo, comportamiento destructivo, jadeo, caminar de un lado a otro.
bastón corso	Ansiedad generalizada	Moderado	Ladridos excesivos, gruñidos, agresión, comportamiento destructivo (masticar objetos o muebles), inquietud, comportamientos compulsivos.
Cárdigan Corgi Galés	Ansiedad por ruido	Bajo	Jadear, temblar, buscar consuelo, encogerse, intentar esconderse, inquietud, caminar de un lado a otro durante ruidos fuertes o fuegos artificiales.
Cavalier King Charles Spaniel	Ansiedad de separación	Bajo	Lloriqueos excesivos, angustia por separación, búsqueda de tranquilidad, comportamiento destructivo, inquietud.
chihuahua	Ansiedad social, ansiedad por separación	Alto	Temblor excesivo, agresión, miedo, ladrido excesivo, esconderse, buscar consuelo, angustia por separación, evitar interacciones sociales.
Cocker	Ansiedad por ruido, ansiedad por separación	Medio	Esconderse, ladridos excesivos, jadeos, temblores, destructividad, inquietud, hipersensibilidad a los sonidos.
Perro tejonero	Ansiedad de separación	Medio	Lloriqueos excesivos, comportamiento autodestructivo, inquietud, cavar, intentar escapar, hipersensibilidad a los sonidos.
Dóberman Pinscher	Ansiedad social	Alto	Lenguaje corporal temeroso, evitación, agresión, inquietud, ladridos excesivos, jadeos, temblores, hipersensibilidad a los sonidos.
Cocker Spaniel Inglés	Ansiedad generalizada	Moderado	Ladridos excesivos, lloriqueos, inquietud, conductas compulsivas (perseguir la cola, lamer las patas), ansiedad por separación, búsqueda constante de atención.
Setter inglés	Ansiedad generalizada, ansiedad por separación	Medio	Paseo excesivo, temblores, inquietud, búsqueda de tranquilidad, comportamiento destructivo, angustia por separación.
Pastor alemán	Ansiedad por ruido, ansiedad por separación	Alto	Jadeo, temblor, esconderse, lloriquear, ladrar excesivamente, destructividad, intentar escapar, hipersensibilidad a los sonidos, caminar de un lado a otro, inquietud

Explora el Lado Oscuro de la Vida de los Perros

40 Razas populares: tipo, nivel y signos de ansiedad, Parte III

Nombre de la raza	Tipo de ansiedad	Nivel de ansiedad	Signos de ansiedad
perro perdiguero de oro	Ansiedad generalizada, ansiedad por separación	Bajo	Inquietud, aseo excesivo, búsqueda de tranquilidad, conductas compulsivas, hipervigilancia, jadeo, temblores.
Gran Danés	Ansiedad por ruido, ansiedad por separación	Bajo	Esconderse, buscar consuelo, jadear, temblar, caminar de un lado a otro, inquietud, hipersensibilidad a los sonidos.
Labrador retriever	Ansiedad de separación	Medio	Ladridos excesivos, comportamiento destructivo, caminar de un lado a otro, babear, intentar escapar
Leonberger	Ansiedad de separación	Moderado	Lloriqueos excesivos, lloriqueos, paseos, inquietud, comportamiento destructivo (rascar puertas o muebles), babeo
maltés	Ansiedad de separación	Bajo	Masticar excesivamente, orinar, inquietud, buscar tranquilidad, angustia por separación
Schnauzer miniatura	Ansiedad de separación	Medio	Ladridos excesivos, excavaciones, paseos, inquietud, comportamiento destructivo, hipersensibilidad a los sonidos.
Elkhound noruego	Ansiedad por ruido	Moderado	Aullar, caminar de un lado a otro, esconderse, buscar consuelo, temblar, inquietud, intentar escapar durante ruidos fuertes o fuegos artificiales.
Caniche (Estándar/Mini/Toy)	Ansiedad por ruido, ansiedad por separación	Bajo	Temblar, buscar consuelo, esconderse, ladrar excesivamente, destructividad, jadear, caminar de un lado a otro
Perro de agua portugués	Ansiedad generalizada	Bajo	Ladridos excesivos, jadeos, inquietud, paseos, conductas compulsivas (lamer, masticar), búsqueda de atención constante, ansiedad por separación.
Doguillo	Ansiedad generalizada	Bajo	Lamido excesivo, apego, búsqueda de tranquilidad, hipervigilancia, inquietud, angustia por separación.

Una guía imprescindible para los amantes de los perros

40 Razas populares tipo, nivel y signos de ansiedad, Parte IV

Nombre de la raza	Tipo de ansiedad	Nivel de ansiedad	Signos de ansiedad
rottweiler	Ansiedad social	Alto	Agresión, miedo, evitación de interacciones sociales, hipervigilancia, inquietud, ladridos excesivos.
Shiba Inu	Ansiedad por ruido, ansiedad por separación	Medio	Vocalización excesiva, ocultamiento, inquietud, destructividad, intento de escapar, hipersensibilidad a los sonidos.
shih tzu	Ansiedad de separación	Bajo	Ladridos excesivos, inquietud, temblores, búsqueda de tranquilidad, angustia por separación, comportamiento destructivo.
Husky siberiano	Ansiedad generalizada, ansiedad por separación	Alto	Intentos excesivos de fuga, comportamiento destructivo, aullidos, paseos, inquietud, excavación, automutilación, intento de escapar, hipervigilancia.
Staffordshire Bull Terrier	Ansiedad generalizada	Alto	Agresión, jadeo excesivo, inquietud, comportamiento destructivo, angustia por separación, hipersensibilidad a los sonidos.
Volpino Italiano	Ansiedad de separación	Bajo	Lloriqueos excesivos, ladridos, destructividad (masticar objetos o muebles), apego, caminar de un lado a otro, intentos de escapar
Springer Spaniel Galés	Ansiedad generalizada	Bajo	Ladridos excesivos, lloriqueos, inquietud, conductas compulsivas (perseguir la cola, lamer las patas), ansiedad por separación, búsqueda constante de atención.
terrier de yorkshire	Ansiedad por ruido, ansiedad por separación	Bajo	Esconderse, ladrar excesivamente, temblar, jadear, buscar consuelo, inquietud, destructividad.

Tenga en cuenta que nuestros niveles de ansiedad pueden ser diferentes de un perro a otro y pueden verse influenciados por factores como nuestra genética, cómo fuimos criados y el entorno que nos rodea.

<u>Los signos mencionados en la tabla son sólo indicaciones generales y es posible que no se apliquen a todos los perros de nuestra raza.</u> Por eso es tan importante que nuestros cariñosos dueños consulten <u>con un veterinario o un conductista profesional.</u> Pueden proporcionar una evaluación exhaustiva y brindarnos orientación personalizada que sea específica para nuestras necesidades únicas. Con su ayuda, podemos comprender y gestionar mejor nuestra ansiedad, lo que nos llevará a una vida más feliz y positiva.

Explora el Lado Oscuro de la Vida de los Perros

40 Razas populares, signos de ansiedad y causas fundamentales, Parte I

Criar	Signos de ansiedad	Causa principal
Malamute de Alaska	Aullidos o lloriqueos excesivos, comportamiento destructivo.	Ansiedad por separación, falta de estimulación mental.
Perro australiano del ganado	Hiperactividad, inquietud, comportamiento de mordisco o de pastoreo.	Falta de ejercicio físico y mental, aburrimiento.
Pastor australiano	Ladridos excesivos, conductas compulsivas, inquietud.	Falta de estimulación mental, ansiedad por separación.
Beagle	Comportamiento excesivo de aullar, cavar o escapar	Aburrimiento, falta de ejercicio físico y mental.
Malinois belga	Vigilancia excesiva, hiperactividad, agresión.	Falta de ejercicio físico y mental, inseguridad.
Perro de montaña de Bernese	Babeo excesivo, comportamiento destructivo, retraimiento.	Ansiedad por separación, miedo a los ruidos fuertes.
Bichón Frisé	Ladridos excesivos, ansiedad por separación, temblores.	Ansiedad por separación, miedo a estar solo.
collie fronterizo	Conductas obsesivas, tendencias gregarias, ritmo	Falta de estimulación mental, instintos de pastoreo.
terrier de boston	Hiperactividad, masticación destructiva, lamido excesivo.	Aburrimiento, ansiedad por separación.
Boxer	Saltar sobre la gente, alegría excesiva, inquietud.	Falta de ejercicio físico, ansiedad por separación.
Bretaña	Nerviosismo, ansiedad por separación, comportamiento destructivo.	Falta de estimulación mental, miedo a estar solo.
Bulldog (inglés/francés)	Jadeos intensos, babeo excesivo, conductas de evitación.	Miedo a determinadas situaciones, problemas respiratorios.
bastón corso	Comportamientos agresivos, tendencias protectoras, hiperactividad.	Falta de socialización, inseguridad.
Cárdigan Corgi Galés	Comportamiento temeroso, ladridos excesivos, ansiedad por separación.	Falta de socialización, miedo a estar solo.
Cavalier King Charles Spaniel	Timidez, comportamiento sumiso, esconderse o acobardarse.	Falta de socialización, miedo a nuevos entornos.
chihuahua	Ladridos excesivos, temblores o sacudidas, agresión.	Miedo a los extraños, agresión basada en el miedo.
Cocker	Lamido excesivo, ansiedad por separación, miedo.	Ansiedad por separación, miedo al abandono.
Perro tejonero	Ladridos excesivos, esconderse o excavar, agresión.	Agresión basada en el miedo, falta de socialización.
Dóberman Pinscher	Hipervigilancia, conducta protectora, agresión.	Falta de socialización, agresión basada en el miedo.
Cocker Spaniel Inglés	Micción sumisa, ansiedad por separación, miedo.	Ansiedad por separación, miedo al castigo.
Setter inglés	Ansiedad por separación, comportamiento destructivo, inquietud.	Falta de ejercicio físico y mental, aburrimiento.

Una guía imprescindible para los amantes de los perros

Capítulo 17

40 Razas populares, signos de ansiedad y causas fundamentales, Parte II

Criar	Signos de ansiedad	Causa principal
Pastor alemán	Ladridos excesivos, paseos, hipervigilancia.	Falta de ejercicio físico y mental, inseguridad.
perro perdiguero de oro	Masticación excesiva, comportamiento de búsqueda de atención.	Ansiedad por separación, falta de estimulación mental.
Gran Danés	Timidez, miedo, ansiedad por separación.	Falta de socialización, miedo a nuevos entornos.
Labrador retriever	Masticación excesiva, hiperactividad, inquietud.	Falta de ejercicio físico y mental, aburrimiento.
Leonberger	Ansiedad por separación, comportamiento pegajoso, masticación destructiva.	Falta de estimulación mental, miedo a estar solo.
maltés	Ladridos excesivos, temblores o sacudidas, esconderse.	Ansiedad por separación, miedo a nuevos entornos.
Schnauzer miniatura	Agresión hacia extraños, ladridos excesivos.	Miedo a los extraños, agresión basada en el miedo.
Elkhound noruego	Comportamiento destructivo, aullidos o ladridos excesivos.	Ansiedad por separación, aburrimiento.
Caniche (Estándar/Mini/Toy)	Apego, ansiedad por separación, inquietud.	Falta de estimulación mental, miedo a estar solo.
Perro de agua portugués	Ladridos excesivos, comportamiento destructivo, hiperactividad.	Falta de ejercicio físico y mental, aburrimiento.
Doguillo	Jadeos intensos, sibilancias, dificultad para respirar.	Problemas respiratorios, ansiedad por separación.
rottweiler	Comportamientos agresivos, tendencias protectoras, miedo.	Falta de socialización, agresión basada en el miedo.
Shiba Inu	Comportamiento temeroso, agresión hacia extraños.	Miedo a los extraños, agresión basada en el miedo.
shih tzu	Ladridos excesivos, ansiedad por separación, apego.	Ansiedad por separación, miedo a estar solo.
Husky siberiano	Aullidos excesivos, comportamiento destructivo, escapismo.	Aburrimiento, ansiedad por separación.
Staffordshire Bull Terrier	Agresión hacia otros perros, hiperactividad.	Agresión basada en el miedo, falta de socialización.
Volpino Italiano	Ladridos excesivos, inquietud, comportamiento destructivo.	Ansiedad por separación, miedo a estar solo.
Springer Spaniel Galés	Comportamiento temeroso, ansiedad por separación, lamido excesivo.	Falta de socialización, miedo a estar solo.
terrier de yorkshire	Ladridos excesivos, timidez, agresión.	Agresión basada en el miedo, falta de socialización.

Tenga en cuenta que esta tabla proporciona información general y que los signos de ansiedad y las causas fundamentales de cada perro pueden variar. Es importante consultar con un veterinario o un conductista canino profesional para una evaluación integral y orientación personalizada si sospecha que su perro está experimentando ansiedad.

De las preocupaciones a las movidas de cola

Explora el Lado Oscuro de la Vida de los Perros

40 Detalle de higiene de razas populares

Criar	Necesidades de aseo	Tipo de abrigo	Nivel de derramamiento	Frecuencia	Cepillado	Baños	Guarnición
Malamute de Alaska	Alto	Doble	Alto	Regular	A diario	Mensual	Ocasional
Perro australiano del ganado	Bajo	Corto	Moderado	Regular	Semanalmente	Mensual	Según sea necesario
Pastor australiano	Moderado	Medio largo	Moderado	Regular	Semanalmente	Mensual	Ocasional
Beagle	Bajo	Corto	Bajo	Regular	Semanalmente	Mensual	Según sea necesario
Malinois belga	Moderado	Corto	Moderado	Regular	Semanalmente	Mensual	Según sea necesario
Perro de montaña de Bernese	Alto	Largo	Alto	Regular	A diario	Mensual	Ocasional
Bichón Frisé	Alto	Ondulado	Bajo	Regular	Semanalmente	Mensual	Regularmente
collie fronterizo	Moderado	Medio largo	Moderado	Regular	Semanalmente	Mensual	Ocasional
terrier de boston	Bajo	Corto	Bajo	Regular	Semanalmente	Mensual	Según sea necesario
Boxer	Bajo	Corto	Bajo	Regular	Semanalmente	Mensual	Según sea necesario
Bretaña	Moderado	Medio	Moderado	Regular	Semanalmente	Mensual	Ocasional
Bulldog (inglés/francés)	Bajo	Corto	Bajo	Regular	Semanalmente	Mensual	Según sea necesario
bastón corso	Bajo	Corto	Bajo	Regular	Semanalmente	Mensual	Según sea necesario
Cárdigan Corgi Galés	Moderado	Medio	Moderado	Regular	Semanalmente	Mensual	Ocasional
Cavalier King Charles Spaniel	Moderado	Medio largo	Moderado	Regular	Semanalmente	Mensual	Ocasional
chihuahua	Bajo	Corto	Bajo	Regular	Semanalmente	Mensual	Según sea necesario
Cocker	Alto	Medio largo	Alto	Regular	A diario	Mensual	Regularmente
Perro tejonero	Bajo	Corto	Bajo	Regular	Semanalmente	Mensual	Según sea necesario
Döberman Pinscher	Bajo	Corto	Bajo	Regular	Semanalmente	Mensual	Según sea necesario
Cocker Spaniel Inglés	Alto	Medio largo	Alto	Regular	A diario	Mensual	Regularmente

Una guía imprescindible para los amantes de los perros

Capítulo 17

Criar	Necesidades de aseo	Tipo de abrigo	Nivel de derramamiento	Frecuencia	Cepillado	Baños	Guarnición
Setter inglés	Alto	Largo	Alto	Regular	A diario	Mensual	Regularmente
Pastor alemán	Moderado	Medio largo	Moderado	Regular	Semanalmente	Mensual	Ocasional
perro perdiguero de oro	Alto	Largo	Alto	Regular	A diario	Mensual	Ocasional
Gran Danés	Bajo	Corto	Bajo	Regular	Semanalmente	Mensual	Según sea necesario
Labrador retriever	Bajo	Corto	Bajo	Regular	Semanalmente	Mensual	Según sea necesario
Leonberger	Alto	Largo	Alto	Regular	A diario	Mensual	Ocasional
maltés	Alto	Largo	Bajo	Regular	A diario	Mensual	Regularmente
Schnauzer miniatura	Alto	pelo duro	Bajo	Regular	A diario	Mensual	Regularmente
Elkhound noruego	Moderado	Corto	Moderado	Regular	Semanalmente	Mensual	Según sea necesario
Caniche (Estándar/Mini/Toy)	Alto	Ondulado	Bajo	Regular	A diario	Mensual	Regularmente
Perro de agua portugués	Alto	Ondulado	Bajo	Regular	A diario	Mensual	Regularmente
Doguillo	Bajo	Corto	Bajo	Regular	A diario	Mensual	Según sea necesario
rottweiler	Bajo	Corto	Bajo	Regular	Semanalmente	Mensual	Según sea necesario
Shiba Inu	Moderado	Doble	Moderado	Regular	Semanalmente	Mensual	Según sea necesario
shih tzu	Alto	Largo	Bajo	Regular	A diario	Mensual	Regularmente
Husky siberiano	Moderado	Medio	Alto	Regular	Semanalmente	Mensual	Ocasional
Staffordshire Bull Terrier	Bajo	Corto	Bajo	Regular	Semanalmente	Mensual	Según sea necesario
Volpino Italiano	Moderado	Doble	Moderado	Regular	Semanalmente	Mensual	Según sea necesario
Springer Spaniel Galés	Moderado	Medio largo	Moderado	Regular	Semanalmente	Mensual	Ocasional
terrier de yorkshire	Alto	Largo	Bajo	Regular	A diario	Mensual	Regularmente

Tenga en cuenta que la tabla proporciona una descripción general y que cada perro puede tener necesidades de cuidado específicas que pueden variar. <u>Siempre es una buena idea consultar las pautas de cuidado específicas de la raza o consultar a un peluquero profesional para obtener asesoramiento personalizado.</u>

De las preocupaciones a las movidas de cola

Explora el lado oscuro de la vida de los perros

40 Aspectos del entrenamiento de razas populares, Parte I

Nombre de la raza	Entrenabilidad	Inteligencia	Necesidades de ejercicio	Necesidades de socialización	Consejos de entrenamiento
Malamute de Alaska	Moderado	Alto	Alto	Alto	Utilice refuerzo positivo y coherencia en el entrenamiento.
Perro australiano del ganado	Alto	Alto	Alto	Alto	Proporcionar estimulación mental y ejercicio regular.
Pastor australiano	Alto	Alto	Alto	Alto	Centrarse en actividades físicas y mentales para el entrenamiento.
Beagle	Moderado	Moderado	Moderado	Alto	Utilice recompensas y premios para motivarse en el entrenamiento.
Malinois belga	Alto	Alto	Alto	Alto	Canalizar su energía en sesiones de entrenamiento estructuradas.
Perro de montaña de Bernese	Moderado	Promedio	Moderado	Moderado	Utilice refuerzo positivo y métodos de entrenamiento suaves.
Bichón Frisé	Moderado	Alto	Moderado	Alto	Utilice refuerzo positivo y coherencia en el entrenamiento.
collie fronterizo	Alto	Alto	Alto	Alto	Proporcionar desafíos físicos y mentales en el entrenamiento.
terrier de boston	Moderado	Promedio	Moderado	Moderado	Utilice refuerzo positivo y coherencia en el entrenamiento.
Boxer	Moderado	Promedio	Alto	Alto	Empiece a entrenar temprano y utilice refuerzo positivo.
Bretaña	Alto	Promedio	Alto	Alto	Proporcionar ejercicio físico y mental para el entrenamiento.
Bulldog (inglés/francés)	Bajo	Promedio	Bajo	Moderado	Utilice refuerzo positivo y paciencia en el entrenamiento.
bastón corso	Moderado	Alto	Alto	Alto	Establecer reglas y límites consistentes en el entrenamiento.

Una guía imprescindible para los amantes de los perros

40 Aspectos del entrenamiento de razas populares, Parte II

Nombre de la raza	Entrenabilidad	Inteligencia	Necesidades de ejercicio	Necesidades de socialización	Capacitación Consejos
Cárdigan Corgi Galés	Alto	Alto	Moderado	Alto	Utilice refuerzo positivo y estimulación mental.
Cavalier King Charles Spaniel	Moderado	Promedio	Moderado	Alto	Utilice recompensas y refuerzo positivo en el entrenamiento.
chihuahua	Bajo	Promedio	Bajo	Moderado	Utilice métodos de entrenamiento suaves y refuerzo positivo.
Cocker	Moderado	Promedio	Moderado	Alto	Proporcionar estimulación mental y refuerzo positivo.
Perro tejonero	Moderado	Promedio	Moderado	Moderado	Sea paciente y constante en el entrenamiento.
Dóberman Pinscher	Alto	Alto	Alto	Alto	Proporcionar entrenamiento constante y refuerzo positivo.
Cocker Spaniel Inglés	Moderado	Promedio	Moderado	Alto	Utilice refuerzo positivo y coherencia en el entrenamiento.
Setter inglés	Moderado	Promedio	Moderado	Alto	Utilice refuerzo positivo y estimulación mental.
Pastor alemán	Alto	Alto	Alto	Alto	Proporcionar entrenamiento constante y estimulación mental.
perro perdiguero de oro	Alto	Alto	Alto	Alto	Utilice refuerzo positivo y coherencia en el entrenamiento.
Gran Danés	Bajo	Promedio	Moderado	Moderado	Empiece a entrenar temprano y utilice métodos de entrenamiento suaves.
Labrador retriever	Alto	Alto	Alto	Alto	Utilice refuerzo positivo y coherencia en el entrenamiento.
Leonberger	Moderado	Alto	Alto	Alto	Utilice refuerzo positivo y entrenamiento de socialización.

De las preocupaciones a las movidas de cola

Explora el lado oscuro de la vida de los perros

40 Aspectos del entrenamiento de razas populares, Parte III

Nombre de la raza	Entrenabilidad	Inteligencia	Necesidades de ejercicio	Necesidades de socialización	Capacitación Consejos
maltés	Moderado	Promedio	Bajo	Alto	Utilice refuerzo positivo y tenga paciencia en el entrenamiento.
Schnauzer miniatura	Moderado	Alto	Moderado	Alto	Utilice refuerzo positivo y coherencia en el entrenamiento.
Elkhound noruego	Moderado	Promedio	Alto	Alto	Comience a entrenar temprano y proporcione estimulación mental.
Caniche (Estándar/Mini/Toy)	Alto	Alto	Moderado	Alto	Utilice refuerzo positivo y estimulación mental.
Perro de agua portugués	Alto	Alto	Alto	Alto	Proporcionar ejercicio físico y mental para el entrenamiento.
Doguillo	Bajo	Promedio	Bajo	Moderado	Utilice refuerzo positivo y tenga paciencia en el entrenamiento.
rottweiler	Moderado	Alto	Alto	Alto	Establecer liderazgo y límites consistentes
Shiba Inu	Moderado	Promedio	Alto	Moderado	Utilice refuerzo positivo y coherencia en el entrenamiento.
shih tzu	Bajo	Promedio	Bajo	Moderado	Utilice recompensas y refuerzo positivo en el entrenamiento.
Husky siberiano	Moderado	Alto	Alto	Alto	Utilice refuerzo positivo y proporcione suficiente ejercicio.
Staffordshire Bull Terrier	Moderado	Promedio	Alto	Alto	Utilice refuerzo positivo y coherencia en el entrenamiento.
Volpino Italiano	Moderado	Alto	Moderado	Alto	Utilice refuerzo positivo y entrenamiento de socialización.
Springer Spaniel Galés	Alto	Promedio	Alto	Alto	Proporcionar ejercicio físico y mental para el entrenamiento.

Una guía imprescindible para los amantes de los perros

40 Aspectos del entrenamiento de razas populares, Parte IV

Nombre de la raza	Entrenabilidad	Inteligencia	Necesidades de ejercicio	Necesidades de socialización	Capacitación Consejos
terrier de yorkshire	Moderado	Promedio	Bajo	Moderado	Utilice refuerzo positivo y coherencia en el entrenamiento.

Tenga en cuenta que la capacidad de adiestramiento, la inteligencia, las necesidades de ejercicio, las necesidades de socialización y los consejos de adiestramiento pueden variar dentro de cada raza, y los perros individuales pueden tener características y requisitos únicos. Esta tabla proporciona una descripción general para guiar a los propietarios a la hora de entrenar a sus perros de forma eficaz. <u>Recuerde también, querido propietario, que el entrenamiento debe ser una experiencia divertida y atractiva para ambos.</u> Mantenga las sesiones breves, interactivas y llenas de amor.

40 Razas populares datos generales de salud y edad, Parte I

Criar	Problemas de salud comunes / Predisposiciones	Promedio de vida	Nivel de energía	Vacunas recomendadas	Cuidado preventivo
Malamute de Alaska	Displasia de cadera, condrodisplasia, cataratas	10-14 años	Alto	Revisiones regulares	Ejercicio regular, estimulación mental, suplementos para las articulaciones.
Perro australiano del ganado	Displasia de cadera, atrofia progresiva de retina	12-15 años	Muy alto	Vacunas preventivas	Ejercicio regular, estimulación mental, entrenamiento.
Pastor australiano	Displasia de cadera, anomalía del ojo del collie, epilepsia	12-15 años	Alto	Atención veterinaria de rutina	Ejercicio regular, estimulación mental, entrenamiento de obediencia.
Beagle	Enfermedad Del Disco Intervertebral, Epilepsia	12-15 años	Moderado	Vacunas preventivas	Ejercicio regular, estimulación mental, control de peso.
Malinois belga	Displasia de cadera, atrofia progresiva de retina	10-12 años	Muy alto	Revisiones regulares	Ejercicio regular, estimulación mental, entrenamiento de obediencia.
Perro de montaña de Bernese	Displasia de cadera, displasia de codo, cáncer	7-10 años	Moderado	Vacunas preventivas	Ejercicio regular, suplementos para las articulaciones, controles periódicos.
Bichón Frisé	Luxación Patelar, Alergias	14-16 años	Moderado	Atención veterinaria de rutina	Aseo regular, higiene dental, nutrición adecuada.
collie fronterizo	Displasia de cadera, anomalía del ojo del collie, epilepsia	12-15 años	Muy alto	Vacunas preventivas	Ejercicio regular, estimulación mental, entrenamiento de obediencia.
terrier de boston	Síndrome braquicefálico, luxación rotuliana	11-13 años	Moderado	Atención veterinaria periódica	Ejercicio regular, higiene dental, control de peso.
Boxer	Displasia de cadera, miocardiopatía del boxeador	10-12 años	Alto	Vacunas preventivas	Ejercicio regular, estimulación mental, chequeos periódicos.
Bretaña	Displasia de cadera, epilepsia	12-14 años	Alto	Atención veterinaria de rutina	Ejercicio regular, estimulación mental, entrenamiento de obediencia.

Una guía imprescindible para los amantes de los perros

Capítulo 17

40 Razas populares datos generales de salud y edad, Parte II

Criar	Problemas de salud comunes / Predisposiciones	Promedio de vida	Nivel de energía	Vacunas recomendadas	Cuidado preventivo
Bulldog (inglés / francés)	Síndrome braquicefálico, displasia de cadera	8-10 años	Bajo a moderado	Revisiones regulares	Ejercicio regular, higiene dental, control de peso.
bastón corso	Displasia de cadera, miocardiopatía dilatada	9-12 años	Moderado	Vacunas preventivas	Ejercicio regular, estimulación mental, chequeos periódicos.
Cárdigan Corgi Galés	Atrofia progresiva de retina, enfermedad del disco intervertebral	12-15 años	Moderado	Vacunas preventivas	Ejercicio regular, estimulación mental, control de peso.
Cocker	Atrofia progresiva de retina, displasia de cadera	12-15 años	Moderado	Vacunas preventivas	Ejercicio regular, estimulación mental, chequeos periódicos.
Perro tejonero	Enfermedad del disco intervertebral, luxación rotuliana	12-16 años	Moderado	Atención veterinaria de rutina	Ejercicio regular, estimulación mental, control de peso.
Dóberman Pinscher	Miocardiopatía dilatada, síndrome de Wobbler	10-13 años	Alto	Vacunas preventivas	Ejercicio regular, estimulación mental, entrenamiento de obediencia.
Cocker Spaniel Inglés	Displasia de cadera, atrofia progresiva de retina	12-14 años	Moderado	Atención veterinaria de rutina	Ejercicio regular, estimulación mental, chequeos periódicos.
Setter inglés	Displasia de cadera, hipotiroidismo	10-12 años	Moderado	Vacunas preventivas	Ejercicio regular, estimulación mental, chequeos periódicos.
Pastor alemán	Displasia de cadera, mielopatía degenerativa	9-13 años	Alto	Vacunas preventivas	Ejercicio regular, estimulación mental, entrenamiento de obediencia.
perro perdiguero de oro	Displasia de cadera, linfoma, atrofia progresiva de retina	10-12 años	Alto	Atención veterinaria de rutina	Ejercicio regular, estimulación mental, chequeos periódicos.

De las preocupaciones a las movidas de cola

Explora el lado oscuro de la vida de los perros

10 Tablas súper útiles

40 Razas populares datos generales de salud y edad, Parte III

Criar	Problemas de salud comunes / Predisposiciones	Promedio de vida	Nivel de energía	Vacunas recomendadas	Cuidado preventivo
Gran Danés	Miocardiopatía dilatada, dilatación gástrica-vólvulo	6-8 años	Bajo	Vacunas preventivas	Ejercicio regular, estimulación mental, chequeos periódicos.
Leonberger	Displasia de cadera, osteosarcoma	8-10 años	Moderado	Atención veterinaria periódica	Ejercicio regular, estimulación mental, suplementos para las articulaciones.
maltés	Luxación rotuliana, derivación portosistémica	12-15 años	Bajo	Visitas veterinarias de rutina	Aseo regular, higiene dental, control de peso.
Schnauzer miniatura	Atrofia progresiva de retina, pancreatitis	12-15 años	Moderado	Vacunas preventivas	Ejercicio regular, estimulación mental, chequeos periódicos.
Elkhound noruego	Displasia de cadera, atrofia progresiva de retina	12-15 años	Moderado	Atención veterinaria de rutina	Ejercicio regular, estimulación mental, control de peso.
Caniche (Estándar/Mini/Toy)	Displasia de cadera, atrofia progresiva de retina	10-18 años	Alto	Vacunas preventivas	Ejercicio regular, estimulación mental, chequeos periódicos.
Perro de agua portugués	Displasia de cadera, atrofia progresiva de retina	10-14 años	Moderado	Vacunas preventivas	Ejercicio regular, estimulación mental, chequeos periódicos.
Doguillo	Síndrome braquicefálico, luxación rotuliana	12-15 años	Bajo	Atención veterinaria periódica	Ejercicio regular, higiene dental, control de peso.
Shiba Inu	Luxación Patelar, Alergias	12-15 años	Moderado	Revisiones regulares	Ejercicio regular, estimulación mental, higiene dental.
shih tzu	Síndrome braquicefálico, luxación rotuliana	10-18 años	Bajo a moderado	Atención veterinaria de rutina	Aseo regular, higiene dental, control de peso.
Husky siberiano	Displasia de cadera, atrofia progresiva de retina	12-14 años	Alto	Vacunas preventivas	Ejercicio regular, estimulación mental, chequeos periódicos.

Una guía imprescindible para los amantes de los perros

40 Razas populares datos generales de salud y edad, Parte IV

Criar	Problemas de salud comunes / Predisposiciones	Promedio de vida	Nivel de energía	Vacunas recomendadas	Cuidado preventivo
Staffordshire Bull Terrier	Aciduria L-2-hidroxiglutárica, luxación rotuliana	12-14 años	Alto	Vacunas preventivas	Ejercicio regular, estimulación mental, chequeos periódicos.
Volpino Italiano	Luxación rotuliana, atrofia progresiva de la retina	14-16 años	Moderado	Atención veterinaria de rutina	Ejercicio regular, estimulación mental, chequeos periódicos.
Springer Spaniel Galés	Displasia de cadera, atrofia progresiva de retina	12-15 años	Moderado	Vacunas preventivas	Ejercicio regular, estimulación mental, chequeos periódicos.
terrier de yorkshire	Derivación portosistémica, colapso traqueal	12-15 años	Bajo a moderado	Visitas veterinarias de rutina	Ejercicio regular, higiene dental, control de peso.

Tenga en cuenta que la capacidad de adiestramiento, la inteligencia, las necesidades de ejercicio, las necesidades de socialización y los consejos de adiestramiento pueden variar dentro de cada raza, y los perros individuales pueden tener características y requisitos únicos. Esta tabla proporciona una descripción general para guiar a los propietarios a la hora de entrenar a sus perros de forma eficaz.

Recuerde también, querido propietario, que el entrenamiento debe ser una experiencia divertida y atractiva para ambos. Mantenga las sesiones breves, interactivas y llenas de amor.

De las preocupaciones a las movidas de cola

40 Datos de fisiología de razas populares, Parte I

Criar	Tamaño	Altura (cm)	Peso (kg)	Abrigo
Malamute de Alaska	Grande	61 - 66	Hombre: 38-50 Mujer: 34-40	Doble capa gruesa
Perro australiano del ganado	Medio	43 - 51	Hombre: 15-22 Mujer: 14-20	Pelaje corto y denso
Pastor australiano	Mediano grande	46 - 58	Hombre: 25-32 Mujer: 16-32	Doble manto de longitud media
Beagle	Pequeño mediano	33 - 41	41852	Abrigo corto y elegante
Malinois belga	Mediano grande	61 - 66	Hombre: 25-30 Mujer: 22-25	Pelaje corto y denso
Perro de montaña de Bernese	Grande	58 - 70	Hombre: 45-50 Mujer: 38-50	Pelaje largo, grueso y ondulado.
Bichón Frisé	Pequeño mediano	23 - 30	Masculino: 3-5,5 Mujer: 3-5	Pelaje rizado y denso
collie fronterizo	Medio	46 - 53	Hombre: 14-20 Mujer: 12-15	Doble manto de longitud media
terrier de boston	Pequeño mediano	38 - 43	Masculino: 5-11 Mujer: 4-7	Abrigo corto y liso
Boxer	Mediano grande	53 - 63	Hombre: 25-32 Mujer: 22-29	Abrigo corto y liso
Bretaña	Medio	43 - 52	Hombre: 14-18, Mujer: 12,5-15,5	Abrigo ondulado de longitud media
Bulldog (inglés/francés)	Medio	31 - 40	Hombre 22-25 Mujer 18-23	Abrigo corto y liso
bastón corso	Grande	64 - 68	Hombre: 45-50 Mujer: 40-45	Pelaje corto y denso
Cárdigan Corgi Galés	Pequeño mediano	25 - 31	Masculino: 12-17 Mujer: 11-15	Pelaje denso y de longitud media
Cavalier King Charles Spaniel	Pequeño mediano	30 - 33	Macho femenino 5-9	Abrigo largo y sedoso
chihuahua	Pequeño-Pequeño	15 - 23	Macho femenino 1.5-3	Abrigo corto y liso
Cocker	Medio	36 - 41	Masculino: 12-16 Mujer: 11-14	Abrigo sedoso de longitud media
Perro tejonero	Pequeño mediano	13 - 23	Macho femenino 5-12	Abrigo corto y liso
Dóberman Pinscher	Grande	63 - 72	Hombre: 34-45 Mujer: 27-41	Abrigo corto y liso
Cocker Spaniel Inglés	Medio	38 - 43	Masculino: 13-1 Mujer: 12-15	Abrigo sedoso de longitud media
Setter inglés	Mediano grande	61 - 69	Hombre: 25-36 Mujer: 20-30	Abrigo largo y sedoso
Pastor alemán	Grande	55 - 65	Hombre: 30-40 Mujer: 22-32	Doble capa con subpelo denso.

 Una guía imprescindible para los amantes de los perros

40 Datos de fisiología de razas populares, Parte II

Criar	Tamaño	Altura (cm)	Peso (kg)	Abrigo
perro perdiguero de oro	Grande	51 - 61	Hombre: 29-34 Mujer: 25-32	Abrigo denso y repelente al agua.
Gran Danés	Gran Gigante	71 - 86	Hombre: 54-90 Mujer: 45-59	Abrigo corto y liso
Labrador retriever	Grande	55 - 62	Hombre: 29-36 Mujer: 25-32	Pelaje corto y denso
Leonberger	Gran Gigante	65 - 80	Masculino: 54-77 Mujer: 41-54	Pelaje denso y resistente al agua.
maltés	Pequeño-Pequeño	20 - 25	Masculino: 5,5-8 Mujer: 4,5-6,5	Abrigo largo y sedoso
Schnauzer miniatura	Pequeño mediano	30 - 36	Masculino: 5-8, Femenino: 4-6	Doble capa con capa superior nervuda
Elkhound noruego	Medio	48 - 53	Hombre: 23-28 Mujer: 18-23	Doble capa con subpelo denso.
Caniche (Estándar/ Mini/Juguete)	Pequeño grande	24 - 60	Std: Masculino: 18-32 Femenino: 18-27 Miniatura: Masculino: 4-6 Femenino: 3.5-5 Toy: Masculino: 2-4 Mujer: 2-3	Pelaje rizado e hipoalergénico.
Perro de agua portugués	Mediano grande	43 - 57	Hombre: 19-27 Mujer: 16-23	Pelaje rizado y resistente al agua.
Doguillo	Pequeño mediano	25 - 36	Masculino: 6-9 Mujer 5-8	Abrigo corto y liso
rottweiler	Grande	56 - 69	Hombre: 50-60, Mujer: 35-48	Pelaje corto y denso
Shiba Inu	Medio	35 - 43	Masculino: 10-11 Mujer: 8–9	Abrigo doble con abrigo recto
shih tzu	Pequeño	20 - 28	Hombre y mujer 4-9	Abrigo largo y fluido
Husky siberiano	Mediano grande	50 - 60	Hombre: 20-28 Mujer: 16-23	Doble capa gruesa
Staffordshire Bull Terrier	Medio	35 - 40	Masculino: 13-17 Mujer: 11-16	Abrigo corto y liso
Volpino Italiano	Pequeño	26 - 30	Masculino: 4-5 Mujer 3-4	Capa doble y densa
Springer Spaniel Galés	Medio	46 - 48	Hombre: 20-25 Mujer: 16-20	Abrigo ondulado de longitud media
terrier de yorkshire	Pequeño-Pequeño	17 - 23	Hombre y mujer 2-3	Abrigo largo y sedoso

Tenga en cuenta que la información proporcionada es general y puede variar entre cachorros individuales, incluso dentro de la misma raza. Es fundamental consultar a un veterinario o un experto para obtener asesoramiento personalizado y adaptado a los detalles específicos de su perro .

Explora el lado oscuro de la vida de los perros

40 Razas populares nivel de inteligencia, Parte I

Nivel 1: Los perros más brillantes	Los perros de este nivel se consideran los más inteligentes y capaces de aprender una nueva orden en menos de 5 repeticiones. También tienden a comprender rápidamente nuevas órdenes y pueden generalizar órdenes a situaciones nuevas.
Nivel 2: excelentes perros de trabajo	Los perros de este nivel son muy inteligentes y pueden aprender una nueva orden en menos de 5 a 15 repeticiones. Suelen comprender rápidamente órdenes nuevas y pueden generalizar órdenes a situaciones nuevas.
Nivel 3: perros de trabajo por encima del promedio	Los perros de este nivel se consideran superiores al promedio en términos de inteligencia y pueden aprender un nuevo comando en menos de 15 a 25 repeticiones. Es posible que necesiten más repetición para comprender nuevas órdenes, pero aún pueden generalizar órdenes a situaciones nuevas.
Nivel 4: perros de trabajo promedio	Los perros de este nivel se consideran promedio en términos de inteligencia y pueden aprender un nuevo comando en menos de 25 a 40 repeticiones. Es posible que necesiten más repetición para comprender nuevas órdenes y pueden tener dificultades para generalizar las órdenes a situaciones nuevas.
Nivel 5: perros de trabajo justos	Los perros de este nivel se consideran justos en términos de inteligencia y pueden aprender un nuevo comando en menos de 40 a 80 repeticiones. Es posible que tengan dificultades para comprender órdenes nuevas y que necesiten más repeticiones para aprenderlas.
Nivel 6: Grado más bajo de trabajo	Los perros de este nivel se consideran los menos inteligentes y pueden tener dificultades para aprender nuevas órdenes, comprenderlas o generalizarlas a situaciones nuevas. Es posible que necesiten más de 100 repeticiones para aprender un nuevo comando.

Criar	Nivel 1	Nivel 2	Nivel 3	Nivel 4	Nivel 5	Nivel 6
Malamute de Alaska						20%
Ganado australiano		85%				
Pastor australiano		85%				
Beagle						30%
Malinois belga			30%			
montaña bernesa				50%		
Bichón Frisé						25%
collie fronterizo	95%					
terrier de boston						40%
Boxer				50%		

Una guía imprescindible para los amantes de los perros

40 Razas populares nivel de inteligencia, Parte II

Criar	Tier 1	El nivel 2	Nivel 3	Nivel 4	Nivel 5	Nivel 6
Bretaña			30%			
Bulldog (inglés/francés)						40%
bastón corso						30%
Cárdigan Corgi Galés						80%
Cavalier King Charles Spaniel						50%
chihuahua						30%
Cocker						30%
Perro tejonero						25%
Dóberman Pinscher	85%					
Cocker Spaniel Inglés						50%
Setter inglés						40%
Pastor alemán	95%					
perro perdiguero de oro	95%					
Gran Danés						25%
Labrador retriever				85%		
Leonberger						50%
maltés						50%
Schnauzer miniatura						50%
Elkhound noruego						30%
Caniche (Estándar/Mini/Toy)	95%					
Agua portuguesa						50%
Doguillo						25%
rottweiler				85%		
Shiba Inu						40%
shih tzu						70%
Husky siberiano					85%	
Staffordshire Bull Terrier						40%
Volpino Italiano						Sin datos
Springer Spaniel Galés			50%			
terrier de yorkshire						30%

Tenga en cuenta que la inteligencia se puede medir de diferentes maneras y esta es solo una clasificación basada en un conjunto específico de criterios. Además, cada perro es único y puede exhibir su propia inteligencia y capacidad para resolver problemas, independientemente de su raza.

Explora el lado oscuro de la vida de los perros

10 Tablas súper útiles

40 Razas populares para dormir, caminar y perfil interior/exterior, Parte I

Criar	Horas de sueño	Horas de caminata diarias	Necesidades de ejercicio	Bajo techo, en exteriores
Malamute de Alaska	14-16	2-3	Alto	Exterior
Perro australiano del ganado	12-14	2-3	Alto	Exterior
Pastor australiano	12-14	2-3	Alto	Exterior
Beagle	12-14	1-2	Moderado	Ambos
Malinois belga	12-14	2-3	Alto	Exterior
Perro de montaña de Bernese	14-16	2-3	Moderado	Exterior
Bichón Frisé	14-16	1-2	Moderado	Interior
collie fronterizo	12-14	2-3	Alto	Exterior
terrier de boston	12-14	1-2	Moderado	Ambos
Boxer	12-14	1-2	Alto	Interior
Bretaña	12-14	2-3	Alto	Exterior
Bulldog (inglés/francés)	14-16	1-2	Bajo	Interior
bastón corso	12-14	1-2	Moderado	Ambos
Cárdigan Corgi Galés	12-14	1-2	Moderado	Interior
Cavalier King Charles Spaniel	12-14	1-2	Moderado	Interior
chihuahua	14-16	1	Bajo	Interior
Cocker	12-14	1-2	Moderado	Ambos
Perro tejonero	12-14	1-2	Moderado	Ambos
Dóberman Pinscher	12-14	2-3	Alto	Exterior
Cocker Spaniel Inglés	12-14	2-3	Moderado	Ambos
Setter inglés	12-14	2-3	Moderado	Exterior
Pastor alemán	12-14	2-3	Alto	Exterior
perro perdiguero de oro	12-14	2-3	Alto	Exterior
Gran Danés	14-16	1-2	Bajo	Interior
Labrador retriever	12-14	2-3	Alto	Exterior
Leonberger	12-14	2-3	Moderado	Exterior
maltés	14-16	1-2	Bajo	Interior
Schnauzer miniatura	12-14	1-2	Moderado	Interior
Elkhound noruego	12-14	1-2	Moderado	Ambos
Caniche (Estándar/Mini/Toy)	12-14	1-2	Moderado	Interior

Una guía imprescindible para los amantes de los perros

40 Razas populares para dormir, caminar y perfil interior/exterior, Parte II

Criar	Horas de sueño	Horas de caminata diarias	Necesidades de ejercicio	Bajo techo, en exteriores
Perro de agua portugués	12-14	2-3	Alto	Ambos
Doguillo	14-16	1-2	Bajo	Interior
rottweiler	12-14	2-3	Alto	Exterior
Shiba Inu	14-16	1-2	Moderado	Ambos
shih tzu	14-16	1-2	Bajo	Interior
Husky siberiano	14-16	2-3	Alto	Exterior
Staffordshire Bull Terrier	12-14	2-3	Alto	Ambos
Volpino Italiano	12-14	1-2	Moderado	Interior
Springer Spaniel Galés	12-14	2-3	Alto	Exterior
terrier de yorkshire	14-16	1-2	Bajo	Interior

Recuerde que estas son pautas generales y que cada perro puede tener necesidades ligeramente diferentes según su edad, salud y niveles generales de energía. Consulte siempre con un veterinario para asegurarse de cumplir con los requisitos específicos de su amigo peludo. Feliz siesta y meneo!

Explora el lado oscuro de la vida de los perros

Desarrollo de la etapa de vida del cachorro

Edad (semanas)	Desarrollo físico	Desarrollo conductual	Hitos del entrenamiento	Cuidado de la salud	Horario de alimentación	Entrenamiento para ir al baño	Socialización
1-2	Ojos y oídos abiertos	Gatear, movilidad limitada	Ninguno	Primera visita al veterinario	Lactancia frecuente de la madre	Aún no iniciado	Exposición temprana al suave contacto humano
3-4	empezando a caminar	Desarrollar los sentidos y la conciencia.	Introducción a los comandos básicos.	Comienza calendario de vacunación	Transición a comida blanda para cachorros	Comience a introducir almohadillas para cachorros o un área al aire libre	Introducción suave a otros animales.
5-6	Salen los primeros dientes de leche	Curiosidad y exploración.	Comienza el entrenamiento de limpieza de viviendas	Continuar vacunaciones	Comidas regulares con comida para cachorros.	Rutina constante para aprender a ir al baño	Experiencias positivas con gente nueva.
7-8	Los dientes permanentes comienzan a salir	Mayor movilidad y alegría.	Introducción a la correa y al collar.	Chequeos periódicos y desparasitación.	Comidas programadas con porciones adecuadas.	Reforzar la consistencia del entrenamiento para ir al baño	Exposición a diversos entornos.
9-12	Brote de crecimiento	Mejora de la coordinación y el equilibrio.	Entrenamiento avanzado de obediencia	Consideraciones sobre esterilización/castración	Comidas programadas con porciones adecuadas.	Refinar las habilidades de entrenamiento para ir al baño	Socialización continua con humanos/animales.
13-16	Fase adolescente	Madurez sexual	Entrenamiento avanzado de obediencia	Cuidado dental, prevención de pulgas y garrapatas.	Comidas regulares con porciones adecuadas.	Reforzar la consistencia del entrenamiento para ir al baño	Exposición continua a nuevas experiencias.
17-20	Cuerpo completamente desarrollado	Madurez conductual e independencia.	Comandos y trucos avanzados	Revisiones médicas periódicas y vacunas.	Comidas regulares con porciones adecuadas.	Refuerzo constante del aprendizaje para ir al baño	Mantener interacciones sociales positivas.
20+	- Perro adulto	Madurez total	Formación avanzada continua.	Aseo regular y cuidados preventivos.	Comidas regulares con porciones adecuadas.	Reforzar buenos hábitos para ir al baño	Socialización continua y estimulación mental

Esta tabla proporciona un cronograma general y una guía general para ayudar a los nuevos dueños de cachorros a realizar un seguimiento de los aspectos esenciales del cuidado y el desarrollo. Sin embargo, ten en cuenta que cada cachorro es único y que cada cachorro individual puede tener necesidades y variaciones únicas. Consulte con su veterinario para conocer los calendarios de vacunación específicos y las recomendaciones dietéticas adaptadas a la raza, el tamaño y los requisitos de salud de su cachorro.

Recuerde, esta tabla sirve como punto de partida y el viaje de su cachorro estará lleno de emocionantes descubrimientos y ajustes a lo largo del camino. ¡Disfruta de la aventura de criar un cachorro feliz y saludable! Woof!

Una guía imprescindible para los amantes de los perros

Glosario

Woof Woof! Permítanme compartir con ustedes algunos términos populares que nos hacen a los perros mover la cola con deleite. Estas palabras son como nuestro código secreto para tener interacciones increíbles contigo. Entonces, si encuentras una palabra en el libro que te haga decir: Eh? – simplemente vaya al Glosario y encontrará lo que significa! Es como nuestra forma de ayudarte a aprender nuestro idioma y, créeme, hará que nuestro tiempo juntos sea aún más increíble!

Adoptar: El acto de dar la bienvenida a un perro abandonado o sin hogar a un hogar amoroso para siempre, brindándole una segunda oportunidad de ser feliz.

Copia de seguridad: cuando dices esto, sé que es hora de dar unos pasos hacia atrás.

Bark: Nuestra forma de hablar, ya sea para proteger nuestro territorio o para llamar su atención.

Ladrando loco: cuando nos sentimos muy juguetones y llenos de energía, es nuestra forma de hacerte saber que estamos listos para un poco de emoción.

Masaje de vientre : Como un masaje canino, es pura dicha que nos hace derretirnos de felicidad.

Mejor amigo: El ser humano especial que ocupa un lugar especial en nuestros corazones y ofrece amor, compañía e infinitas aventuras.

Butt Wiggle: Oh, este es divertidísimo! Mi trasero se mueve mientras mis patas delanteras permanecen quietas. Es como un calentamiento previo al movimiento, lo que significa que estoy lleno de alegría.

Gatear: un truco divertido en el que avanzo muy bajo, como un gateo furtivo.

Explora el lado oscuro de la vida de los perros

Glosario

Abrazo: El reconfortante acto de acurrucarnos cerca de nuestros humanos, creando un vínculo de amor y calidez.

Abajo: Significa que debo acostarme boca abajo, listo para recibir abrazos o un premio.

Go Boop: Ahí es cuando me tocas suavemente la nariz, es como un pequeño saludo!

Buen chico/niña: Las palabras que nos encanta escuchar de nuestros humanos, elogiándonos por nuestro buen comportamiento y haciéndonos sentir amados y apreciados.

Aseo: El proceso de mantener nuestro pelaje limpio y con un aspecto fabuloso, ya sea mediante el cepillado, el baño o el corte.

Happy Helicopter: Imagina mi cola girando como el rotor de un helicóptero. Sí, ese es un helicóptero feliz! Sucede cuando estoy súper emocionado o esperando ansiosamente algo divertido.

Ocultar: Oh, el juego del escondite! Me encanta encontrarte y también golosinas!

Abrazo: Cuando me rodeas con tus brazos, siento tu amor y calidez.

Correa : Nuestra fiel compañera que nos mantiene seguros y conectados con nuestros humanos durante nuestras aventuras.

Hora de la siesta: Nuestro pasatiempo favorito es acurrucarnos en un lugar acogedor y recargar las pilas con una agradable siesta.

Empujón nervioso: cuando estoy un poco inseguro o un poco ansioso, mi cola se mueve rápidamente y vacilante. Es mi forma de decirlo , no estoy del todo seguro de esto, pero lo estoy intentando!

Pata: Es mi manera de chocar esos cinco o pedirte golosinas.

Una guía imprescindible para los amantes de los perros

Glosario

Playdate: Una reunión llena de diversión con nuestros amigos peludos, donde podemos retozar, perseguir y pasar un buen rato moviendo la cola.

Rescate: El acto heroico de salvar a un perro de una situación difícil o insegura, brindándole amor, cuidado y un hogar para siempre.

Voltear: Una orden divertida para darme vuelta sobre mi espalda: es hora de frotar la barriga!

Olfatear: Nuestro superpoder del sentido del olfato que nos permite explorar y descubrir el mundo que nos rodea.

Compañero de acurrucarse: Un amigo peludo o un humano al que le encanta abrazarnos y acurrucarnos, brindándonos comodidad y calidez.

Compañero de acurrucarse: Un amigo peludo o un humano al que le encanta abrazarnos y acurrucarnos, brindándonos comodidad y calidez.

Señalar la cola: mantengo mi cola en alto y la agito suavemente de lado a lado, mostrando mi confianza y mis vibraciones positivas. Me siento muy bien!

Tail-Twist: Es cuando mi cola hace un pequeño baile, mostrando lo emocionado y feliz que estoy de verte!

Toque: Cuando dices esto, sé presionar mi nariz contra tu mano.

Entrenamiento: El proceso de aprender nuevas habilidades y comportamientos a través del refuerzo positivo, ayudándonos a convertirnos en compañeros obedientes y de buen comportamiento.

Hora del capricho: el momento tan esperado en el que somos recompensados con sabrosos bocadillos por ser buenos niños y niñas.

Golosina: La recompensa definitiva por ser el mejor compañero peludo, una delicia sabrosa a la que no podremos resistirnos.

Veterinario: Oh, el veterinario es nuestro doctor peludo! Cuidan de nuestra salud y bienestar. Es importante visitar al veterinario con regularidad para

Explora el lado oscuro de la vida de los perros

Glosario

controles, vacunas y cualquier problema de salud. Nos ayudan a mantenernos sanos y felices.

Meneos:
Movimiento de cuerpo completo: prepárate para este! No puedo contener mi emoción, así que todo mi cuerpo se une a la fiesta. Es pura felicidad desatada!

Happy Sniff Wag: Dios mío, cuando huelo algo fascinante, mi cola no puede evitar moverse con emoción! Es como decir: <u>Esto huele increíble! Vamos a explorar!</u>

Wag lento: A veces, muevo la cola lenta y cuidadosamente. Es como digo, <u>tengo curiosidad, pero me estoy tomando mi tiempo para resolver las cosas.</u>

Meneo sutil: A veces, hago un movimiento suave, solo un pequeño movimiento de mi cola. Demuestra que estoy contento y en paz en este momento.

Meneo de cola: La expresión legendaria de alegría y felicidad, un movimiento que dice te amamos.

Espera: esto es importante; significa que debo hacer una pausa y ser paciente hasta tu próxima señal.

Caminar: Música para nuestros oídos significa que podemos explorar el mundo y hacer ejercicio junto a nuestro ser humano favorito.

Walkies : La apasionante aventura de salir a caminar con nuestros humanos, explorar el barrio, oler nuevos aromas y disfrutar del aire libre.

Saludo: Levanto mi pata para saludar o despedirme, como un saludo amistoso!

Zoomies: Esas explosiones de pura alegría y energía que nos hacen correr en círculos o zigzaguear por la casa o el jardín.

Una guía imprescindible para los amantes de los perros

Guía de traducción de sitios web

Para utilizar Google Translate para ver sitios web en otros idiomas, siga estos pasos:

https://translate.google.com.au/

1. **Abra Google Translate** : vaya a su navegador web y busque " Google Translate " o visite directamente Translate.google.com. luego haga clic en el botón Sitio web.

2. **Seleccionar idiomas** : **Elija idiomas** : en el lado izquierdo de la página del Traductor de Google, seleccione el idioma de origen (el idioma del sitio web que desea traducir; por ejemplo, inglés), y el de la derecha es el idioma de destino (el idioma en el que desea que el sitio web para ser traducido a; por ejemplo, español).

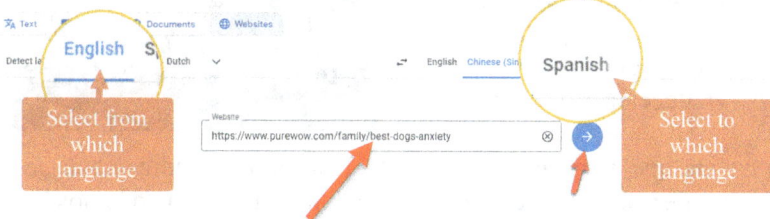

3. **Ingrese la URL del sitio web** : ingrese la URL del sitio web que desea traducir en el cuadro provisto.

Explora el lado oscuro de la vida de los perros

Guía de traducción de sitios web

4. **Seleccione el idioma de destino**:
De forma predeterminada, Google Translate intentará determinar el idioma de destino según la configuración de su navegador.

pero puedes seleccionar cualquier otro idioma que desees, por ejemplo chino.

5. **Navegar por el sitio web traducido**: ahora puede navegar por el sitio web traducido como cualquier otra página web. Tenga en cuenta que la traducción puede no ser perfecta, especialmente para contenido complejo o especializado, pero debería brindarle una comprensión general del contenido del sitio web.

6. **Cambiar al original:** siéntete libre de alternar entre el idioma predeterminado y el elegido. Simplemente haga clic en el botón Traducción en la parte superior derecha de la página y seleccione "Original" o "Traducción".

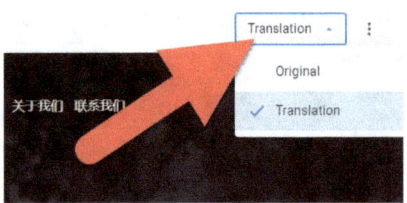

Tenga en cuenta que el formato de Google Translator puede cambiar con el tiempo. Para acceder a las instrucciones más actualizadas, recomendamos buscar en línea utilizando navegadores de Internet.

Una guía imprescindible para los amantes de los perros

Perros Libro de registro

De las preocupaciones a las movidas de cola

Explora el lado oscuro de la vida de los perros

Perros Libro de registro

Una guía imprescindible para los amantes de los perros

Perros Libro de registro

De las preocupaciones a las movidas de cola

Explora el lado oscuro de la vida de los perros

www.ingramcontent.com/pod-product-compliance
Lightning Source LLC
Chambersburg PA
CBHW051426290426
44109CB00016B/1446